Soziale Systeme 11 (2005), Heft 1

© Lucius & Lucius, Stuttgart

*Elena Esposito* (Hg.)

# Wissenschaftliches Publizieren: Stand und Perspektiven

Mit Beiträgen von
*Giancarlo Corsi, Elena Esposito, Stefan Hirschauer, Elmar Koenen, Wulf D. von Lucius, Maja Malik, Jo Reichertz, Alexander Roesler, Wolf-Michael Roth, Bernd Stiegler und Siegfried Weischenberg*

# SOZIALE SYSTEME

## ZEITSCHRIFT FÜR SOZIOLOGISCHE THEORIE

Jahrgang 11 (2005), Heft 1

## Inhalt

Soziale Systeme 11 (2005), Heft 1, S. 5-13    © Lucius & Lucius, Stuttgart

*Elena Esposito*

# Einleitung

## I.

Das vorliegende Heft der *Sozialen Systeme* ist durch eine Reflexivität gekennzeichnet, die uns bewusst ist und die vor der Darlegung der eigentlichen Diskussionsinhalte kurz kommentiert werden soll. Wir haben mit reflexiven Zirkeln auf mehreren unterschiedlichen Ebenen zu tun, die sich gegenseitig überschneiden und bedingen.

Zunächst handelt es sich bei diesem Heft um eine wissenschaftliche Publikation über Stand und Perspektiven wissenschaftlicher Publikationen und insbesondere über die Rolle der Zeitschriften – wobei diese Rolle eben selbst innerhalb einer Zeitschrift analysiert wird. Zu dieser ersten, gleichsam äußeren Zirkularität kommt eine theoretische Reflexivität hinzu: wir werden uns mit den Interpretationsvorschlägen befassen, welche die Soziologie zur Behandlung der Relevanz, der Veränderungen und der Folgen von Publikationen für die Forschung anzubieten hat – und zwar speziell für den Bereich der Soziologie und dabei insbesondere für die Systemtheorie. Wir werden von der Beziehung zwischen wissenschaftlicher Forschung und ihrer Darstellung und Verbreitung sprechen, und wir werden dies aus der Sicht der soziologischen wissenschaftlichen Forschung mit einem Mittel der Darstellung und Verbreitung wissenschaftlichen Wissens tun – eben in unserer Zeitschrift.

Die Beziehung zwischen theoretischen Vorschlägen und konkreter Publikationspraxis werden aus zwei unterschiedlichen Perspektiven analysiert: auf der einen Seite berichten Verleger und Zeitschriftenherausgeber über ihre Arbeitspraxis und kommentieren diese, aber sie tun es in wissenschaftlicher Form – also mittels Kommunikationen, die den Anspruch auf wissenschaftliche Anschlussfähigkeit haben. Wissenschaftler beobachten ihrerseits die Praxis der Veröffentlichung aus ihrer Perspektive und leisten theoretische Arbeit in Hinblick auf praktische Relevanz – also unter anderem hinsichtlich der Nützlichkeit für die Arbeit in wissenschaftlichen Verlagen, die sich in einer Situation raschen organisatorischen und kommunikativen Wandels befinden. Hier schließt sich der Kreis noch einmal: die Praxis soll wissenschaftliche Anschlussfähigkeit gewinnen und die wissenschaftlichen Kommunikationen sollen in die Arbeitspraxis überführt werden.

Wie jeder Systemtheoretiker weiß, kann Reflexivität immer in Paradoxien übergehen, wobei dies in diesem Fall mit der Ambiguität des Verhältnisses intern/extern verbunden ist: versuchen wir innerhalb des Systems eine externe Beobachtung zu realisieren, oder versuchen wir die internen, nur unter Bedingungen der Schließung gültigen Kriterien zu exportieren? Hier geht es uns aber – wie in allen Fällen, in denen man sich eher an Operationen als an Beobachtungen (oder an Beobachtungen als Operationen) wendet – weniger darum, paradoxe Zirkel zu entdecken und zu verfolgen, als darum, die Produktionsmechanismen wissenschaftlicher Operationen (Kommunikationen) aufgrund von wissenschaftlichen Operationen zu beleuchten: eine Praxis bei der die (immer möglichen) Paradoxien normalerweise ignoriert werden.

## II.

Das vorliegende Publikationsprojekt ging faktisch von einer empirischen, aus der Arbeit an unserer Zeitschrift gewonnenen Feststellung aus: von der Wahrnehmung einer laufenden Veränderung in der Landschaft wissenschaftlicher Publikationen und in den Verhältnissen zwischen Veröffentlichung und Forschung, welche die oft impliziten Annahmen, die jahrzehntenlang die Arbeit in diesem Bereich geleitet haben, zum Teil unangemessen werden lässt. Aus dieser Wahrnehmung sind eine Reihe von Anmerkungen formuliert worden, die in Form eines Exposés verteilt worden sind, um Diskussionen und Reflexionen anzuregen, die schließlich zu den in diesem Heft gesammelten Beiträgen geführt haben. Auf diesem (wir wiederholen es) rein empirischen Niveau fielen einige Punkte besonders auf.

Wir haben eine Veränderung des Verhältnisses zwischen den unterschiedlichen Mitteln beobachten können, denen die Verbreitung der wissenschaftlichen Forschung und ihrer Ergebnisse traditionell anvertraut war, was auch zu einer grundlegenden Veränderung des unter ihnen herrschenden Gleichgewichts geführt hat. Auf der einen Seite gibt es Zeitschriften, die durch die relative Schnelligkeit der Veröffentlichung charakterisiert sind, was sie längst zum Verbreitungsorgan für relevante Neuigkeiten gemacht hat. Ihre Rolle beschränkt sich allerdings nicht auf die Verbreitung, sondern schließt eine Bewertung und Vorselektion der Beiträge mit ein. Das Begutachtungsverfahren stellt denn ein erstes Kriterium der Aufnahme in die wissenschaftliche Debatte dar und sollte eine Garantie sowohl für Leser als auch (im idealen Fall) für Autoren bilden – denen nicht nur ein Urteil, sondern auch Kommentare, Ratschläge und Ergänzungsvorschläge angeboten werden. Vor allem im Bereich der so genannten Humanwissenschaften scheint die Ideenzirkulation vermehrt von der Rolle und Maßgeblichkeit der Zeitschriften abzusehen.[1] Es

---

1   Sicher keine neue Feststellung, wie Elmar Koenen anhand der chronischen Klagen über die

passiert immer seltener, dass Autoren ihre Forschung mit Blick auf die Publikation in einer Zeitschrift konzipieren und entwickeln. Man schreibt eher anlässlich einer Tagung oder für einen Sammelband – wo man sich den mit der Begutachtung verbundenen Unsicherheiten und Revisionen nicht unterziehen muss. Außerdem sind Sammelbände in Buchläden eher präsent und erreichen dadurch eher die Aufmerksamkeit der Leser. Die Begutachtung selbst wird oft eher als eine Last denn als eine Gelegenheit wahrgenommen. Es scheint sich eine Art Sklerotisierung der Bewertungsverfahren etabliert zu haben, die Risiko und Innovation entmutigt. Privilegiert werden Beiträge, die einem standardisierten Verlauf folgen: eine möglichst breite und kritische Darstellung vom Stand der Forschung, Erläuterung der These, Vergleich mit allen möglichen denkbaren Einwänden – was im Endergebnis grundsätzlich auf drei Richtungen bei den veröffentlichen Texten hinausläuft: Kritik, Auseinandersetzung mit den Klassikern, Wiedergabe von empirischen Befunden oder selbst generierten Daten. Die Begutachtung selbst neigt eher zur Kritik als zur Kooperation.[2]

Auch Bücher sind gegenüber Veränderungsprozessen nicht immun geblieben: das relative Gewicht der wendigen, schnell produzierten und oft ebenso schnell vergessenen Sammelbände nimmt zu. Das Tempo der Produktion und Alterung der Texte hat sich beschleunigt, was viele Verlage gezwungen hat, ihre Praktiken der Selektion, Herstellung und Pflege der Bände zu revidieren. Hinzu kommen die allmählich wachsende Rolle von Online-Veröffentlichungen und allgemein die Folgen der elektronischen Textverarbeitung, welche die Bedeutung von Redakteuren und Verlegern deutlich reduziert und die Stufen der Vorbereitung und die Unterschiede zwischen den Publikationsformen weiter abflachen lassen: die editorische Arbeit nähert sich immer mehr der reinen Verteilung von fast vollständig autonom vom Autor produzierten Texten – was nicht immer angemessen bewertete Vor- und Nachteile zur Folge hat. All dies wirkt sich natürlich auf die Praxis der Forschung aus, die sich in der Selektion und Entwicklung ihrer Themen und Projekte an der Möglichkeiten der Publikation orientiert.

Muss man dann eine Funktionsverschiebung der Publikationen im Bereich der Sozialwissenschaften oder wenigstens eine andere Rolle der Zeitschriften (mit entsprechenden Justierungen der Verlagspraxis) erwarten?

---

Existenzbedingungen der sozialwissenschaftlichen Zeitschriften zeigt. Er selbst erkennt aber die besondere Prägnanz der heutigen Lage an.

2  Hirschauers Beitrag zeigt deutlich die dahinter liegenden strukturellen und sozialdynamischen Gründe: die Neigung zur Kritik hat eine komplexere Basis als die bloße Voreingenommenheit des Lesers.

## III.

Diese Anregungen haben zu den in diesem Heft versammelten Beiträgen geführt. Es handelt sich dabei einerseits um Texte, die »die Praxis der Theorie« darstellen und über den »Strukturwandel« in wissenschaftlichen Verlagen und Zeitschriften reflektieren,[3] und andererseits um Texte über die »Theorie der Praxis«, die die Rolle von Publikationen und ihre Veränderungen im Komplex der Forschung aus wissenschaftlicher Perspektive analysieren. Diese Beiträge bieten einen großen Informationsgewinn bezüglich des heutigen Stands wissenschaftlicher Publikationen in der Soziologie und in verwandten Wissenschaften sowie der Geschichte soziologischer Zeitschriften.[4] Die Frage ist nun, ob wir daraus grundsätzliche Hinweise gewinnen können, um eine Situation diagnostizieren und eventuell auch prognostizieren zu können, die aus mehreren Gründen als mehr oder weniger pathologisch erscheint.

Man kann zunächst beobachten, dass das Grundproblem nicht direkt die Publikationen zu betreffen scheint, sondern eher die Selbstbeobachtung des Wissenschaftssystems, das nicht in der Lage ist, sich in seinem Verhältnis mit anderen sozialen Systemen angemessen zu rüsten. Das betrifft vor allem das Verhältnis der Wissenschaft zu den Massenmedien. Dieses Verhältnis wird im Beitrag von Maja Malik/Siegfried Weischenberg ausgehend von der Differenz und der gegenseitigen Beeinflussung von Wissenschaft und Massenmedien ausführlich behandelt. Der Journalismus versteht unter Objektivität bekanntlich etwas anderes als die Wissenschaft. Durch den Verweis auf Objektivität wird in den Massenmedien eher auf politische und ideologische Neutralität als auf Fremdreferenz abgestellt. Auch ist der Journalismus von einem anderen Rhythmus der Produktion und Obsoletwerden der Informationen gekennzeichnet. Außerdem müssen sich die Medien primär an den vermuteten Interessen ihres Publikums orientieren und müssen versuchen, dieses Publikum möglichst breit einzubeziehen. Entsprechend kommt den Kriterien des Aufmerksamkeitsgewinns, die sofort verständlich sein müssen und nicht destabilisierend wirken dürfen, eine zentrale Bedeutung zu: sie privilegieren skandalisierende Aspekte und direkte, nicht zu unwahrscheinliche Überraschungsformen – eine Form der Vorbereitung auf Überraschungen, wie sie auch in der Praxis der Verlage beobachtet werden kann (siehe Roesler/Stiegler).

Der unterschiedliche Systembezug ist offensichtlich, wenn man den Wissenschaftsjournalismus einbezieht, der in genauem Gegensatz zu den hier behandelten wissenschaftlichen Publikationen steht: im ersten Fall handelt es sich um Kommunikationen des Systems der Massenmedien, die Wissenschaft

---

3  Um die Titeln der Beiträge Roeslers/Stieglers und von Lucius' zu zitieren.
4  Zur historischen Perspektive siehe insbesondere Koenens Beitrag.

zum Thema machen, während es sich im zweiten Fall um wissenschaftliche Kommunikationen im Medium der Publikationen handelt – oder zumindest handeln sollte. Der wissenschaftliche Journalismus bedient sich eines Massenmediums, das als solches die höchste »Transparenz und Akzeptanz für wissenschaftliche Erkenntnisse« (Malik/Weischenberg) zum Zweck der höchsten Popularisierung anstrebt. Dagegen wendet sich die Wissenschaft – auch in ihren Publikationen – einem ausgewählten Publikum von Lesern zu, das kompetente Kritiken formulieren kann, welche selbst zur wissenschaftlichen Kommunikation gehören und dazu beitragen, die Autopoiesis des Systems weiterzuführen. In der Wissenschaft erhält eine bloß auf maximale Verbreitung ausgerichtete Haltung unvermeidlich eine etwas pathologische Färbung: genau deshalb reagiert Jo Reichertz in seinem Beitrag mit einem gewissem Skeptizismus auf die Äußerung, dass Wissenschaftler heute »laut« sagen dürften und sollten, dass sie besser sind als andere. In der Wissenschaft sind Kritik und Lob traditionell dem beschränkten Kreis der Kollegen vorbehalten und müssen also »leise« formuliert werden, ohne den Anspruch oder die Absicht, eine unbestimmte Öffentlichkeit einzubeziehen.

Bei der unvermeidlichen und »physiologischen« Differenz von Kriterien und Richtlinien zwischen dem Wissenschaftssystem und dem System der Massenmedien ist die Lage also zweifellos komplex.[5] Gerade deshalb reicht es aber nicht aus, sich über das Überhandnehmen der Popularisierung und über den Einfluss der Medien zu beklagen und dieser vermeintlichen Degeneration das Absinken der Standards wissenschaftlicher Kommunikation zuzuschreiben. In diesem wie in verschiedenen weiteren Fällen kann man nicht die Massenmedien dafür anklagen, dass sie ihre Aufgabe erfüllen. Eher sollte man sich fragen, warum das Wissenschaftssystem derart unfähig zu sein scheint, Widerstand zu leisten und welchen Dynamiken und strukturellen Bedingungen dies zuzuschreiben ist. Die Beiträge von Esposito und Corsi versuchen hierfür theorieangeleitete Erklärungsansätze zu finden.

Elena Esposito führt den Unterschied von Herstellung und Darstellung des Wissens ein, der durch den merkwürdigen Umstand gekennzeichnet ist, dass Wissensherstellung im Bereich der Wissenschaft durch Theorien und Methoden streng kontrolliert und reglementiert wird, während die Darstellung des Wissens praktisch ungeregelt bleibt und systemfremden Kriterien (etwa den Kriterien der Massenmedien oder auch Organisationskriterien) überlassen wird. Vermutlich ist dieser Umstand (ebenso wie die Relevanz der Reputation in der wissenschaftlichen Kommunikation) auf das operative Bedürfnis zurückzuführen, Kommunikationen unter Bedingungen höherer Komplexität zu selektieren – eine Tatsache, die innerhalb des Systems meistens nicht angemessen berücksichtigt wird.

---

5  Koenen spricht vom »Zielkonflikt zwischen höherer Qualität und breiter Rezeption«.

Giancarlo Corsi denkt über die notwendige Intransparenz der Medien sowie über ihre Formen im Fall der Wissenschaft nach, und zwar im Hinblick auf zwei unausweichlichen Bedingungen der Moderne: Zum einen können wissenschaftliche Inhalte nur dann kommuniziert werden, wenn sie mit einem Verbreitungsmedium – in diesem Fall mit dem Buchdruck – gekoppelt werden. Zum anderen sind Redaktionen und Verlage ihrerseits spezifische Systeme, nämlich Organisationen. In beiden Fällen muss die Wissenschaft mit den entsprechenden Strukturen umgehen, die Kriterien privilegieren, welche mit den Programmen und Richtlinien der Wissenschaft manchmal sehr wenig zu tun haben. Das erklärt zum Teil die (wissenschaftlich oft ungerechtfertigte) Relevanz des Personenbezugs, und vor allem die in gewissen Hinsichten paradoxe Situation, dass Wahrheit zugleich (auf der Ebenen der Programme der Wissenschaft) gefördert und (auf der Ebene der organisatorischen Entscheidungen) verhindert wird.

Die Trennung zwischen Wahrheit und ihrer Darstellung wird durch den Beitrag von Stefan Hirschauer indirekt mit einer großen Fülle an Materialien und Argumenten bestätigt. Die erklärte Absicht dieses Beitrages besteht darin, den Publikationsprozess als diskursive Dynamik innerhalb der Scientific Community der Soziologen zu untersuchen, innerhalb eines Netzes des wechselseitigen Verhältnisses zwischen Autoren, aktuellen und potentiellen (wissenschaftlichen) Lesern sowie Gutachtern und Herausgebern, von denen jeder eigene Bindungen und Verfahrensvorstellungen mitbringt. Grundannahme der Analyse ist, dass dieser Prozess eher von rhetorischen als von inhaltlichen Strukturen geleitet wird – und damit also (wenn nicht auf Persuasion) auf die gegenseitigen Verhältnisse zwischen den Operatoren und nicht so sehr auf die Feststellung der Wahrheit (die, wenn überhaupt, nur als ein Faktor unter anderen eine Rolle spielt) gerichtet ist. Die in den Voten der Herausgeber der *Zeitschrift für Soziologie* dargestellten Materialien zeigen deutlich, welche Umstände tatsächlich am Werk sind: zunächst einmal die Selbstbeobachtung – der Herausgeber durch sich selbst, durch die Autoren, durch die Leser –, dann die Beobachtung des Status' und der Konnotation der Zeitschrift, die operativen Bedingungen (Hefte füllen) und vieles mehr. Die Wahrheit hat damit wenig zu tun und muss auf dieser Ebene auch tatsächlich nicht viel damit zu tun haben.

Das vermeintlich unausgeglichene Verhältnis zu den Massenmedien wirkt sich auch innerhalb des Wissenschaftssystems selbst aus, wenigstens im Bereich der Sozialwissenschaften. Die »Reorganisation der Öffentlichkeit der Theorie« (Roesler/Stiegler), die sie von der Verbreitung und vom Markt abhängig macht, signalisiert unter anderem eine Abnahme der Macht und Relevanz der »Großtheorien« – also von richtigen wissenschaftlichen Kriterien – für die Verbreitung der Publikationen, mit entsprechenden Reorganisationsproblemen auch für Verlage. Es ist ziemlich offensichtlich, dass eine solche Praxis Originalität und Innovation entmutigt, eher standardisierte und wenig deviante (oder auf kontrollierter Weise deviante) Beiträge favorisiert (Reichertz) und tendenziell zu einer editorischen Landschaft führt, in der auch Zeitschriften sich in Inhalt und Form der publizierten Artikel nur wenig voneinander unterscheiden (Roth).

In den Verlagskatalogen nimmt das relative Gewicht der Sammelbände gegenüber Monographien zu (Roesler/Stiegler), und allgemein werden Bücher allmählich von schnelleren und weniger anspruchsvollen Aufsätzen verdrängt (Reichertz), während die Laufzeit von Auflagen sich stetig verkürzt (von Lucius). Man stellt eine Renaissance der Handbücher fest (Roesler/Stiegler) – natürlich in den Fällen, in denen sich eine Disziplin genug Einheit leisten kann, um in einem Überblickstext dargestellt zu werden, wobei der Unterschied zwischen Naturwissenschaften und Geisteswissenschaften immer stärker wird.

In diesem Rahmen spielen sicher auch die – zum großem Teil unabhängig von der inneren Dynamik des Wissenschaftssystems (von Lucius) stattfindenden – organisatorischen Veränderungen der Verlage eine wichtige Rolle, die zu einer steigenden Unstetigkeit, zu kurzfristigeren Unternehmensstrategien und zu einem höheren Relativgewicht des Marketings gegenüber der Produktion von Texten führen. Die Folgen für die Wissenschaft sind aber nicht bloß organisatorischer Art, sondern wirken sich inhaltlich auch auf die Darstellung der wissenschaftlichen Kommunikation aus. Die Darstellung der Forschungsergebnisse, die, wie bereits gesehen, innerhalb der Wissenschaft unreglementiert bleibt, wurde nämlich traditionell auch durch die wichtige Tätigkeit von Lektoren gestaltet, die den Stil und den Argumentationszusammenhang der Texte beeinflussten – diese Aufgabe wird durch die elektronischen Techniken der Textverarbeitung und durch die neuen Organisationsformen der Verlagsunternehmen[6] zunehmend überflüssig (von Lucius; Roesler/Stiegler).

Die Verbreitung der wissenschaftlichen Kommunikation findet sich beinahe schutzlos den Erfordernissen externer Systeme wie den Massenmedien und den damit verflochtenen und überlagerten organisatorischen Erfordernisse der Verlage ausgesetzt. Noch gravierender wird sie aber von den Dynamiken der Organisationen innerhalb des Wissenschaftssystems (vorneweg der Universitäten) beeinflusst, deren Vorgaben primär nicht vom Wahrheitscode geleitet sind. Die schon zitierte und überall präsente Formel »publish or perish« erfasst diesen Einfluss am deutlichsten und ist nicht zufällig so treffend. Darauf wird in dem Beitrag von Wolff-Michael Roth eingegangen: in Nordamerika hängen Publikationspraktiken und die Gestalt der wissenschaftlichen Publikationen im allgemeinen zuerst von der Rolle der scholarship für die Definition der akademischen Karrieren ab, also von den organisatorischen

---

6  Neben der inneren Dynamik zwischen den »Selektoren«, wie Hirschauer zeigt.

Erfordernissen der Akademien: über Positionen, Löhne, Beförderungen und Zugang zu Forschungsmitteln wird aufgrund der »Produktivität« der Wissenschaftler, gemessen nach ihrem »publication record«, entschieden. Das Ergebnis ist natürlich eine Umkehrung der Prioritätsordnung in der Forschung: Leitziel ist nicht, neues Wissen zu produzieren, sondern schlicht zu veröffentlichen und dabei dem eigenen Curriculum Vitae neue »Zeilen« hinzuzufügen – weil davon auch die Verfügbarkeit über die Mittel abhängt, um die Forschung weiterführen zu können.

Der Nebencode der Reputation neigt dazu, den spezifischen wissenschaftlichen Code der Wahrheit zu überlagern, was zu unterschiedlichen, zirkulär verfestigten Konsequenzen führt. Wie verwickelt und mehrdimensional die Wege der Reputationsverleihung durch Publikation in soziologischen Zeitschriften laufen, kann man Elmar Koenens Beitrag entnehmen. Die Verlage selbst müssen mit einer Situation zurecht kommen, in der die Selektionskriterien der Wissenschaft immer schwankender zu werden scheinen: es kommt mehr auf die Quantität als auf die Qualität der Veröffentlichungen, mehr auf das faktische »das« als auf das »wie« an (Roesler/Stiegler).[7] Im Fall der Zeitschriften hängt der Einfluss der Publikation auf die Reputation vom Ranking der Zeitschrift, in der die Publikation erscheint, also von der Reputation der Zeitschrift selbst ab, die ihrerseits von in der Disziplin etablierten Bewertungspraktiken abhängt – mit dem Ergebnis, dass Zeitschriften dazu neigen, sich den geltenden Kriterien anzupassen, sie zu verstärken und dadurch auch die eigene Position zu stärken: Innovation wird weiter benachteiligt und die Kriterien ›verkalken‹. Die Relevanz der eigentlich wissenschaftlichen Kriterien nimmt weiter ab und macht dem schon erwähnten Einfluss der Massenmedien Platz. Prominenz neigt ihrerseits dazu, Reputation zu überlagern, oder wenigstens immer mehr zu verwischen (Reichertz): dabei handelt es sich aber um ein wissenschaftsexternes Kriterium, dem man sich mit wissenschaftlichen Argumenten nicht entziehen kann. Das macht die Kritik durch Kollegen immer schwieriger und weniger wirksam, während externe (massenmediale) Formen der Selektion und der Lenkung der Aufmerksamkeit weiter zunehmen: noch einmal werden Unmittelbarkeit und Verständlichkeit gegenüber wissenschaftlicher Anschlussfähigkeit prämiert.

Es steht uns nicht zu, Schlussfolgerungen zu ziehen. Was wir beobachten können ist, dass das dargestellte Material uns mehrere Anreize zu bieten scheint, um die Debatte zum Stand der wissenschaftlichen Kommunikation von ihren etwas anklagenden Tönen zu befreien und dem Wissenschaftssystem die Auf-

---

7  Eine indirekte Wirkung ist auch der weitverbreitete Gebrauch von Zitationsindizes (für Sozialwissenschaften SSCI), um »Exzellenz« oder »internationales Gewicht« der Beiträge abzuschätzen (Reichertz) – damit wird die Verbreitung und Inklusion höher bewertet als die Selektion des Publikums nach der Kompetenz, unwahrscheinliche Kommunikationen zu bewerten.

gabe zuzuschreiben, das Niveau der Reflexion im flüchtigen, aber äußerst relevanten Bereich der Darstellung und Verbreitung der Forschungsergebnisse zu erhöhen.

Prof. Dr. Elena Esposito
Facoltà di Scienze della Comunicazione, Università di Modena e Reggio Emilia
Via Giglioli Valle, 9, I-42100 Reggio Emilia
esposito.elena@unimore.it

Soziale Systeme 11 (2005), Heft 1, S.14-31   © Lucius & Lucius, Stuttgart

Alexander Roesler/Bernd Stiegler

# »Die Endform der Vorläufigkeit«
# Ansichten aus der Praxis der Theorie

*Zusammenfassung:* Dieser Beitrag ist weniger eine systematische Analyse oder Reflexion über die Veränderungen des wissenschaftlichen Publizierens als vielmehr eine Art ABC der publizistischen Praxis der Theorie. In insgesamt 12 kurzen Texten, die zudem eine interne Verweisungsstruktur haben, ist jeweils eine Beobachtung Niklas Luhmanns Anlass, um einen bestimmten Bereich des Publizierens in den Blick zu nehmen. Der Bogen, den dieses kleine Lexikon spannt, reicht dabei von »Absagen/Zusagen« über »Herstellung« bis hin zu »Programm« und »Sekundärliteratur«.

*»Nur ist im Theoriekontext der Kurzbeitrag nicht, wenn man so sagen darf, die Endform der Vorläufigkeit, sondern eher eine Verlegenheitsform, die eigentlich nach Einarbeitung in ebenfalls hypothetische, ebenfalls kontingente Theoriezusammenhänge verlangt.«*[1]

Fragmente einer theoretischen Annäherung, partikulare Ansichten aus der Praxis der Theorie, Kurzbeiträge zur Frage nach der Vergangenheit, Gegenwart und Zukunft des wissenschaftlichen Publizierens – mehr können und wollen unsere kurzen Texte nicht sein. Ihnen gebührt nicht der Rang einer »Endform der Vorläufigkeit«, wie Niklas Luhmann die besondere und fragile Form der Publikation schön charakterisiert. Sie sind nicht mehr als vorläufige Formen einer Beschreibung der Gegenwart, in der die Zeichen auf Wandel und Veränderung gestellt sind. Der Offenheit der gegenwärtigen Situation entspricht die Offenheit der Komposition der folgenden Kurzbeiträge: Sie folgen der Ordnung des Alphabets, verfügen aber gleichwohl über interne Querverweise, die die einzelnen Texte miteinander vernetzen – eine Verlegenheitsform, die aus der Verlegenheit geboren ist, einerseits eine Form für die Offenheit zu finden, die die gegenwärtige Lage charakterisiert, und andererseits der Tatsache Rechnung zu tragen, dass das Feld der Publikation reich an Phänomenen ist, die miteinander komplexe Verbindungen unterhalten. Den Ausgangspunkt unseres kleinen Glossars des wissenschaftlichen Publizierens bilden Begriffe, die überaus geläufig sind, Vergangenheit und Gegenwart der Publikationen glei-

---

1  Niklas Luhmann (1987): Schwierigkeiten mit dem Aufhören. S. 74-98 (97) in: ders., Archimedes und wir. Berlin.

chermaßen umfassen und so vielleicht in ihrer losen Folge perspektivische Ansichten auf diese »Endform der Vorläufigkeit« eröffnen.

## Absagen / Zusagen

*»Aus einer Entscheidung werden viele Entscheidungen.«*[2]

Verlage kommen bedauerlicherweise ohne Entscheidungen über die Annahme oder Absage eines Buchs nicht aus. Die Zusage betrifft zudem in der Alltagsarbeit nur einen kleinen Prozentsatz der so genannten unaufgefordert eingesandten Manuskripte oder der mit Autoren diskutieren Projekte. Auf eine Zusage kommen – je nach Verlag – mindestens zehn, in der Regel aber einhundert Absagen. Angesichts der steigenden Zahlen von Dissertationen und der Flut von Tagungsbänden ist die Arbeit des Lektors vor allem programmselektiver Art (→ Lektor): Er hat aus der Fülle der Angebote ein Programm zu erstellen (→ Programm), das sowohl den Anforderungen der internen Kohärenz und der erkennbaren eigenen Programmstruktur mit thematischen wie disziplinären Schwerpunkten etc. als auch einer externen Markt- wie Forschungsorientierung, d.h. einer erwarteten Verkäuflichkeit der Titel einerseits und einer wissenschaftlichen Relevanz der Bücher andererseits zu genügen hat (→ Öffentlichkeit). Eine wesentliche Aufgabe des Lektors ist somit eine Strukturierung qua Auswahl. Diese Strukturierungsaufgabe kann er sich dadurch erleichtern, dass er bestimmte Themenkomplexe in Reihen fasst und dann die jeweiligen Herausgeber über Zu- bzw. Absagen entscheiden lässt. Er kann sie sich auch dadurch vereinfachen, dass er auf bestimmte Programmbereiche aufgrund vorab getroffener Entscheidungen über Orientierungen des gesamten Programms verzichtet (keine Philosophie, Soziologie, aber keine Systemtheorie, vor allem Systemtheorie etc.), einzelne Autoren oder auch Autoren- oder Herausgeberkollektive (z.B. Forschungszentren, Sonderforschungsbereiche etc.) (→ Universität) als »gesetzt« betrachtet und alles von ihnen druckt, bestimmte andere, eher formale Vorgaben macht (keine Tagungsbände, keine Magisterarbeiten, keine Dissertationen, keine Qualifikationsschriften etc.) oder auch Entscheidungen aufgrund des erwarteten kommerziellen Erfolgs oder Misserfolgs eines Projekts trifft. Grundsätzlich gilt: »Aus einer Entscheidung werden viele Entscheidungen.« Denn ist erst einmal ein Buch eines Autors zugesagt, so führt dies in der Regel dazu, dass weitere Bücher folgen (→ Programm); und ist erst einmal ein Projekt eines Autors abgesagt, so sucht sich dieser einen anderen Verlag und kehrt in der Regel nicht zurück – es sei denn, dieser ist Marktführer und bietet deutliche

---

2 Niklas Luhmann (1992): Zwei Quellen der Bürokratisierung in Hochschulen. S. 74-79 (75) in: ders., Universität als Milieu. Kleine Schriften, hg. von André Kieserling. Bielefeld.

Vorteile gegenüber anderen Verlagen. Entscheidungen über Zu- oder Absagen sind abhängig von einer Reihe von Faktoren ökonomischer, programmatischer, aber auch wissenschaftspolitischer Art, die, soll das Programm seinen Namen auch verdienen, ein komplexes System bilden, in dem jede Entscheidung Auswirkungen auf andere Entscheidungen hat.

## Disziplinen/Interdisziplinarität

*»Zweifel über die Zukunft können mit Hilfe der Vergangenheit entschieden werden. Die tradierte Geschichte symbolisiert dann das Gute und Richtige.«*[3]

Zweifel sind angebracht – und dies gleich in doppelter Hinsicht. Auf der einen Seite ist der Ruf nach interdisziplinärer Forschung inzwischen unüberhörbar geworden und findet mittlerweile auch seinen Niederschlag in Forschungsprogrammen und Forschungsförderungen (→ Universität). Auf der anderen Seite haben die altgedienten Disziplinen keineswegs ausgedient, ja, sie erweisen sich im Gegenteil als außerordentlich widerstandsfähige Gebilde, die sich mit Zähnen und Klauen gegen die erhobene Forderung, sie mögen ihre institutionellen Trutzburgen verlassen und das Gespräch mit anderen Disziplinen suchen, verteidigen. Je lauter dieser Ruf wird, desto beharrlicher werden Verteidigungsstrategien geschmiedet, und jede Chance, an die eigenen historischen Wurzeln in Hinblick auf eine künftige programmatische Ausrichtung zu erinnern, wird genutzt. So führt die Einrichtung von BA-Studiengängen an den meisten Universitäten nicht zu einer neuen interdisziplinären Orientierung oder zu einer praxisnahen Neubestimmung des Fachs, sondern zu einer Zementierung der eigenen geschichtlich gewachsenen und vermeintlich selbstverständlichen Grundbestände. Zurück zum Handwerk, zurück zur Geschichte, zurück zu den disziplinär etablierten Ordnungskategorien geht die Reise (Schulen, Epochen, abgesteckte und fest umrissene Themenfelder etc.). Angesichts der internen wie externen Forderungen, neue Ausrichtungen vorzunehmen, symbolisiert die »tradierte Geschichte dann das Gute und Richtige.« Lehrstühle, die per definitionem interdisziplinär ausgerichtet sind (und etwa in den Vereinigten Staaten durchaus bereits existieren), wie etwa für Cultural oder Visual Anthropology oder für Philosophie des Geistes *und* Hirnforschung, stehen noch aus. Interdisziplinarität ist im akademischen wie universitären System bisher nur dann vorgesehen, wenn der Austausch geregelt vorgeht und die Ergebnisse auch kalkulierbar bleiben. So beschränken sich die institutionell etablierten interdisziplinären Einrichtungen in der Regel auf relativ eng umrissene Gebiete, in denen Fragen verhandelt werden, die nicht

3  Niklas Luhmann (1992): Status quo als Argument. S. 16-29 (18) in: ders., Universität als Milieu. Kleine Schriften, hg. von André Kieserling. Bielefeld.

nur für beide Bereiche von Relevanz sind, sondern zudem auch eine gesellschaftliche Bedeutung aufweisen. Ein Paradebeispiel sind die Ethikzentren, die Natur- und Geisteswissenschaftler vereinen, oder aber außeruniversitäre Forschungszentren, deren oberstes Ziel darin besteht, Wissenschaftler aus höchst verschiedenen Bereichen zusammenbringen und sie für einen begrenzten Zeitraum von ihren universitären Pflichten zu befreien, wie u.a. das Berliner Wissenschaftskolleg, das Hanse-Kolleg oder auch das IVK und das IWM in Wien oder das KWI in Essen. Interdisziplinäre Forschung ist zumeist aus den Universitäten ausgelagert worden und beschränkt sich gegenwärtig oft nur auf einen tastenden Dialog; gemeinsame, großangelegte Projekte sind nach wie vor die Ausnahme, auch wenn uns die diversen SFBs oder Graduiertenkollegs anderes glauben machen möchten.

Im Bereich der wissenschaftlichen Publikationen wirkt sich diese eigentümliche Bewegung in höchst paradoxer Weise aus. Auf der einen Seite findet heute eine ungeahnte Renaissance des Hand- und Lehrbuchs statt. Verlage wie etwa Metzler haben erfolgreich weite Teile ihrer Verlagsproduktion von Monographien auf Lexika umgestellt, andere bieten Reader, Überblicksdarstellungen, Einführungen, kompakte Einführungen oder sogar kommentierte Auswahlbibliographien für einzelne Fachbereiche an. Auf der anderen Seite sind gerade jene wenigen Versuche, neue Formen eines interdisziplinären Dialogs zu etablieren, auch ökonomische Erfolge und belegen so mit schlichter aber sprechender Marktevidenz, dass es diese Themen anzugehen gilt. Dies ist auch in ökonomischer Hinsicht für Verlage ein vitales Interesse, können doch Publikationen, die mehrere Zielgruppen haben und auch mehrere Disziplinen erreichen, potentiell auch einen größeren Leserkreis erreichen als dies für streng disziplinär ausgerichtete Publikationen der Fall ist.


## Herstellung

*»Auch fehlt es an ausreichenden Schreibdiensten, so dass manche Manuskripte nie den Zustand der Reinschrift erreichen und in einer Ecke vergilben.«*[4]

Der Zustand der Reinschrift ist ein Ideal. So genannte »satzfertige Manuskripte« – obwohl sie Gegenstand der vertraglichen Vereinbarung sind – treffen selten in diesem Zustand ein. Wissenschaftlern und Wissenschaftlerinnen mangelt es offenkundig an Schreibdiensten, und nur wenige in den Sekretariaten (es sind immer noch in der überwältigenden Mehrzahl Frauen) beherrschen alle orthographischen und satztechnischen Raffinessen, die für ein perfekt eingerichtetes Manuskript nötig sind. Oft beginnt es schon in den

4 Niklas Luhmann (1992): Interdisziplinäre Theoriebildung in den Sozialwissenschaften. S. 62-68 (68) in: ders., Universität als Milieu. Kleine Schriften, hg. von André Kieserling. Bielefeld.

Zitationen: Der Verlagsort Frankfurt a.M. taucht z.B. in diversen Schreibweisen auf: Frankfurt a.M., Frankfurt am Main, Frankfurt/Main, Frankfurt/M. etc. Da aber Einheitlichkeit eines der Grundprinzipien für die Textform eines Buches ist, muss in einem eigenen Arbeitsschritt nachgebessert werden. Häufig stimmen auch die Kongruenz von Subjekt und Verb nicht; beliebt sind zwei Subjekte, kombiniert mit einem Verb in Singularform. Oder Fachbegriffe, die in unterschiedlichen Schreibweisen vorkommen, mit Bindestrich, ohne, klein und kursiv, groß und kursiv, auseinander, in einem Wort usw. Ein eigener Arbeitsschritt ist ebenfalls die Überprüfung der Kapitelüberschriften, wie sie im Text und wie sie im Inhaltsverzeichnis auftauchen. In über der Hälfte der Fälle gibt es hier Abweichungen. Und dann erst die Bibliographie: eine Fehlerquelle par excellence! Reihenfolge der Vor- und Nachnamen, inkonsequente Angabe von Verlagen, fehlende Ortsangaben, fehlende Seitenangaben bei Aufsätzen, Titel eines Buches mal kursiv, mal in Anführungszeichen, im Text erwähnte Bücher, die nicht in der Bibliographie auftauchen – diese Reihe ließe sich beliebig weiterführen. Es sind zu viele Einzelheiten und jeder Schreibbedienstete, der nicht mehrere Jahre in einem Korrektorat gearbeitet hat, muss zwangsläufig irgend etwas übersehen.

Das Problem von Verlagsseite aus sind die Kosten. Jedes Komma, das hinzukommt oder entfernt wird, beläuft sich – ist das Manuskript erst einmal gesetzt – auf ungefähr 50 Cent. Da gilt es, vorher einzuschreiten und das Schlimmste zu verhüten (→ Lektor). Aber auch stressgeplagte Lektoren übersehen gerne etwas. Deshalb delegiert der Großteil der Wissenschaftsverlage den Satz an die Autoren. Sollten dann Fehler stehen bleiben, sind die Autoren schuld und der Verlag, auch finanziell, fein raus. Das führt jedoch zunehmend zu schlampig gemachten Büchern. Wenn auf einer Seite mehr Fehler sind als Argumente, dann fragt sich der geneigte Leser, wer überhaupt Interesse an der Veröffentlichung dieses Buchs hatte. Das spiegelt einmal mehr die Tatsache wider, dass es innerhalb des Systems »Wissenschaft« in wachsendem Maße mehr auf das faktische »das« der Veröffentlichung ankommt als auf das »wie« (→ Sammelbände/Tagungen). Wenn nur noch Quantität zählt und keine Qualität mehr, dann ist diese Entwicklung nicht überraschend. Es könnte sein, dass in der Konsequenz zwar nicht das Manuskript in der Ecke vergilbt, aber womöglich das gedruckte Buch.

## Lektor

*»Auch Wissenschaftler müssen, wenn sie publizieren wollen, Sätze bilden. In der dafür notwendigen Wortwahl herrscht jedoch ein für die meisten Leser unvorstellbares Maß an Zufall. Auch die Wissenschaftler selbst machen sich dies selten klar. Der weitaus größte Teil der Texte könnte auch anders formuliert sein und würde auch anders formuliert sein, wenn er am nächsten Tag geschrieben worden wäre.«[5]*

Der Lektor ist nicht nur der »erste Leser« (was jedoch meist nur für literarische Texte – wenn überhaupt – gelten kann), er ist auch ein heimlicher Autor, vielleicht eher ein Herausgeber, der Texte in Bezug auf sein Programm auswählt, zusammenstellt und redigiert. Das unvorstellbare Maß an zufälligen Formulierungen, die sich in einem wissenschaftlichen Text finden, kann reduziert werden, indem die Zufälligkeit transformiert wird. Das heißt aber, in den Text einzugreifen, sich in den Stil und den Argumentationszusammenhang einzudenken, um im Sinne des Textes Zufall in innere Notwendigkeit zu verwandeln. In dieser Funktion als »erster Leser« repräsentiert der Lektor den idealen Adressaten des Textes und aus dieser (vermeintlichen) Perspektive heraus handelt er. Bei wissenschaftlichen Texten merkt man jedoch schnell, dass sie meistens bereits von vielen anderen gelesen worden sind. Der Lektor liest daher einerseits immer schon zu spät, andererseits jedoch hat er den Vorteil, nicht in den inneren Debatten und Zirkeln zu stecken, in denen sich wissenschaftliche Autoren immer schon befinden (→ Universität). Er hat dadurch den Blick von außen, durch seine Kenntnis des Gegenstandes aber auch einen Blick von innen. Aus diesem steten Gestaltwandel heraus versucht er, den Text zu optimieren, damit er mehr als nur den inneren Kreis möglicher Leser erreicht, der den Autor persönlich und aus zahllosen Debatten auf Tagungen kennt. Denn der Lektor wünscht sich die maximale Verbreitung seiner Autoren und deren Texte (→ Markt/Öffentlichkeit); in diesem Sinn repräsentiert er gewissermaßen die Chance auf den nächsten Tag.

## Markt/Öffentlichkeit

*»Die Publikation sichert nicht, daß das Buch gelesen wird.«[6]*

In der Tat: Es ist kein Geheimnis, dass sich auch – oder vielleicht gerade – im Bereich der wissenschaftlichen Publikationen der Markt radikal gewandelt hat und die alleinige Publikation der Bücher nicht mehr hinreichend ist. Die Zeit, dass man, wie ein Kollege aus der Branche erzählt, jede Diplom- oder Magis-

---

5  Niklas Luhmann (2000): Lesen lernen. S. 152 in: ders., Short cuts, hg. von Peter Gente/Heidi Paris/Martin Weinmann. Frankfurt a.M.
6  Niklas Luhmann (1990): Die Wissenschaft der Gesellschaft. Frankfurt a.M., 157.

terarbeit mit Erfolg drucken konnte, wenn sie nur aus bestimmten Theoriefeldern stammte, ist definitiv vorbei. Mit dem Verschwinden der »Großtheorien« ging sowohl ein deutlicher Rückgang der Auflagenzahlen als auch eine komplette Reorganisation der Öffentlichkeit der Theorie einher. Während in den 70er und auch noch in den 80er Jahren eine Vielzahl von Titeln recht problemlos fünfstellige Auflagenzahlen erreichte, ist das heute im Bereich der »harten« Theorie eine seltene Ausnahme und selbst im Taschenbuch sind Auflagenhöhen in moderater vierstelliger Höhe die Regel. Höhere Verkaufszahlen sind in der Regel nur von naturwissenschaftlichen Titeln oder dem so genannten populären Sachbuch zu erreichen. Ansonsten ist es offenkundig einzig und allein eine universitäre Käuferschicht, die wissenschaftliche Bücher erreichen können. Gleiches gilt auch für den kompletten Bereich der audiovisuellen Massenmedien, in deren Unterhaltungsformaten Theorie keine oder, wie im Falle von 3 SAT oder ARTE und wenigen Hörfunksendungen, eine außerordentlich marginale Rolle spielt. Theorie ist mit dem neuerdings durch die Normativität des Faktischen etablierten Unterhaltungsauftrag des Fernsehens nicht kompatibel, und so müssen sich philosophische, sozialwissenschaftliche oder selbst medien- oder kulturwissenschaftlichen Themen eine andere Form von Öffentlichkeit suchen. Für die Theorie ist Öffentlichkeit heute keine selbstverständliche Gegebenheit, sondern vielmehr etwas, das herzustellen ist. Öffentlichkeit kann nicht vorausgesetzt, sondern muss konstituiert werden. Die Öffentlichkeit der Theorie ist dabei in eigentümlicher Weise vom Markt abgekoppelt. Viele Theorien haben, wie Zitate in den (Fach)Publikationen und auch Debatten zeigen, eine ungleich größere Wirkung als es die in der Regel moderaten Verkaufszahlen nahe legen würden.

Für den Lektor wie auch für den publizierenden Wissenschaftler bedeutet das: »Ein gewisses Pensum an Reisetätigkeit, Gastvorlesungen, Kongreßmitwirkung etc. versteht sich von selbst«[7] (→ Lektor). Denn nur in Gestalt einer Art konzertierten Aktion, die Publikationen, Diskussionen, Tagungen und andere Veranstaltungen, aber auch Rezensionen, Werbemittel, Präsenz im Internet etc. umfasst, können die Bücher heute (die knappe Ressource der) Aufmerksamkeit finden (→ Zukunft des Buchs). Verlage etwa arbeiten seit einiger Zeit auch hinsichtlich der Werbung in verschiedenen Medienbereichen, verschicken Ankündigungen per Email, organisieren Lesungen, stellen detaillierte und informationsreiche Homepages bereit, die alle zu einer Form von *gate* werden sollen, oder verschicken Prospekte mit Informationen zu den Neuerscheinungen (→ Novitäten und Originalausgaben) an den ihnen bekannten Kundenkreis, der de facto auch derjenige ist, der über den ökonomischen wie wissenschaftlichen Erfolg eines Buchs entscheidet.

---

7  Niklas Luhmann (1992): Interdisziplinäre Theoriebildung in den Sozialwissenschaften. S. 62-68 (67) in: ders., Universität als Milieu. Kleine Schriften, hg. von André Kieserling. Bielefeld.

## Novitäten und Originalausgaben

*»Für Kommunikation ist eine der elementaren Voraussetzungen, daß die Partner sich wechselseitig überraschen können.«*[8]

Auf den ersten Blick scheint dies auch für Verlage und ihre Produktion zu gelten, sind es doch die so genannten Novitäten, die wahrgenommen und besprochen werden und als Neuerscheinungen auf den Büchertischen der Buchhandlungen landen. Das Neue scheint die Gegenwart zu bestimmen, wie umgekehrt offenbar die Gegenwart das Neue. Die Novitäten sind scheinbar im Bereich der wissenschaftlichen Produktion jene Titel, auf die sich nicht nur die aktuelle Diskussion konzentriert, sondern auch auf denen zudem der ökonomische Gewinn eines Verlags vermeintlich beruht. In Verlagskreisen hat sich so die Unterscheidung von Frontlist- und Backlistverlagen etabliert, wobei bei den ersten der Umsatzanteil der Novitäten entscheidend für den Gesamtumsatz ist, bei den zweiten hingegen die sogenannte *backlist*, d.h. die lieferbaren Titel insgesamt, von vorrangiger Bedeutung ist. Recht grob gesprochen bestimmt diese Strategie dann auch den Lebenszyklus der Bücher. Während bei den Frontlist-Verlagen der unmittelbare Erfolg entscheidend ist, und dieser auch durch erhebliche Mittel qua Werbung (→ Werbung/Markt/Öffentlichkeit), Vertrieb, Buchhandelskonditionen etc. begleitet sein muss, dann aber später nur der vorab in der Regel streng kalkulierte und recht limitierte Lebenszyklus in verschiedenen Taschenbuch- und Sonderausgaben von Relevanz ist, zielen die Backlist-Verlage auf Kontinuität und lange Lebensdauer der einzelnen Titel. Entscheidend ist hierbei, dass die Bücher sich entweder als Klassiker etablieren bzw. die Autoren bereits als Klassiker etabliert sind, und daher in den Kanon der an Schulen und Universitäten gelesenen Bücher Eingang finden, oder aber die Bände über die Themen, die Anlage (etwa funktionale Einführungsbände für Proseminare) oder andere Faktoren ihr Überleben unter den Lesern sichern. Diese Situation hat sich in den letzten Jahren nicht grundlegend verändert, wohl aber verschärft, da der Platz auf den Büchertischen härter umkämpft ist als je zuvor. Das gilt – mit bestimmten Einschränkungen – auch für wissenschaftliche Publikationen, die aber gleichwohl zumindest partiell anderen Gesetzen des Vertriebs, der Distribution und der Nachfrage gehorchen. Wissenschaftliche Publikationen sind seit jeher traditionell backlistorientiert und das wird sich auf absehbare Zeit auch nicht ändern. Diese Ausrichtung hat auch Konsequenzen für die Novitäten, die ihrerseits in der Regel nicht auf den momentanen Erfolg, sondern auf die Kondition eines *longsellers*, eines wissenschaftlichen Langstreckenläufers zielen.

8  Niklas Luhmann (1992): Kommunikation mit Zettelkästen. Ein Erfahrungsbericht. S. 53-61 (53) in: ders., Universität als Milieu. Kleine Schriften, hg. von André Kieserling. Bielefeld.

Was den Überraschungscharakter der Novitäten anbetrifft, so ist daher in doppelter Hinsicht Vorsicht angebracht. Auf der einen Seite situiert sich im Feld der wissenschaftlichen Publikation die Novität oder Originalausgabe (oder auch die deutsche Erstausgabe) in einem Kontext, in dem der Überraschungseffekt nur dann möglich ist, wenn das Neue an das Bekannte anschließt. Bekannte Autoren sind für den Verkauf der Novitäten ebenso zuträglich wie bereits zumindest partiell erschlossene Themen. Novitäten sind, auch wenn die Überraschung letztlich nicht geplant werden kann, in gewisser Weise immer kalkuliert und kommen in der Regel nie ohne bekanntes Umfeld daher: Man kennt den Autor, den wissenschaftlichen Kontext, den Sonderforschungsbereich, das Graduiertenkolleg, den Forscherverbund oder zumindest verschiedene Vorabpublikationen in Gestalt von Aufsätzen etc. (→ Universität). Die Forschungslenkung, die diese Institutionen faktisch ausüben (→ Sammelband/Tagungen) und die auch erhebliche Auswirkungen auf die Publikationen und ihre Themen haben, fasst die Innovation in Kategorien einer kalkulierten Forschung und trägt das Ihrige dazu bei, dass die Novität in der Regel in recht bekannter Gestalt daherkommt. Gleichwohl sollten die Novitäten auch nicht *zu* bekannt sein und den Eindruck des *déjà vu* hervorrufen.

Die Öffentlichkeit (→ Markt/Öffentlichkeit) und die Verbreitung, die die Neuerscheinungen erzielen, sind andere als diejenigen der Presse und der Massenmedien. Von den knapp tausend Neuerscheinungen pro Jahr etwa im Bereich der Philosophie werden nur sehr wenige Bücher besprochen, und die Rezensionen der Fachzeitschriften erscheinen manchmal erst nach Jahren. Die Überraschung der wissenschaftlichen Novitäten ist zeitversetzt, erfolgt manchmal Jahre später – oder bleibt leider auch mitunter aus, auch wenn der Autor und der Lektor anderes erwartet hatten, zielt ihre Strategie doch darauf, Öffentlichkeit herzustellen (→ Lektor). Dies führt allerdings nicht notwendigerweise dazu, dass die Bücher erfolglos wären. Viele Bücher, über die schlicht nichts zu lesen war, haben sich im Buchhandel und an den Universitäten durchgesetzt, während anderen viel besprochenen – im ersten Moment überraschenden – Publikationen das Schicksal des Marktes, der auf immer Neues setzt, zuteil wird: Sie ziehen wie eine Sternschnuppe vorüber, werden bestaunt und verschwinden.

## Programm

*»Im wesentlichen richtet das Wissenschaftssystem über Publikationen [...] einen eigenen Inklusionsweg ein, an dem im Prinzip alle, faktisch aber nur wenige teilnehmen können.«*[9]

Inklusion und Exklusion sind das tägliche Brot in einem Verlag (→ Zusagen/Absagen). Leitender Gesichtspunkt der Entscheidungen ist das Programm bzw. die Vorstellung, die man von dem inneren Zusammenhang aller Bücher hat, die in einer Reihe oder in einem Verlag erscheinen. Das Programm wird durch Themen, Richtungen, Autoren gebildet, aber auch durch den Versuch, das Wichtigste des gegenwärtigen Forschens abzubilden. Es zeigt die »geistige Physiognomie« eines Verlages, wie ein bedeutender Verleger einmal gesagt hat. Dadurch, dass bereits bestimmte Bücher in einem Verlag erschienen sind, ist die Wahrscheinlichkeit, dass ähnliche Bücher erscheinen werden, sehr groß (→ Programm). Das sichert auch bei den Lesern eine gewisse Erwartbarkeit, deren Hintergrund letztlich das Programm darstellt. Dem Programm wird alles untergeordnet, seine Gestaltung ist Hintergrund zahlloser Entscheidungen. Es bilden sich dadurch Schwerpunkte in einzelnen Verlagen heraus, die oft durch frühe Entscheidungen und konsequentes Verfolgen weiter ausgebaut werden. Für die so genannten Mitbewerber fällt es dann schwer, in dem vergleichsweise kleinen Markt ähnliche Schwerpunkte aufzubauen und um die besten Manuskripte zu buhlen. Obwohl finanzielle Anreize gerade bei chronisch schlecht bezahlten Forschern Wunder wirken können, sind Vorauszahlungen bei den kleinen Gewinnmargen nicht in überzeugender Höhe möglich. Anstatt also ähnliche Programmschwerpunkte aufzubauen, teilen sich die Verlage lieber die verschiedenen Sparten auf. Wer hier ein waches Auge hat und Trends frühzeitig erkennt, kann unter Umständen ein Segment aufbauen, das andere später kaum noch übernehmen können (→ Novitäten/Originalausgaben). So hat der Passagen-Verlag in den 80er Jahren den französischen Dekonstruktivismus gepflegt, der bei Suhrkamp nicht weiterverfolgt worden war, der Merve-Verlag die postmodernen (Medien)theoretiker in Deutschland bekannt und sich um die kleinen Schriften von Foucault verdient gemacht. Neben den Programm*inhalten* lassen sich aber auch verschiedene Programm*formen* verfolgen; so veröffentlicht Metzler fast ausschließlich Lexika oder Handbücher, Junius fast ausschließlich Einführungen. Das Programm als eine ideale Einheit verleiht dem Verlag Profil und hilft dabei, Autoren zu gewinnen und diese über ein Thema auch vergleichsweise bekannt zu machen (→ Werbung/Öffentlichkeit). In seltenen Fällen gelingt es einem Verlag, durch die Strukturierung seines Programms (Autoren, Themen,

9   Niklas Luhmann (1990): Die Wissenschaft der Gesellschaft. Frankfurt a.M., 349.

Disziplinen, Forschungs- und Theorieschwerpunkte, »Stichworte zur geistigen Situation der Zeit« etc.) einen erheblichen Einfluß auf die öffentlichen Diskussionen (→ Öffentlichkeit) und die akademische Forschung (→ Universität) zu nehmen, der er im günstigsten Fall Kriterien für die Akzeptanz bestimmter Themen und Themenfelder liefert.

Das heißt aber auch, dass wirklich alle Publikationen eine Chance haben. Lektoren lesen auch – entgegen anderslautender Gerüchte – die so genannten unverlangt eingesandten Manuskripte. Denn nichts ist erfreulicher, als ein wichtiges, die Debatten bestimmendes Buch eines wenig bekannten Autoren entdeckt und gefördert zu haben, oder gleich eine ganze Debatte zu bestimmen und in den eigenen Publikationen stattfinden zu lassen (→ Lektor). Faktisch ist jedoch die Möglichkeit, solche Autoren und Themen zu entdecken, in der Wissenschaft sehr begrenzt, denn begabte Köpfe sind mit großer Wahrscheinlichkeit bereits früh in Seminaren, Kolloquien, Debatten oder auf Kongressen aufgefallen ebenso wie Kontroversen, die zu Debatten werden können, schon früh von der Wissenschaft selbst wahrgenommen und in ihrem eigenen System inszeniert werden. Dennoch besteht die Chance auf Überraschung, die kein Lektor sich nehmen lassen möchte. Insofern gleicht das Verlagssystem mit seinem eigenen Inklusionsweg dem Wissenschaftssystem. Beide inkludieren durch Exklusion.

## Sammelbände/Tagungen

*»Man darf vermuten, dass die tatsächliche Forschung damit in beträchtlichem Umfange durch die Variable ›Risikoneigung von Antragstellen‹ kontrolliert wird, die ihrerseits eher von Betriebsmotiven als von Erkenntnismotiven abhängen mag, etwa von dem Motiv, für schon vorhandene Mitarbeiter neue Gehaltsquellen zu erschließen. Die zeitliche Begrenzung der Forschungsförderung führt zur Episodenhaftigkeit der Forschung, zur Aufgliederung in ›Projekte‹, die mit Ergebnissen abgeschlossen und immer neu beantragt werden müssen.«[10]*

Seit der akademische Nachwuchs die schwindenden Assistentenstellen durch DFG-geförderte Projekte kompensieren muss, damit er überhaupt noch eine Verweilchance an der Universität erhält, nimmt die Forschungsdokumentation »Sammelband« zu. Damit einher geht die Tendenz, Habilitationen abzuschaffen, so dass niemand mehr gezwungen wird, ein Thema in größerer Tiefe und Zusammenhang zu behandeln. Der Sammelband ist auch praktischer: Man kann ihn auf der Publikationsliste unter »Bücher« setzen, braucht diese aber nicht in voller Länge zu schreiben. Es reicht, mehr oder weniger lose verbundene Aufsätze zu versammeln, die sich – wo Quantität zunehmend ein wichti-

---

10 Niklas Luhmann (1992): Die Universität als organisierte Institution. S. 90-99 (98) in: ders., Universität als Milieu. Kleine Schriften, hg. von André Kieserling. Bielefeld.

ges Argument zur Vergabe von Professuren wird – auch schneller und in größerer Zahl schreiben lassen. Man kennt die Kollegen von den betriebsmotivierten Tagungen, die dokumentiert sein wollen, soll die neue Gehaltsquelle auch weiterhin erschlossen bleiben, und tut das Folgerichtige: Man sammelt eigene und fremde Beiträge und publiziert den Band.

Verlage, das ist kein Geheimnis, sehen Sammelbände mit gemischten Gefühlen. Meist sind sie einer Einladungspolitik zu Tagungen verpflichtet, deren Auswahlkriterien nicht immer durch thematische Schlüssigkeit ins Auge stechen. Dadurch ist die Gefahr der Heterogenität groß, ja oftmals gar nicht zu vermeiden. Wurde diese früher noch mit der Bezeichnung »Kongreßakten« mehr oder weniger deutlich unterstrichen, tritt der Sammelband von heute mit dem Anspruch der thematischen Geschlossenheit auf: Er will ein Buch im emphatischen Sinn sein – ein Anspruch, der nur in seltenen Fällen erfüllt wird. Das bekommen Lektoren dann von anderer Seite präsentiert: Legion sind diejenigen Sammelbände, die viel und häufig zitiert, aber wenig verkauft worden sind, was sich meist einer regen Fotokopiertätigkeit der Leserschaft verdankt. Die maximale wissenschaftliche Wirkung geht mit der minimalen ökonomischen Wirkung einher. Das führt dazu, dass Sammelbände kaum noch ohne Druckkostenzuschuß veröffentlicht werden können. In letzter Konsequenz entscheidet daher diejenige Behörde/Stiftung, welche die Finanzmittel für eine Tagung, einen SFB, einen Forschungsschwerpunkt gewährt, auch darüber, was in der Publikationsform »Sammelband« veröffentlicht wird. Privatwirtschaftlich operierende Verlage können hier kaum noch intervenieren und eigene Akzente setzen. Damit einher geht die zunehmende Kleinteiligkeit der Forschung selbst: Monographien nehmen ab, Aufsätze nehmen zu. Das nun legt Sammelbände geradezu nahe. Die Schwierigkeit für die Verlage besteht darin, dann auf diejenigen Themen zu setzen, die sich immerhin so gut verkaufen, dass die Produktionskosten »eingespielt« werden. Das aber können nur Themen sein, die über den engen Kreis der Forschung hinausreichen und größere Teile der interessierten Öffentlichkeit erreichen.

## Sekundärliteratur

*»Vielleicht sollte es statt dessen für anspruchsvolle Theorieleistungen eine Art Parallelpoesie geben, die alles noch einmal anders sagt und damit die Wissenschaftssprache in die Grenzen ihres Funktionssystems zurückweist.«*[11]

Sekundärliteratur hält den Betrieb am laufen, sowohl den publizistischen wie den Wissenschaftsbetrieb. Für einen Verlag ist es jedoch am wichtigsten, die

11 Niklas Luhmann (1981): Unverständliche Wissenschaft: Probleme einer theorieeigenen Sprache. S. 170-177 (177) in: ders., Soziologische Aufklärung 3. Opladen.

Primärliteratur zu verlegen, und das aus drei Gründen (→ Novitäten/Originalausgaben). Der erste Grund ist ein ökonomischer: Primärliteratur, die Sekundärliteratur nachzieht, wird sich vermutlich in größeren Stückzahlen verkaufen lassen als reine Sekundärliteratur. Schließlich werden diese Texte kanonisch, stehen auf Lektüreplänen, werden zu Gegenständen von Seminaren, deren Teilnehmer alle die gleiche Textgrundlage erwerben (sollten). Das garantiert eine gewisse Absatzmenge. Der zweite Grund liegt darin, dass symbolisches Kapital vermehrt wird. Der Verlag erringt Prestige und lenkt dadurch Aufmerksamkeit auf seine anderen Bücher. Schließlich ist er derjenige Verlag, der XY im Programm hat! Das garantiert eine gewisse Abfärbung der Reputation auf die übrigen Druckerzeugnisse im Angebot. Und drittens wirken sowohl Prestige wie Abfärbung auf zukünftige Autoren, deren Bücher in der Reihe anderer wichtiger Bücher besser dastehen als ohne diese. Dadurch wird es leichter, an weitere wichtige Primärliteratur zu gelangen, damit der Kreislauf weitergehen kann. Ziel ist es, die Menge kontinuierlich nachgefragter Primärliteratur so zu erhöhen, dass mit dem daraus entstehenden Umsatz Wagnisse, z.B. in Gestalt von (teuren) Übersetzungen, finanziert werden können – um den Anteil an Primärliteratur weiter steigern zu können.

Dennoch ist auch Sekundärliteratur wichtig; erst sie macht sichtbar, was Primärliteratur ist. An deren Pflege wirkt sie durch jeden Aufsatz mit und lenkt die Aufmerksamkeit des Wissenschaftsbetriebes darauf. Nebenbei garantiert auch Sekundärliteratur im Fahrwasser durchschlagender Primärliteratur ein gewisses Maß an Umsatz. Und dann gibt es noch Sekundärliteratur, die innerhalb des Sekundären den Status abgeleiteter Primärliteratur erwirbt. Auf ihre Weise kann sie wiederum Sekundärliteratur nach sich ziehen, und so konstituieren sich Forschungsfelder und Programmschwerpunkte in stetiger Aufeinanderfolge (→ Programm).

Selten jedoch ist Sekundärliteratur, die in einer Art Parallelpoesie ihren Gegenstand behandelt und den engen Bereich der Wissenschaftssprache transzendiert. Wenn es sie öfter gäbe, dann wäre Sekundärliteratur der Traum sowohl der Wissenschaft als auch der Lektoren, denn sie würde die gesamte Unterscheidung zum Einsturz bringen. Übrig bliebe Literatur, die nicht nur in universitären Kontexten Wirkung zeitigte (→ Markt/Öffentlichkeit).

## Universität

*»Es wird für den Druck geforscht. Was nicht gedruckt wird, hat kaum Chancen, die Entwicklung des Fachs zu beeinflussen. Die erreichbare Komplexität und die Veraltensgeschwindigkeit werden durch die Druckerpresse geregelt, jedenfalls bis heute. Ob der Computer in dieser Hinsicht einen entscheidenden Wandel auslösen wird, bleibt abzuwarten.«*[12]

Dies gilt heute nach wie vor für die Bücher, nicht aber für die Fachzeitschriften, die insbesondere im Bereich der Naturwissenschaften, aber zunehmend auch in den Geistes- und Gesellschaftswissenschaften durch Online-Publikationen (→ Zukunft des Buchs) abgelöst werden. Die Publikation in Form von Büchern und anderen Medien spielt aber heute mehr denn je eine entscheidende Rolle für die universitäre Forschung, ist es doch nur eine Frage der Zeit, dass auch das Gehalt der Forschenden von der Zahl der Publikationen abhängig sein wird. Gleiches gilt für den theoretischen wie (forschungs)politischen Einfluss innerhalb einer Disziplin, der in der Regel (die Ausnahmen wie Forscher mit sehr wenigen Publikationen bestätigen) auch mit Publikationen (→ Öffentlichkeit) einhergeht. Die Verzahnung von theoretischem wie politischem Einfluss einerseits und Publikationen andererseits wird durch eine realexistierende Forschungslenkung flankiert, die über Themen und Schwerpunkte, aber auch über interdisziplinäre Vernetzungsmöglichkeiten und Forschungs- und Publikationsmittel entscheidet (→ Sammelbände/Tagungen). Außerhalb der Finanzierungsmöglichkeiten, die ein Sonderforschungsbereich, ein Graduiertenkolleg oder ein anderer qua Drittmittel finanzierter Forschungsverbund bietet, sind großangelegte Forschungs- und Publikationsvorhaben unmöglich. Allerdings ist es in der Regel so, dass neue Themen erst dann bei den Gutachtern Akzeptanz finden können, wenn sie ihren Novitätscharakter (→ Novitäten) eingebüßt haben und mit einem Common sense der virtuellen Forschungsgemeinschaft kompatibel geworden sind. Es dauert einige Jahre, bis ein neues Thema oder ein neues Themenfeld sich in der universitären Diskussion so verbreitet hat, dass nicht nur ein Antrag gestellt werden kann, sondern dieser auch Chancen auf Bewilligung hat. Im Rahmen der dann etablierten Forschungsfelder wird auch über einen Großteil der Publikationen entschieden, hängen diese doch bei der Mehrzahl von Fachverlagen von einem Druckkostenzuschuß ab, der – wenn nicht der Autor oder Herausgeber für sein eigenes Buch zahlen möchte – durch diese Institutionen (und nur durch sie) übernommen werden kann. Wir haben es daher mit einer deutlichen Forschungsleitung durch drittmittelgeförderte Forschungsprojekte zu tun, über deren Vergabe ein relativ kleiner Kreis von Forschern oder Stiftungen ent-

---

12 Niklas Luhmann (1990): Die Wissenschaft der Gesellschaft. Frankfurt a.M., 606-7.

scheidet. Diese Form der wissenschaftlichen Publikation macht einen erheblichen Bestandteil der wissenschaftlichen Neuerscheinungen aus. Sie schließt
auch Tagungsbände oder Publikationen von Vorlesungsreihen ein, die ebenfalls fast durchweg extern finanziert sind (→ Sammelbände/Tagungen). Dies
führt auch dazu, dass die »Veraltensgeschwindigkeit« relativ niedrig gehalten
wird und selbst Positionen, die nicht mehr *state of the art* sind, sich noch eine
recht lange Zeit behaupten können.

Für den Erfolg dieser und ähnlicher Publikationen ist eine aktive Osmose
zwischen Buchhandel und Universitäten von entscheidender Bedeutung.
Wissenschaftliche Publikationen haben, wie Verlage, nur dann eine Überle-
benschance, wenn sie Eingang in die Kommunikationskreise der Universitäten finden. Es wird nicht nur für den Druck geforscht, sondern auch für die
Forschung gedruckt. Dies ist die Öffentlichkeit (→ Öffentlichkeit), für die die
wissenschaftlichen Publikationen bestimmt sind und auf die sie sich in der
Regel beschränken.

## Werbung

*»Die Undurchsichtigkeit der Konsummotive wirkt wie ein Spiegel, der den Blick auf die
Produktion zurückwirft und keinen Durchblick zulässt. [...] Markttypisch ist [...], dass es
ausreicht, wenn man sich an eigenen Erfahrungsreihen und an dem, was die Konkurrenz
bietet, orientiert und sich in den eigenen Produktionsplänen lernfähig darauf einstellt.«*[13]

Um die knappe Ressource der Aufmerksamkeit ringen die verschiedenen
Formen, Bücher zu bewerben. Für wissenschaftliche Publikationen stehen in
der Regel keine großen Werbungsetats bereit, um etwa, wie dies im Bereich
der Belletristik durchaus der Fall ist, in großangelegten Werbekampagnen
einzelne Titel auf dem Markt durchzusetzen. Die Durchsetzungsfähigkeit der
wissenschaftlichen Publikationen ist aber auch eine andere und gehorcht
anderen Regeln. Es geht nicht um Emotionen, Sex & Crime, überwältigende
Punktualität oder die Evidenz des Augenblicks, sondern um die Verheißung
der Information, um das Versprechen von Ordnung im Dickicht des Publika-
tionswaldes. Da bereits die Verlage ihrerseits aufgrund der Programme (→
Absagen/Zusagen), aber auch dank des ihnen (begründet oder unbegründet)
vorauseilenden Rufs Informationsselektionskriterien darstellen, unternimmt
die Werbung in der Regel nichts anderes, als mehr oder wenige detaillierte
Informationen zur Verfügung zu stellen, und versucht, Öffentlichkeit für die
einzelnen Bücher zu erzeugen (→ Öffentlichkeit), für die heute mehr denn je
die bloße Veröffentlichung nicht mehr ausreicht. Denn das ist heute entscheidend: Veröffentlichsein bedeutet keineswegs Öffentlichkeit. Angesichts des

13 Niklas Luhmann (1988): Die Wirtschaft der Gesellschaft. Frankfurt a.M., 108-9.

weiter zunehmenden Verschwindens wissenschaftlicher Publikationen in den Buchhandlungen kann es vorkommen, dass Novitäten (→ Novitäten) nur in außerordentlich geringen Stückzahlen in den Buchhandlungen erscheinen, wenn sie überhaupt ihren Weg dorthin finden. Die Strategie der Werbung zielt daher heute darauf, auf das bloße Vorhandensein von wissenschaftlichen Büchern hinzuweisen und ihre Präsenz in den Buchhandlungen einzuklagen. Da gerade für wissenschaftliche Publikationen der Online-Buchhandel an Bedeutung zunimmt, dieser sich aber (dankenswerterweise) einer selektiven Strukturierung qua Bestsellern verweigert und auf eine größtmögliche Anzahl von mehr oder weniger gleichrangigen Einzeltiteln setzt, ist es von entscheidender Bedeutung, die Aufmerksamkeit auf die reine Existenz der Bücher zu lenken. Die Werbung zielt daher heute weniger auf die Promotion einzelner Titel, sondern vielmehr auf eine umfassende Information über ganze Programme und versucht zugleich, den möglichen (und idealiter namentlich bekannten) Leser direkt anzusprechen. Deshalb konzentriert sie sich auch bei den Anzeigen meist auf eine bestimmte Zielgruppe, die sie direkt zu erreichen sucht. So enthält etwa »Information Philosophie« neben den Nachrichten über die akademische Welt der Philosophie und einer Übersicht der Neuerscheinungen auch durchweg Anzeigen nahezu aller philosophischer Fachverlage.

Die Werbung wird zu einem öffentlichen Buchladen (→ Öffentlichkeit), in dem man zentrale Informationen über die einzelnen Bücher erhält und kompetent beraten wird. Auch die Homepages der Verlage unterstützen diesen Versuch und stellen oft ihrerseits umfangreiche bibliographische oder biographische Informationen zu den einzelnen Autoren zur Verfügung, bieten Leseproben und sammeln Pressestimmen (vgl. etwa www.suhrkamp.de).

## Zukunft des Buches

*»Die Zukunft wird man am schnellsten los mit der Feststellung, daß es sie gar nicht gibt.«*[14]

Das Buch ist ein langsames, dauerhaftes, aufwändig herzustellendes Medium. Das ist sein Vorteil in zweierlei Hinsicht: Zum einen kann ein Buch seine Informationen jahrhundertelang speichern und ist nicht von einer Industrie abhängig, die durch immer drängenderen Innovationszwang stetig wechselnde Abspielgeräten, Softwares, Dateiformate entwerfen und verkaufen muss, so dass alte Formate schneller aus der technischen Mode kommen als einem lieb sein kann (man denke an 5 $^1/_2$-Zoll-Disketten, das Atari-Betriebs-

14 Niklas Luhmann (1991): Risiko auf alle Fälle. Schwierigkeiten bei der Beschreibung der Zukunft. Frankfurter Allgemeine Zeitung vom 2.1.1991.

system oder schlicht frühe Word-Varianten, die von den Nachfolgeprogrammen nicht mehr gelesen werden können). Zum anderen sichert der Aufwand zunächst eine gewisse Qualität in der Aufbereitung des Textes (→ Herstellung) und garantiert darüber hinaus eine Selektion, denn faktisch können von allen möglichen Büchern nur wenige aus Zeit-, Kapazitäts-, finanziellen oder sonstigen Gründen veröffentlicht werden (→ Programm). Das elektronische Publizieren wird hier nicht viel ändern. In einer Situation, in der alle Forscher veröffentlichen wollen, weil sie das nicht zuletzt zum wissenschaftlichen Überleben müssen, gerät die Selektion zu einer Art zusätzlichem Gütesiegel. Wenn jeder im Internet alles »hineinstellen« kann, was er möchte, ohne jemanden fragen zu müssen, fehlt eine wichtige Instanz zwischen Autor und Veröffentlichung (→ Lektor). Da das wissenschaftliche Schrifttum sich im Schnitt alle acht Jahre verdoppelt (eine Exponentialfunktion!), fehlt zunehmend die Zeit, sich durch eigene Anschauung über den Wert einer Publikation zu informieren. Verlage übernehmen in dieser Hinsicht die Funktion einer gewissen qualitativen »Vor-Beurteilung«, die Eigenlektüre besser zu dosieren erlaubt. Sie entlasten in einer zunehmend komplexen Fülle wissenschaftlicher Publikationen von dem Zwang, alles selbst sichten zu müssen, um das Relevante zu erkennen (→ Programm). Diese Funktion, die gut eingeführt ist, wird sich auch in Zukunft erhalten. Elektronisches Publizieren wird, wenn es denn zunehmend Verbreitung findet, in irgendeiner Form diesen Mechanismus zu erhalten versuchen – schon aus Distinktionsinteresse der Autoren selbst. Das heißt aber, dass sich die Strukturen des Gutenbergzeitalters im Internet höchstens verdoppeln werden, wenn auch vielleicht mit anderen technischen Möglichkeiten. Diese sind aber lediglich Begleiterscheinungen, die bestimmte Formen wissenschaftlichen Arbeitens besser zu verwirklichen helfen. Internetseiten, CD-Roms oder DVDs etc. begleiten vermutlich die Lektüre »klassischer« Bücher (→ Werbung), und das nicht nur, weil ältere Menschen keine ganzen Bücher am Computer lesen; niemand liest gesamte Bücher am Bildschirm. »Elektronische« Versionen eines Buches erleichtern das wissenschaftliche Arbeiten mit ihnen, z. B. indem sie die Suche nach verwertbaren Zitaten ermöglichen, die sich durch »copy and paste« leicht in die eigene Textverarbeitung integrieren lassen, oder die Durchforstung ganzer Werkkomplexe nach Stichworten vereinfachen. Es kann auf ihnen auch Anschauungsmaterial verschiedenster Art gespeichert werden, das sonst keinen Eingang in das Medium Buch finden kann, wie Filme, Animationen, 3D-Grafiken usw. Trotzdem ersetzen sie nicht das Buch, das immer noch geduldig gelesen werden will; das zeigen Versuche mit so genannten »E-books«, die schnell abgebrochen werden mussten; und auch die Ausgaben von Klassikern auf CD-Rom haben den Druck dieser Werke nicht zum Erliegen gebracht. Das Buch ist hier immer noch überlegen, weil es auf einer ganz basalen Ebene praktisch ist: Man kann es einfach transportieren, man kann es ohne Stromquelle lesen,

man kann leicht Anstreichungen in dem Text machen, man sieht genau, wie-
viel man noch lesen muss, man kann auf einen Blick die Fußnoten übersehen,
wenn sie am Seitenende gedruckt sind. Und man kann es in der Badewanne
lesen, ohne Angst vor einem Stromschlag haben zu müssen.

Dr. Alexander Roesler/PD Dr. Bernd Stiegler
Suhrkamp Verlag, Lindenstraße 29-35, 60325 Frankfurt a.M.
roesler@suhrkamp.de / stiegler@suhrkamp.de

Soziale Systeme 11 (2005), Heft 1, S. 32-51    © Lucius & Lucius, Stuttgart

Wulf D. v. Lucius

# Strukturwandel im wissenschaftlichen Verlag

*Zusammenfassung:* Der Beitrag schildert die tiefgreifenden Veränderungen, denen wissenschaftliche Verlage (in Deutschland) in den letzten Jahrzehnten unterworfen waren: technische (bis hin zum digitalen Publizieren), wettbewerbliche (insbesondere durch die stetig voranschreitende Konzentration), vom Markt her kommende wie insbesondere das Vordringen der englischen Sprache und die daraus erfolgende Internationalisierung. Parallel einer geht das schrittweise Verschwinden des Inhaber-Verlegers zugunsten managergeführter Verlage. Letztere werden oft professioneller geführt aufgrund der Teamarbeit von Spezialisten anstelle eines Generalisten, der der traditionelle Verleger gewesen ist. Einher mit dieser Verschiebung auf der Führungsebene geht ein kurzatmigeres, konsequent gewinnorientiertes Verhalten dieser Verlage, während der Inhaber-Verleger in viel längeren Zeitdimensionen denkt und handelt und es in seiner eigenen Verantwortung liegt, wie stark er meta-ökonomische Zielsetzungen zulässt.

> *Only thirty or so years ago the alchemy of publishing was the same relatively simple process that it had been for centuries. The publishing world was traditional and reclusive. Most publishing houses were personally owned. Nobody made a lot of money; nobody lost a lot of money; nobody borrowed a lot of money. It was still the age of the accomplished generalist. Many publishers acted as their own editors, production managers and sales managers ….*
> *Most publishers today, contrary to popular belief, are still small, but publishing as a whole is big business, dramatised by about two dozen mega-corporations, which describe themselves collectively as the »multimedia communications industry«.*
>
> *(Gordon Graham)*

In prägnanter Verkürzung hat der englische Verleger Gordon Graham, einer der grand old men des Verlegerberufes in England vor etwa 10 Jahren den schon damals weitgreifenden Strukturwandel der wissenschaftlichen Verlage umrissen. Die von ihm genannte Zeitperiode und die seither verflossenen 10 Jahre umfassen ziemlich genau den Zeitraum, in dem der Verfasser dieses Beitrages selbst als Verleger tätig ist. Er hat als »accomplished generalist« in einer mittelständischen Familienfirma begonnen und ist nach einigen Jahren einer Einbindung in einen großen Verlagskonzern nun wieder im kleinen persönlichen Verlag tätig. Dieser Hintergrund könnte leicht zu der Vermutung führen, das nachstehend Dargestellte bedeute so etwas wie einen melancholischen Abgesang auf eine glückliche Ära. So sollte aber dieser Beitrag nicht verstanden werden. Auch an den Stellen nicht, an denen eine unübersehbare persönliche Präferenz für den traditionellen Verlagsstil erkennbar sein mag, oder an solchen, wo objektive Gefährdungspotentiale beschrieben werden. Jedes Unternehmen, jede Branche und auch jeder im Wirtschaftsleben Handelnde muss sich unweigerlich den Forderungen stellen, die eine sich wandelnde Ökonomie und gewandelte gesellschaftliche Strukturen erfordern. Allenfalls kann es darum gehen, gewisse Elemente des Alten, die weiterhin als wünschenswert, vielleicht sogar notwendig erachtet werden, in die neue Welt zu überführen. Inwieweit dies tatsächlich gewünscht wird, insbesondere von den Partnern der Verlage, ihren Autoren, und inwieweit es tatsächlich machbar ist, diese Frage bildet so etwas wie den Hintergrundtext der folgenden Ausführungen.

# 1. Konstituenten des klassischen Wissenschaftsverlags

## Lange Dauer und Vertrauen

Nicht nur in Deutschland, hier aber länger als in vielen anderen Ländern fortdauernd, war der Wissenschaftsverlag entscheidend geprägt von Inhaberverlegern, bei denen also die Eigentümerfunktion und die Verlagsleitungsfunktion in einer Person verbunden waren. Dies galt auch für die vielen Fälle, in denen ein Verlag nicht einer Person, wohl aber einer Familie gehörte; in aller Regel war es einer aus dieser Familie, der den Verlag leitete und verantwortete. Da auch keine Vorstellung über einen obligatorischen Zeitpunkt der Niederlegung der Verantwortung für den Verlag existierte (ein Kollege nennt noch heute den 65. Geburtstag einen Bürokraten-Geburtstag), war es eher üblich, dass der verantwortliche Verleger auch noch im achten Lebensjahrzehnt und manchmal bis an dessen Ende verantwortlich tätig war. So waren Perioden von 30 bis 40 Jahren, in denen der Verlag von einem Kopf in dessen Stil, nach dessen Vorlieben und Prioritäten, mit dessen Temperament und Können gemacht wurde, nicht die Ausnahme, sondern die Regel. Ähnliches galt für die Verlagsmitarbeiter: wie in Industriebetrieben wie Siemens, Bosch oder Daimler Benz, traten viele Mitarbeiter als junge Menschen unter 20 Jahren in eine Firma ein, in der schon der Vater gearbeitet hatte, und arbeiteten in dieser bis zur Pensionierung. 25-jährige Dienstjubiläen waren fast etwas Selbstverständliches, 40-jährige nicht unbedingt selten. Zusammen mit der von Gordon Graham geschilderten Stabilität der technischen Prozesse, die zwar mechanisiert worden waren, aber in ihrem sequentiellen Ablauf in der Tat Jahrhunderte lang im Prinzip dieselben geblieben waren, ergibt sich das Bild einer Welt, die von Erfahrung, langfristiger Bindung an das Unternehmen und daraus folgender Vertrauensbildung an die Autoren ebenso wie an die Mitarbeiter geprägt war. Es ist bezeichnend, dass eine Festschrift eines dieser Traditionsverlage (Vandenhoeck & Ruprecht zum 200-jährigen Jubiläum 1935) den Titel trug »Söhne und Väter«.

## Vielfalt und Wettbewerb

Diese Epoche im wissenschaftlichen Verlag war geprägt durch eine Vielzahl von Verlagen für praktisch jedes Fachgebiet, es gab nur ganz selten dominante, quasi monopolistische Unternehmen. Der Normalfall war ein mittelgroßes Unternehmen, dessen Konkurrenten von ähnlicher Größe und Struktur waren. Diese Vielfalt bedeutete, dass sich für einen Autor ganz unterschiedliche Möglichkeiten einer Verlagsbindung ergaben, wobei im wissenschaftlichen Verlag ja ohnehin in der Regel kein Autor lebenslang bei einem Verlag bleibt, wie dies in der Literatur üblich ist, sondern je nach Art seines Manuskripts durchaus auch – ohne dass das in irgend einer Weise als Treuebruch empfunden würde – bestimmte Dinge in anderen Verlagen publiziert. Die Vielfalt der Verlage in einem Bereich bietet den großen Vorteil, dass der Autor sein Manuskript jeweils an die ihm best dünkende Stelle geben kann, und dass umgekehrt der Verleger, ohne irgend welche Karrierechancen zu beschneiden, auch nein sagen kann. Dies ist besonders wichtig in den Fällen, in denen Verlage bestimmte Manuskripte aus inhaltlichen oder absatzpolitischen Gründen nicht annehmen möchten, ungeachtet etwaiger Marktchancen anderswo. Die Vielgliedrigkeit des Verlagswesens ermöglicht es Verlegern, auch subjektive, ja ideologisch gebundene, Programme zu entwerfen. Der Autor hat stets ausreichende Alternativen, anderswo unterzukommen. Das krasse Gegenbeispiel hierzu war das Verlagswesen der DDR, in dem es für die meisten Fachgebiete nur einen einzigen, allenfalls auch einmal zwei Verlage gab, in denen sein Manuskript überhaupt erscheinen konnte. Ein »Nein«, z.B. weil ein themengleiches Buch bereits im Programm existierte, beschnitt die Publikationsmöglichkeiten der Autoren erheblich. Ein solches System von Monopolverlagen ist für den Wissenschaftsbetrieb und den einzelnen Autor gewiss nicht wünschenswert, so qualitätsbewusst und ambitioniert auch die einzelnen Häuser geführt sein mögen. Es ist nicht auszuschließen, dass die Mega-Oligopole, die sich international derzeit formieren, zu ähnlichen Konsequenzen führen. Über die gravierenden Veränderungen diesbezüglich wird im Abschnitt ›Unternehmensgrößen‹ (S. 41) gesprochen.

### Arbeitsteilung

Im traditionellen Wissenschaftsverlag war die Arbeitsteilung sehr klar und eindeutig, und sie war durch eine selten durchbrochene streng sequentielle Form der Abläufe gekennzeichnet: der Autor war für das Manuskript verantwortlich, Drittgutachten oder tiefergreifende Eingriffe des Lektorats unüblich. Die Autorität des Autors, zumal wenn er Lehrstuhlinhaber war, war unbestritten. Bis zur Manuskriptabgabe war er weitestgehend autonom, und die Verlage waren auch hinsichtlich der Form der abgelieferten Manuskripte in der Regel äußerst liberal. Es gibt unglaubliche Beispiele von schuppenpanzerartigen Kollagen aus Schreibmaschinenpassagen und handschriftlichen Änderungen, die als Manuskript eingingen. Erst jetzt begann die Tätigkeit des Verlegers, indem seine Herstellungsabteilung die Satzeinrichtung (Auszeichnung des Manuskripts, Vermaßung und Beauftragung der Abbildungen etc.) vorbereitete und dann in die technischen Betriebe gab. Dort fand bereits eine sehr penible Hauskorrektur statt, die formale und orthografische Fehler weitgehend zu beseitigen in der Lage war. Dann erhielt der Autor die Korrekturen und gab sie nicht selten mit gravierenden Textänderungen und -erweiterungen zurück. Der Arbeitsgang wiederholte sich noch einmal. Da erst nach Vorliegen des definitiven Umbruchs die Registerarbeiten beginnen konnten, die rein manuell erfolgten, dauerte die Herstellung eines Buches in der Regel nicht unter 6 Monate, häufig aber deutlich mehr als 12 Monate. Der grundlegende Wandel im Arbeitsablauf und eine daraus resultierende ganz andersartige Arbeitsteilung werden im Abschnitt ›Arbeitsabläufe‹ (S. 40f.) erörtert.

## 2. Strukturveränderungen in den letzten 15 Jahren

### Veränderungen innerhalb der Verlage

Der Inhaberverleger und das Familienunternehmen sind heute ungleich weniger das Leitparadigma im Verlagswesen. Sehr viele Firmen haben aus den verschiedensten Gründen in den letzten Jahren aufgegeben, wurden fusioniert oder verkauft. Die Zahl der Verlagsmitglieder im Börsenverein sinkt. Die Ursachen dafür sind vielfältig, in nicht geringem Maße auch wirtschaftlicher Natur. Hier soll aber etwas anderes in den Vordergrund gestellt werden: Mit dem gesellschaftlichen Leitbild der Selbstverwirklichung hat sich eine Situation ergeben, in der junge Menschen ungleich weniger als in den früheren Generationen geneigt oder bereit sind, in die Fußstapfen der Vorfahren zu treten und deren Unternehmen ähnlich einem Erbbauernhof zu übernehmen und fortzuführen. Sehr viele mittelständische Unternehmen (nicht nur im Verlag) werden verkauft, weil sich eine Unternehmensnachfolge in der Familie nicht finden lässt und eine Familieneigentümerschaft unter permanentem

Fremdmanagement berechtigterweise die Frage aufkommen lässt, ob es nicht besser wäre, das im Unternehmen gebundene Familienvermögen durch Verkauf zu heben und damit die behindernden Bindungen vieler an einem Gesamtvermögen Beteiligter aufzulösen, d.h. die einzelnen Gesellschafter auszuzahlen. Obwohl heute kaum ein Verleger zögern würde, auch einer Tochter das Unternehmen zu übergeben, hat sich trotz der vollen beruflichen Qualifikationen junger Frauen die Situation nicht grundsätzlich gebessert, sondern der Mangel an nachfolgewilligen Söhnen und Töchtern ist eklatant. Während in früheren Zeiten eine Familie nicht selten Druck auf die Erben ausgeübt hatte, dass doch einer die Unternehmensnachfolge antreten möge, ist dies heute aus doppeltem Grund nicht mehr denkbar: zum einen, weil das Verhältnis von Eltern und Kindern ein ganz anderes geworden ist, zum zweiten aber insbesondere, weil es heute kein Unternehmen über Jahrzehnte aushalten würde, von einem nicht voll engagierten und in jeder Hinsicht professionell arbeitenden Inhaber geleitet zu werden. Das war in früheren Zeiten anders: ein gut fundierter Verlag konnte auch einmal eine Generation »überleben«, die den Verlag mit wenig Energie und wenig Durchsetzungskraft im Konkurrenzfeld leitete. Dann konnte ja nach 30 Jahren ein tüchtiger weiterer Erbe die Zügel in die Hand nehmen und das Unternehmen wieder voranbringen. Heute wäre ein solches Unternehmen nach spätestens 10 oder 15 Jahren am Ende. Auch diese Tatsache einer ungleich stärkeren hoch professionalisierten Konkurrenz im Verlagsbereich (wie in allen anderen Branchen auch) würde das Bemühen, einen Erben zur Unternehmensübernahme zu drängen, zum verhängnisvollen Hasardspiel machen.

Somit dominieren heute in den meisten Verlagen angestellte Verlagsleiter, vulgo Manager. Deren Professionalität wird in vielen Fällen höher sein als die eines Erben, aber ihre Verweildauer im Unternehmen auch kürzer. Da jeder neue Manager mit neuen Ideen und Prioritäten antritt, kommt eine viel größere Unstetigkeit in die Verlagsführung und die Verlagspolitik als zuvor. Der neu Eintretende kündigt Verlagsverträge, tauscht Mitarbeiter aus, verändert die Marketingstrategie etc. etc. Die Verlage werden je nach Tagesmode neu stromlinienförmig umgebaut, traurige Beispiele wie derzeit der Springer Verlag belegen dies eindrücklich. Dies verstärkt sich noch, wenn die Verlagsleitung ein Management-Team ohne starke Leitfigur ist: die permanent erforderlichen Abstimmungsprozesse in einem solchen Team gleichstarker Personen erfordern immer wieder Verfahren des »do ut des«, d.h. Konsistenz und Verlässlichkeit sinken, die Programmpolitik verarmt zum ergebnisorientierten Halbjahresprogramm.

Insbesondere für Autoren tritt damit ein erhebliches Maß an Unsicherheit ein für langfristige Projekte, die nach einem Managerwechsel schon in der Entstehungsphase gekippt werden oder von Büchern, deren Neuauflage plötzlich in Frage gestellt wird.

## Ökonomische und metaökonomische Motive

Es ist eine Binsenweisheit, dass der lupenreine homo oeconomicus, dessen Verhalten ausschließlich von wirtschaftlichen Zielsetzungen und Kriterien gesteuert ist, ein Fantasiegebilde darstellt und in der Wirklichkeit nicht vorkommt.* Alle Handlungen im sozialen und wirtschaftlichen Bereich unterliegen weiteren Motivationen, die über das Ökonomische hinaus gehen und häufig wesentlich wichtiger sind. Genannt seien nur Ansehen, Einflussmöglichkeiten, Arbeitszufriedenheit, Sicherheit und vieles andere. Solche jenseits des Ökonomischen liegenden metaökonomischen Zielsetzungen gibt es selbstverständlich bei Unternehmern in allen Branchen. Man darf aber wohl zurecht vermuten, dass diese im Verlagsbereich eine besonders große Rolle spielen, wo sich die Verleger als Mitgestalter des kulturellen und wissenschaftlichen Lebens verstehen und sich häufig eingebunden sehen in gesellschaftliche oder auch ideologische Zielsetzungen, die ihnen das Leitparadigma ihres unternehmerischen Handelns sind. Natürlich müssen dabei stets die ökonomischen Grundregeln beachtet werden, denn wer diese ignoriert, wird mit seinem Unternehmen scheitern und kann dann auch seine metaökonomischen Ziele nicht mehr verwirklichen.

Die Entscheidung, wie viel Metaökonomie ein Unternehmer sich erlaubt, ist einsichtigerweise sehr viel leichter von einem Inhaberunternehmer zu treffen, der eigenes Geld einsetzt und durch partielle Ignorierung der Ökonomie auch riskiert. Je mehr angestellte Manager tätig sind, desto weniger dürfen persönliche Prioritäten und Neigungen, auch menschliche Bindungen zu Geschäftspartnern und Autoren eine Rolle spielen, es wird schneller und nüchterner entschieden, ob eine Sache gemacht oder weiterhin gemacht werden soll, als bei einer personenorientierten Unternehmensgestaltung durch den Inhaberverleger. Wie rasch solche stärker ökonomisch gewichteten Entscheidungen heute fallen, zeigt sich praktisch bei jedem Übergang eines Inhaberverlages in einen größeren Zusammenhang und der Übernahme der Verantwortung durch angestellte Manager. Zum einen ist ihre Verantwortung in der Tat anders: sie verantworten fremdes Vermögen und sind für dessen Wahrung und Mehrung beauftragt. Verstärkt wird dies natürlich, je mehr erfolgsorientierte Einkommenselemente in den Anstellungsverträgen enthalten sind, und das ist in den letzten Jahren in zunehmendem Maße der Fall. Ein Verlagsleiter, dessen Jahreseinkommen zu wesentlichen Teilen vom Ergebnisbeitrag der laufenden Periode abhängt, wird diese Messzahl viel stärker in das Zentrum

---

\* Die Argumente für oder gegen einen deutlich erweiterten Begriff des homo oeconomicus, unter den dann alles rationale Abwägen, auch nicht-ökonomischer Sachverhalte, fiele (wie etwa bei Gary S. Becker), können hier nicht erörtert werden. Die Problematik einer solchen Ausweitung liegt m.E. vor allem in der zunehmend schwierigeren Skalierung der erwarteten Nutzenwerte und der zunehmenden Unsicherheit über die Wahrscheinlichkeit von deren Eintreten.

seiner Entscheidungen und seines Handelns stellen als ein Unternehmer, dessen Zielsetzung generationenübergreifend langfristig angelegt ist und dessen Einkommen eher auf eigenen (Entnahme-)Entscheidungen beruht als auf irgend welchen Periodenergebnissen. So wie in der Industrie seit einigen Jahren mit einer neuen Managergeneration die Neigung zu nicht direkt mit Unternehmensinteressen verbindbarem Kultursponsoring abnimmt, nimmt im Verlagsbereich die Bereitschaft zur Mischkalkulation (die ja so etwas wie ein Wissenschaftssponsoring ist) ab. Grenzwertige oder gar verlustbringende Produktbereiche werden stillgelegt, nur noch geringe Absatzzahlen erzeugende Altbestände makuliert, bei Neuproduktionen auf schnelle Durchlaufzeiten in der Entstehungs- und Absatzphase Wert gelegt.

Es ist also aus diesem schwindenden Gewicht metaökonomischer Zielsetzungen ein Moment der Veränderung zu beobachten, das zwar im Sinne der Kapitaleigner liegen mag, dem System Wissensvermittlung insgesamt aber nicht unbedingt zuträglich sein muss. In extremen Fällen wird der Verlag zum Durchlauferhitzer statt zum lange warm haltenden Speicher. Unstreitig ist die Rolle von kurzfristigen Maximierungsstrategien gegenüber langfristigen Strategien in den letzten Jahren im Verlagswesen deutlich gestiegen. Dazu seien metaphorisch folgende Pole wirtschaftlicher Betätigung genannt: auf der einen Seite steht die Großmolkerei (morgens Milch rein, spätestens am nächsten Tag alles raus) und auf der anderen Seite die Waldwirtschaft, bei der der Besitzer die Bäume schlägt, die sein Großvater gepflanzt hat, das hegt, was der Vater pflanzte, und das pflanzt, was sein Enkel schlagen wird. Der wissenschaftliche Verlag stand bislang irgendwo in der Mitte zwischen diesen beiden Wirtschaftsformen, es ist unverkennbar, dass er sich auf der Skala weg von der Langfristigkeit der Waldwirtschaft hin zur Kurzatmigkeit der Großmolkerei bewegt. Auch wenn es Wissenschaftsgebiete geben mag, die ihrerseits starke Tendenzen zur Kurzfristigkeit haben, bei denen also Forschungsergebnisse früherer Perioden kaum noch Bedeutung haben, ist die Schnelligkeit und Striktheit der Verhaltensveränderung in den Verlagen etwas, worüber Wissenschaftler sicher nachdenken müssen.

Diese Entwicklung lässt sich vielleicht auch im Begriff der Nachhaltigkeit fassen, der in der aktuellen wirtschaftswissenschaftlichen Diskussion eine große Rolle spielt. Der langfristige Unternehmenswert, der für Inhaberunternehmer, die an ihre Nachkommen denken, eine so sehr große Rolle gespielt hat, weicht dem kurzfristigen shareholder value. Obwohl dieser z. T. schon als Fehlkonzeption erkannt wurde, engagieren sich weiterhin Finanzinvestoren im Verlagsbereich wie z. B. dem wissenschaftlichen Springer Verlag mit sehr nachhaltigen Konsequenzen für die Unternehmenspolitik eines solchen Hauses. Ob man einen Verlag ohne das Leitziel der Nachhaltigkeit und primär unter der Zielsetzung kurzfristiger Ertragsmaximierung führen kann, bleibe dahingestellt. Die Gefahr ist allerdings unübersehbar, dass die Erkenntnis, langfristige

Zielsetzungen seien vielleicht doch wichtig, u.U. zu spät kommen kann, wenn die Marktmacht kurzfristig handelnder großer Marktteilnehmer die kleingliedrige Struktur der nachhaltig agierenden Unternehmer an den Rand gedrückt oder vom Markt beseitigt hat. Wie sich dies in den nächsten Jahrzehnten entwickelt, ist vielleicht *die* zentrale Frage im wissenschaftlichen Verlagswesen. Wie sie entschieden wird, ist wesentlich abhängig von den Entscheidungen der Autoren sowohl als Anbieter von Manuskripten wie auch als Nachfrager von wissenschaftlicher Literatur.

## Beschleunigung

Neben diesen kürzeren Rhythmus der Verlagspolitik in einer managergesteuerten Struktur tritt das, was heute gern als »Schnelllebigkeit« des Marktes bezeichnet wird. Diese Schnelllebigkeit hat verschiedene Aspekte, der wichtigste ist gewiss die tatsächliche oder zum Teil vielleicht auch nur vermeintliche schnellere Veralterung des Wissens. Ungleich stärker als in früheren Perioden wird das Neueste für weitaus wichtiger als das Alte gehalten. Dies hat für die Verlagspolitik gravierende Konsequenzen, die Laufzeit von Auflagen verkürzt sich stetig, weil das Kaufverhalten der Nutzer entsprechend ist und vice versa. Noch in den siebziger Jahren des 20. Jahrhunderts konnten Verlage wie Vandenhoeck & Ruprecht oder Mohr Siebeck Werke aus der Frühzeit ihres Unternehmens, also dem 18. und frühen 19. Jahrhundert original ab Lager liefern. Diese Bücher befanden sich also teils schon über 200 Jahre am Lager! Es liegt auf der Hand, dass die Lagerkosten dafür ein Vielfaches dessen waren, was die häufig nicht einmal nennenswert angehobenen Preise nach so langer Zeit noch erbrachten. Es war aber so etwas wie Selbstverständnis (um das Wort »Ethos« zu vermeiden) der Verleger, ein solches Buch, zumal wenn es sich um einen wichtigen Text handelte, verfügbar zu halten. Die wachsende Bedeutung von Lagerkosten, Zinskosten und der scharfe Blick der Controller in den Verlagen der Gegenwart schiebt einem solchem langfristigen Vorhalten wissenschaftlicher Literatur einen harten Riegel vor: Laufzeiten, Kapitalkosten, Logistikkosten etc. werden genau durchgerechnet, die Kapitalbindung wird bewusst reduziert, d.h. die Drucklose sinken und Titel werden, wenn sie eine gewisse Untergröße von Verkäufen erreicht haben, relativ schnell vom Markt genommen. Das mag in den Naturwissenschaften und den biomedizinischen Fächern eine teilweise Berechtigung haben, problematisch wird es, wenn solche Verhaltensweisen auch auf die unstreitig längerfristig validen Texte der Geisteswissenschaften übergreifen. Was man Schnelllebigkeit des Marktes nennt, könnte man ja auch mangelnde Geduld und mangelndes Durchhaltevermögen der Anbieter nennen. Es ist nicht so leicht, hier zwischen berechtigter Anpassung und übertriebenem Eifer zu unterscheiden. Tatsache ist: die Laufzeiten der Titel sind dramatisch gesunken.

Dies findet bedauerlicherweise auch auf der Vertriebsebene, d.h. dem Sortiment statt: das Vorhalten von Neuerscheinungen oder steady sellern in der Buchhandlung (also am point of sale) wird immer mehr reduziert, auch hier geht es um ein Absenken der Kapitalbindung, die ein erheblicher Kostenfaktor ist. Wenn ein Buch aber nicht mehr für den potentiellen Käufer einsehbar ist, sinken die Verkaufschancen natürlich weiterhin, und so beschleunigt sich die Spirale der Kurzfristigkeit, die in der Denkweise der Verlage bedauerlicherweise schon begonnen hat, noch durch die gewandelte Situation in den Buchhandlungen. Es sollte betont werden, dass in dieser Schilderung keineswegs ein Vorwurf gesehen werden sollte, sondern es ist die Beschreibung einer grundlegenden Veränderung im Markt, wobei nicht verschwiegen werden soll, dass das Wort Beschleunigung, das sonst vielleicht auch attraktiv klingen kann, in diesem Zusammenhang wohl eher skeptisch betrachtet werden muss.

## Grundlegend veränderte Arbeitsabläufe

Gegenüber dem zu Beginn geschilderten streng sequentiellen Ablauf einer Buchproduktion vom Manuskript bis zum fertigen Exemplar hat sich durch die Verfügbarkeit der digitalen Techniken ein grundlegender Wandel ergeben: an die Stelle des Nacheinander der Arbeitsgänge tritt eine weitgehend vernetzte Gleichzeitigkeit der Arbeit. Schon bei Vertragsabschluss wird heute selbstverständlich im Detail über die Beschaffenheit des Manuskriptes (Text- und Bildverarbeitungsprogramme, geplante Typografie etc.) gesprochen, und der Autor arbeitet von Anfang an im Blick hierauf. Zum Teil werden ihm die entsprechenden Softwarewerkzeuge (digitale Seitenformate, Textverarbeitungsprogramme in fremden Sprachen etc.) vom Verlag zur Verfügung gestellt. Die eigentliche Texterfassung erfolgt jetzt nur noch einmal, nämlich beim Autor. Die zweite Texterfassung in der Setzerei entfällt. Dies bedeutet nun im positiven Sinne u.U. eine sehr große Beschleunigung, allerdings auch das Risiko, dass Fehler nicht mehr beseitigt werden, weil weniger fremde Augen mit dem Text befasst sind. Natürlich gehen die digitalen Texte zwischen Verlag und Autor hin und her, der Autor wird in seinem Umfeld das Korrekturlesen selbst organisieren, aber es ist unstreitig, dass heute Bücher häufiger Fehler und technische Mängel enthalten, als dies früher bei der Einschaltung hierfür kompetenter Spezialisten der Fall war.
Allerdings steht dem ein sehr großer Vorteil gegenüber: weil der Autor von vornherein bei seiner Texterfassung auch in typografischen Kategorien denkt, haben heute Texte in aller Regel ein sehr viel höheres sinnverstärkendes (didaktisches) Gestaltungsniveau, als wenn ein Hersteller anhand eines ungeschickt aufgemachten Typoskriptes eine Strukturierung der Doppelseiten vornahm. Die Rückverlagerung der Texterfassungs- und Seitengestaltungsfunk

tion auf den Autor ist also durchaus zweischneidig: er verliert Zeit bei der Erfassung, aber er gewinnt Zeit in den späteren Arbeitsgängen, und er erzielt, wenn er es richtig macht, ein wesentlich besseres Ergebnis. Es ist gewiss nicht übertrieben zu sagen, dass die didaktische Struktur, die Übersichtlichkeit, die Text-Bild-Zuordnung in modernen Büchern in aller Regel besser sind als früher. Die Verzahnung von Autor, Lektorat und Herstellung von der Vorvertragsphase an ist heute kennzeichnend für die Produktion wissenschaftlicher Literatur. Dies wird noch gefördert durch ein heute vielfach vorherrschendes Denken in Serien und Buchtypen. Viele Verlage geben ihren Autoren strenge Vorgaben, wie die Texte zu gestalten sind, wie Tabellen und Abbildungen angelegt werden sollen, wo etwaige Aufgaben und Lösungen stehen, ob und wie Merksätze und Lernboxen eingebaut werden. All dies hat sich aus Marketinggründen unabhängig von den technischen Gegebenheiten sehr verstärkt, wird aber durch die neuen technischen Möglichkeiten erleichtert und gefördert. Dass Autoren dadurch eher zu Mitgliedern eines Teams der Projektentwicklung und Buchproduktion werden und weniger als früher autonome Gestalter ihrer eigenen Intentionen, ist ein interessanter Effekt dieser Entwicklung, der aber vielleicht deshalb gar nicht so negativ empfunden wird, weil ja auch in der Manuskriptphase in vielen Fällen ein Team anstelle des Einzelautors tätig ist (s.a. S. 45f.)

## Unternehmensgrößen

Mit dem schrittweisen Verschwinden oder genauer gesagt dem Verkauf familieneigener mittelständischer Verlage entstehen mehr und mehr größere, z.T. auch sehr große Einheiten im Verlagswesen, die ihrerseits wieder rasch die Eigentümer wechseln oder durch Fusionen zu neuen Identitäten kommen. Erwähnt wurde bereits der zweimalige Verkauf des wissenschaftlichen Springer Verlages: erst an Bertelsmann, dabei Fusionierung mit dem Bertelsmann Fachbuchbereich, vor einem Jahr der Weiterverkauf an eine Investorengruppe aus London, die von vornherein die feste Absicht hat, den Verlag nach harter Sanierung und Effizienzsteigerung gewinnbringend weiterzuverkaufen. Am Ende wird also der Springer Verlag in zehn Jahren voraussichtlich dreimal verkauft sein. Eine sehr starke Konzentrationsbewegung ist auch im Schulbuchbereich zu beobachten, wo mit dem Verkauf des Schroedel Verlages an die Westermann Gruppe und des Oldenbourg Buchverlages an die Cornelsen Gruppe praktisch nur noch drei marktrelevante Anbieter vorhanden sind: Klett und die beiden genannten Gruppen. Interessant ist dabei die Tatsache, dass mit dem Ankauf des Oldenbourg Verlages nun auch Cornelsen (wie schon seit längerem Klett) einen wissenschaftlichen Verlagsbereich hat; auch daraus sind gewiss Strukturveränderungen für den Markt zu gewärtigen. Die im vorangegangenen Abschnitt geschilderte Tendenz zur stärkeren didakti-

schen Strukturierung von Texten wird im Umfeld von darin seit Jahrzehnten
höchst erfahrenen Schulbuchverlagen noch weiter gestärkt werden.

Auffallend ist, dass die These von den zwei Kulturen – einer naturwissenschaftlichen und einer geisteswissenschaftlichen – sich in eigenartiger Weise
im Verlagswesen ebenfalls abzeichnet: die Tendenz zu Großunternehmen und
internationalen Milliardenkonglomeraten ist eindeutig in dem naturwissenschaftlichen sog. stm-Bereich (scientific, technical, medical) dominant und fast
schon an ihr Ende gekommen. In diesem Bereich gibt es in Deutschland überhaupt nur noch zwei relevante selbstständige Anbieter, die jeweils familienei-
gene Thieme-Gruppe und die Wissenschaftliche Verlagsgesellschaft mit Hirzel
und Steiner. Ansonsten ist das Geschäft weitestgehend in der Hand der
genannten Konzerne.

Ganz anders im Bereich der Geistes-, Wirtschafts- und Sozialwissenschaften:
hier existiert nach wie vor eine große Anzahl inhabergeführter Familienunternehmen mittlerer und z.T. auch kleinerer Größenordnung. Beispielhaft seien
dafür nur aufgezählt: Hiersemann, Meiner, Mohr Siebeck, Klostermann, Vandenhoeck & Ruprecht, Hirzel, Steiner, Kohlhammer, Schöningh und andere.
Dies hat m.E. zwei Hauptursachen: zum einen ist es die ganz andere Interes-
senlage der Autoren, denen die vorgeschilderte Langfristigkeit und Kontinuität der Verlagsarbeit ungleich wichtiger ist als den weitestgehend auf das
Neueste sowie Internationalität bedachten stm-Autoren. Sie fühlen sich in der
traditionsorientierten Welt der Inhaberverleger nach wie vor besser betreut.
Zum zweiten spielt eine gewiss sehr große Rolle, dass diese Märkte viel weniger internationalisiert sind, also sich in nationalen Sprachräumen abspielen
und mithin auch keine wirkungsvolle Vertriebskraft in allen Kontinenten
erfordern, wie das bei der weitgehend englischsprachig gewordenen stm-Lite-
ratur mittlerweile der Fall ist. Drittens spielt eine Rolle, dass geisteswissen-
schaftliche Literatur in der Regel aus glatten Texten, allenfalls unkomplizierten
Abbildungen besteht, während naturwissenschaftlich-medizinische Bücher
hoch komplexen Formensatz, Farbabbildungen, digitale Komplementärpro-
dukte etc. erfordern, die einen sehr hohen Kapitaleinsatz benötigen. Das führt
am Ende zu einem sehr starken »power play« der Anbieter solcher teuer kon-
zipierter Großwerke, in dem der mittelständische Betrieb schon aus finanziellen Gründen, aber eben auch aus Gründen der internationalen Marketing-
kompetenz nicht mithalten kann.

## Vordringen der englischen Sprache / Internationalisierung

In engem Zusammenhang zu dem im  vorangegangenen Abschnitt Geschil-
derten steht die Tatsache, dass in vielen Wissenschaftsgebieten immer mehr
Publikationen in englischer Sprache herauskommen, und zwar primär auf
Wunsch der Autoren, die sich damit eine stärkere Verbreitung ihrer Forschun-

gen im Ausland versprechen. Viele wissenschaftliche Zeitschriften, insbesondere im stm-Bereich, publizieren mittlerweile nur noch ausschließlich in englischer Sprache, und nehmen, auch wenn sie in einem in Deutschland ansässigen Verlag erscheinen, von deutschen Autoren keine deutschsprachigen Beiträge mehr an. Eine solche Grundsatzentscheidung hat z.B. der wissenschaftliche Springer Verlag schon vor 20 Jahren getroffen. Es genügt natürlich nicht, eine Monografie oder eine Zeitschrift in englischer Sprache zu veröffentlichen, sondern es bedarf zur Erreichung des Ziels einer besseren internationalen Verbreitung dann auch des entsprechenden internationalen Vertriebsapparats mit Vertriebsbüros oder effizienten Kooperationspartnern in allen Erdteilen. Hierin liegt ein entscheidender Wettbewerbsnachteil für den mittelständischen Privatverlag, der dies naturgemäß nicht oder nur in sehr viel geringerem Umfang leisten kann. Es mag sein, dass zukünftig – gegenwärtig ist eher das Gegenteil der Fall – Publikationen im Internet hier für die mittelgroßen und kleinen wissenschaftlichen Verlage wieder ein Aufrücken ermöglichen, aber man darf nicht übersehen, dass auch Internetpublikationen eines effizienten Marketing bedürfen. Dennoch ist diesbezüglich die Perspektive offen, im klassischen Bereich gedruckter Informationen aber der Wettbewerbsnachteil sehr eindeutig. Ergänzend sei angemerkt, dass es mitnichten ausreichend ist, eine englische Publikation herauszubringen, selbst wenn sie eine Marktdurchdringung nach Amerika erreicht: dort sind die Wissenschaftler häufig weniger geneigt, ausländische Publikationen in dem Maße wahrzunehmen und für wichtig zu halten, als sie dies mit den eigenen tun. Es besteht eine starke Asymmetrie der Wahrnehmung wissenschaftlicher Forschungsergebnisse, die sicher bei weitem nicht so stark mit der inhaltlichen Relevanz korreliert wie dies häufig angenommen wird. Nur wahrhaft internationale Verlage können durch richtige Mischung ihrer Autorenteams vermittels weltweiter Akquisition globale Produkte schaffen.

Auch in umgekehrter Richtung, nämlich auf der Importseite, zeichnet sich eine deutliche Verstärkung der englischsprachigen wissenschaftlichen Literatur ab. Mittlerweile gibt es viele Lehrveranstaltungen an deutschen Universitäten, bei denen englischsprachige Originalwerke, insbesondere aus den USA, obligatorisch zugrunde gelegt werden. Solche Bücher sieht man heute in den größeren akademischen Buchhandlungen schon im Stapel zur Verfügung. Dies wird noch verstärkt durch die Abhaltung ausgewählter Lehrveranstaltungen in englischer Sprache. Beide Entwicklungen wirken tendenziell gegen das mittelständische nationale Verlagswesen, und das nicht nur in Deutschland. Seit dem Ende des Kalten Krieges und dem Fall der Mauer ist im hinsichtlich der mittel- und osteuropäischen Länder eine gewisse verstärkte Chance für deutschsprachige Literatur und auch ein höheres Interesse am Einkauf von Lizenzen in Deutschland in diesen Ländern zu beobachten. Unverkennbar aber beginnt auch dort schon eine stärkere Orientierung hin zur lingua franca der globalen Wissenschaft, also dem Englischen, so dass befürchtet werden muss, dass auch diese leichte Verstärkung der deutschen Sprache nicht allzu lange vorhalten wird.

## Konzentration im Handelsbereich

Der deutlichen Konzentration im Verlagsbereich entspricht auch eine solche im Bereich des Buchhandels. Dabei ist diese im Ausland ebenfalls schon viel weiter vorangeschritten als die in Deutschland. Sie hat sich aber auch hier in den letzten Jahren deutlich beschleunigt. Der Marktdruck wird diese Entwicklung noch verstärken. Je mehr aber filialisierte Nachfragestärke großer Handelsunternehmen den Markt prägt, desto schwieriger wird die Situation für kleinere Anbieter, die nicht mit entsprechender Marktmacht auftreten können, die die großen Anbieter naturgemäß entgegensetzen. Viele solcher Großformen im Handel geben der Produktion der entsprechenden Großverlage eine Vorzugsstellung im Laden und in der Werbung, nicht zuletzt weil ein effizienter Außendienst der Großverlage dies bewirkt. Wie dem begegnet werden kann, wird im dritten Abschnitt dieses Beitrags kurz unter ›Kooperation‹ (S. 49) angesprochen.

## Wachsende Bedeutung von Vertrieb und Marketing

Wie in praktisch allen Branchen moderner Volkswirtschaften ist auch im Verlagsbereich eine deutliche Gewichtsverschiebung zwischen Produktion und Marketing/Vertrieb zu beobachten: während in früheren Zeiten – Perioden der Knappheit an Rohstoffen und an fähigen, gut ausgebildeten Fachkräften – die Produktion von Gütern das Hauptproblem und damit jener Bereich war, in dem Unternehmen die entscheidende Leistung im Wettbewerb zu erbringen hatten, wogegen der Absatz nützlicher und qualitätvoller Waren demgegenüber das kleinere Problem war, so hat sich heute dieses Verhältnis umgekehrt: Rohstoffbeschaffung und technische Herstellungsverfahren sind quasi ubiquitär verfügbar, die Herstellung eines Buches ein eher einfacher Vorgang, für den man nicht unbedingt einen Verlag braucht. Das eigentliche Problem liegt heute auch in der Buchbranche im Verkauf – hier spielt sich in einer Gesellschaft des Warenüberflusses der eigentliche Wettbewerb ab, und zwar nicht nur zwischen austauschbaren Buchtiteln, sondern auch mit allen anderen Gütern am Markt. Im Wissenschaftsbereich vielleicht nicht ganz so stark wie bei den leisure-products, aber es gibt doch die Beobachtung, dass immer weniger Wissenschaftler zu Hause eine eigene umfangreiche Arbeitsbibliothek besitzen, sondern diese als Arbeitsmittel in den Diensträumen der Hochschule vorhanden sind. Also auch im Wettbewerb um die Kaufkraft von Wissenschaftlern zeigt sich eine Umschichtung zugunsten anderer Produkte als

Fachbüchern. Der Markt für wissenschaftliche Bücher ist – außer für Lehrbücher – damit weitestgehend ein Markt institutioneller Kunden geworden.
Doch zurück zum Verlag: heute sind in einem Verlag sehr viel mehr Personen mit all den Tätigkeiten befasst, die *nach* der Fertigstellung eines Buches anfallen (Werbung, key account Management, Vertreter, Kundenbuchhaltung, Lager, Versand, Kongresse, Messen, Rechteverwaltung usw.) als Personen in der Planungs- und Produktionsphase (insbesondere Lektorat und Herstellung). Aufgrund des völlig veränderten Produktionsprozesses in der Druckvorstufe (s. S. 40)) sind die Herstellungsabteilungen in den meisten Verlagen deutlich geschrumpft, die Hersteller werden oft eher als Lektoratsassistenten betrachtet. Der komplexe Verkehr mit einer Vielzahl technischer Betriebe entfällt oder wird bewusst in einem technischen Zentraleinkauf gebündelt, verbunden mit einer drastischen Reduktion der Zahl der Lieferanten. Die technische Standardisierung wird sehr bewusst betrieben, dadurch und durch die Auftragsbündelung bei wenigen Lieferanten werden erhebliche Kostenvorteile erzielt. Diese kommen im Verlagsergebnis aber leider nicht an, sondern sie werden durch viel höhere Werbeaufwendungen und großen Rabattdruck seitens des Handels aufgezehrt. Die Wettbewerbsposition und damit der Unternehmenserfolg der Verlage hängt heute sehr wesentlich von der Kompetenz und dem Ideenreichtum der Vertriebsleute ab. Ein nicht oder nur unzureichend beworbenes Qualitätsprodukt hat kaum noch Chancen, sich durchzusetzen, zumindest sehr viel geringer als früher.

### Spezialisierung und Teambildung

So wie in der gesamten Wirtschaft haben sich auch im Verlagswesen in den letzten Jahren verstärkt Tendenzen einer Spezialisierung von Tätigkeitsbereichen ergeben. Während der accomplished generalist vor 30 Jahren im Prinzip noch alle im Verlag ausgeführten Funktionen nicht nur direktiv überschaute, sondern im Zweifel auch, zumal in mittleren Unternehmen, noch selbst hätte ausführen können, ist dies mittlerweile nicht mehr der Fall. Insbesondere durch die digitalen Text- und Bildverarbeitungssysteme, die Digitalisierung im kaufmännischen Bereich sowie die besonderen Aufgabenstellungen im Internet sind auch in den Verlagen hoch spezialisierte Mitarbeiter tätig, die für konkrete Aufgabenstellungen jeweils zu Teams (Projektteams) gebündelt werden. Die alte, streng abteilungsmäßige und hierarchische Unternehmensorganisation (Strukturorganisation) wird mehr und mehr aufgeweicht zugunsten einer an den Erfordernissen der Produkterstellung orientierten flexiblen *Ablauforganisation*. In diesen Projektteams ist die Frage von Über- und Unterordnung viel weniger relevant als in der klassischen Linienorganisation mit Geschäftsleitung, Abteilungsleitern, Gruppenleitern und Sachbearbeitern. Das Spezialwissen des einzelnen, egal auf welcher Hierarchiestufe er steht, ist so bedeutungsvoll, dass die Teamarbeit nicht mehr nach den klassischen Weisungs- und Ausführungsabläufen geschieht.

Dabei ist es wichtig, dass entsprechende Entwicklungen auch auf der Autorenseite stattfinden. Bücher entstehen heute – abgesehen von der Grundidee selbst – immer weniger aus einem reinen Kontakt Verleger-Autor, sondern in einer Zusammenarbeit von Teams auf beiden Seiten. Schon nach Vertragsbeginn beim Anfang der Manuskriptarbeiten gibt es häufig Kontakte zwischen Spezialisten beider Seiten, oft ergänzt durch vom Verlag bestellte Dienstleister, z.B. bei der Text- und Bildbearbeitung. So entsteht ein virtuelles Gesamtteam für ein Projekt, das in einem permanenten iterativen Prozess Dateien austauscht, Formatierungen vornimmt, ohne dass hier irgendwie die Verlagsleitung beteiligt sein könnte. Dies steht zumindest im mittelgroßen Verlag in starkem Gegensatz zu Gebräuchen, wie sie in manchen Verlagen noch in den 80er Jahren üblich waren, wo kein Brief an einen Autor ohne die Unterschrift des Verlegers selbst hinaus gehen durfte. Heute geschieht die Kommunikation in hohem Maße unter den tatsächlich an den konkreten Arbeitsschritten Beteiligten direkt und vorzugsweise per E-Mail. Diese neue Arbeitsweise erfordert einerseits ein hohes Maß an Vertrauen und daraus folgender Delegation von Aufgaben durch die Vorgesetzten an die kompetenten Mitarbeiter und zu einem sehr viel geringeren Direktkontakt und laufenden Arbeitsbeitrag der »Chefs« auf beiden Seiten. Aber auch in den Bereichen innerer Verwaltung, Marketing und Vertrieb gibt es ähnliche Entwicklungen, d.h. es wird soviel Spezialwissen erfordert, wie es in einer Person gebündelt nicht vorliegen kann. Die Auffächerung des Führungsteams führt damit zu einer höheren Qualifizierung der Gesamtleistung.

Wiederum ergibt sich hieraus eine schwierige Situation für kleinere Verlage: zum einen gibt es häufig kein ausreichendes Volumen, hochspezialisierte Mitarbeiter kontinuierlich auszulasten, so dass entsprechende Stellen nicht geschaffen werden können. Zum anderen haben solche Spezialisten auch eigene Karrierepläne, denen in kleineren Unternehmungen keine entsprechenden Aufstiegschancen gegenüberstehen. Das heißt, der erfolgreiche und ehrgeizige Spezialist wird das kleinere Unternehmen früher oder später verlassen, um mehr Verantwortung und höhere Einkommenschancen zu erreichen.

## Funktionsausgliederung

Dem kann der mittlere und kleinere Verlag in manchen Bereichen durch Funktionsausgliederungen begegnen, d.h. spezialisierte Leistungen, für die entsprechende Stellen im Verlag nicht existieren, werden an externe freie Mitarbeiter oder externe Dienstleistungsunternehmen vergeben. Diese Tendenz ist mittlerweile sehr stark zu beobachten, zumal gerade leistungsbereite und fähige jüngere Fachkräfte in den Bereichen Lektorat, IT, Grafikdesign, aber auch PR und Pressearbeit dazu neigen, sich selbstständig zu machen und für mehrere Auftraggeber tätig zu sein. Somit erweitert sich die Vernetzung von Funktionen noch weiter über die Grenzen des Unternehmens Verlag oder des Produzententeams »Institut« hinaus zu dritten Dienstleistern (s.a. ›Kooperation‹ S. 49f.)

## 3. Ein Blick in die Zukunft

Zum Abschluss sollen einige Vermutungen geäußert werden, welche Entwicklungstendenzen wahrscheinlich die nächsten Jahre, vielleicht auch Jahrzehnte im wissenschaftlichen Verlag bestimmen werden.

### Open access?

Eine der wichtigsten Diskussionen für die Zukunft wissenschaftlicher Kommunikation und Publikation lässt sich in dem Begriff open access bündeln, der von Befürwortern wie eine Kriegsfahne hochgehalten, von Skeptikern eher für einen Irrweg angesehen wird. Der Begriff open access ist schillernd und umfasst ganz verschiedene Konzeptionen und Geschäftsmodelle. Insgesamt aber rührt er aus einer bei vielen Internetpionieren von Anfang an vorhandenen Grundüberzeugung her, dass der Schutz geistigen Eigentums, d.h. konkret urheberrechtliche Schutzregeln für wissenschaftliche Texte obsolet sei, und der Fortschritt der Wissenschaften und damit der Gesellschaften und Völker wesentlich davon abhänge, dass alles für alle unmittelbar, nicht nur technisch ungehindert, sondern auch kostenlos zugänglich sei. Viele wissenschaftliche Bibliothekare, gerade auch in der Bundesrepublik, werden nicht müde, solche open access-Modelle zu propagieren, getragen von der Überzeugung, dass Verlage in der schönen neuen Welt des Internet nicht nur entbehrlich sind, sondern als »gewinnabschöpfende« Marktteilnehmer geradezu einen Störfaktor darstellen. Seltsamerweise schwappt diese aus der neuen technischen Gegebenheit des Internet herrührende Einstellung mittlerweile auch in den Bereich des Printgeschäfts über, und es gibt verschiedene Initiativen zur Gründung von Universitätsverlagen in Deutschland, auch für klassische gedruckte Publikationen.

Es ist hier nicht der Ort zu erörtern, ob das, was bisher von mehr als zehntausend Mitarbeitern der wissenschaftlichen Verlage in Deutschland geleistet wurde, tatsächlich so leicht innerhalb des Bibliotheks- und Hochschulsystems erledigt werden kann, und noch viel weniger, ob es irgend eine realistische Aussicht dafür gibt, dass dies dann effizienter wäre. Ganz zu schweigen natürlich von der Frage, ob irgendeine Aussicht besteht, im Hochschulbereich zusätzliche Planstellen in solchem Umfang zu schaffen, um die perhorreszierten »gewinnabschöpfenden« Verlage zu ersetzen. Denn dass die bisher von den Verlagen erbrachten Leistungen in Lektorat, Produktion, digitaler Aufbereitung, Finanzierung, Programmgestaltung und Vertrieb auch in Zukunft und unter veränderten Rahmenbedingungen unverzichtbar sind, daran wird es ja wohl keine Zweifel geben. Qualitätsinformation erfordert hohen Kosteneinsatz auf allen Stufen: Manuskripterstellung, -Aufbereitung und ebenso Marketing und Distribution. Umsonst ist sie nicht zu haben. Ob solche unternehmerischen Funktionen tatsächlich besser und kosteneffizienter im öffentlich-rechtlichen Bereich angesiedelt sind als in der Privatwirtschaft, bedarf sicher sorgfältiger Prüfung, und es wäre überraschend, wenn am Ende die Entscheidung für eine Hereinholung all dieser Funktionen in den öffentlich-rechtlichen Bereich fiele, in einer Zeit, in der die Privatisierung bisher öffentlicher Funktionen einen besonderen Stellenwert hat. Sollte die Entscheidung in Deutschland tatsächlich für eine solche Verlagerung von bisher privatwirtschaftlich erfüllten Funktionen in den Hochschulbereich laufen, würde der deutsche wissenschaftliche Verlag solange dem Wettbewerb gelassen ins Auge blicken, als keine versteckte Kostensubvention erfolgt. Für den Wettbewerb auf Vollkostenbasis fühlen sich die Wissenschaftsverlage sicher gut gerüstet.

Zu einem solchen Wettbewerb mit Chancengleichheit würde es allerdings auch gehören, dass es nicht, wie von verschiedenen Wissenschaftsorganisationen schon andiskutiert, dazu kommt, dass Wissenschaftler in ihren Anstellungsverträgen zur Übertragung der Veröffentlichungsrechte ihrer Forschungsergebnisse an ihren Dienstherrn (Hochschule und damit den Hochschulverlag) verpflichtet werden. Es wäre eine dramatische Beschneidung der Entscheidungsfreiheit von Autoren und damit ihrer Möglichkeiten, aus ihren intellektuellen Leistungen auch finanziell Früchte zu ziehen, wenn sie keine freie Wahl ihres Vertragspartners mehr hätten. Hier wird es gerade eines entschiedenen Auftretens derjenigen Wissenschaftler bedürfen, die in ihre Publikationen überdurchschnittlich viel Energie und Zeit stecken und legitimerweise daraus auch Einkünfte ziehen möchten. Open access im Sinne einer Eigentumsrechte an intellektuellen Schöpfungen aufhebenden Sozialisierung des Wissens und einer Enteignung der Wissensproduzenten (Autoren) bedeutete eine gravierende Veränderung des Rechtsrahmens unserer Gesellschaft und wäre mit unabsehbaren Konsequenzen für die Motivation und damit die Effizienz von Forschung, Lehre und Wirtschaft in Deutschland verbunden.

Ganz gravierend aber ist die Umkehrung des Steuerungsprozesses, der mit open access verbunden wäre: statt *Nachfragesteuerung* durch Käufer bzw. Abonnenten würde eine *Anbietersteuerung* der Autoren oder ihrer Institutionen treten: wer die Publikation bezahlen kann, ist als Autor dabei. Das Wissenschaftssystem muß selbst prüfen und entscheiden, ob solche neuen Steuerungsmechanismen wirklich der Qualitätsselektion und Strukturierung des Informaationsangebots dienlich sein werden.

## Globalisierung

Mit Sicherheit darf man davon ausgehen, dass die im zweiten Abschnitt dieses Beitrags genannten Tendenzen zur verstärkten Rolle der englischen Sprache und englischer Originalliteratur in der akademischen Ausbildung, in der Forschung und in den Bibliotheksbeständen sich fortsetzen. Ergänzend ist dabei auf eine generelle, kürzlich veröffentlichte Einschätzung von Wirtschaftsexperten zu verweisen, dass in den entwickelten Volkswirtschaften ein immer größerer Teil des Bruttoinlandsprodukts im internationalen Wettbewerb stehen wird: von ca. 20 % im Jahre 1990 auf geschätzte 60-70 % im Jahr 2015. Inwieweit daraus ein Wettbewerbsnachteil für aus Deutschland stammende Forschung entsteht, lässt sich schwer abzuschätzen, Gefährdungen sind aber unübersehbar. Dass mit einem solchen Vordringen englischsprachiger Originalpublikationen nicht nur die deutschsprachigen Autoren, sondern natürlich auch die deutschsprachigen Verlage verlieren würden, liegt auf der Hand. Wie sich Strukturen einer globalisierten Wissensgesellschaft, die die bisher weitgehend national orientierten und organisierten Wissensgesellschaften der Vergangenheit ablöst, auswirken werden, lässt sich schwer prognostizieren. Dass es sich um einen schmerzhaften und schwierigen Prozess handelt, darf man wohl mit Sicherheit annehmen und ebenso, dass er gravierende Auswirkungen auf die nationalen Wissenschaftssysteme und deren Durchsetzungskraft im internationalen Wettbewerb haben wird. Die oft kritisierten Begutachtungs- und Ablehnungspraktiken vieler (auch renommierter) ausländischer, insbesondere US-amerikanischer Publikationsorgane mögen einen Vorgeschmack der inhärenten Gefahren geben.

## Kooperation

Eine viel diskutierte Möglichkeit für mittelständische Verlage, ihre Position zu stabilisieren, bietet dabei die Möglichkeit von Kooperationen. Waren die alten Verlage oft von einer Tendenz zu extremer Autarkie bestimmt (alles wurde selbst gemacht) und auch einer Neigung zu Geheimniskrämerei, bei der selbst die Umsatzzahl ein Betriebsgeheimnis auch nach innen war, so hat sich in den letzten Jahren zunächst durch Funktionsausgliederungen in vielen Bereichen wie z.B. Lager, Logistik, Buchhaltung, Werbemittelversand usw. eine offenere, flexiblere Einstellung verbreitet. Wenn erst einmal bestimmte Funktionen als ausgliederbar, also nicht wirklich essentiell für das spezifische Leistungsprofil im Wettbewerb erkannt sind, ergibt sich schnell die Überlegung, ob solche Ausgliederungen nicht kooperativ unter strukturähnlichen Verlagen erfolgen sollten. Ein frühes Beispiel ist die UTB-Kooperation, gegründet 1971, mit derzeit 16 wissenschaftlichen Verlagen als Gesellschaftern, die im Lehrbuchbereich eine weitgehende Kooperation eingegangen sind, die von einer frühzeitigen Abstimmung von Themen (mit Vetomöglichkeiten der Partner) bis hin zu Vertrieb, gemeinsamer Auslieferung und Führung der Kundenkonten reicht. Hier liegen noch erhebliche Potentiale für die Zukunft, etwa in den Bereichen Auslandsvertrieb, Internetangebote auf gemeinsamer Oberfläche und integrierten Abrechnungssystemen usw. Sprach man bis vor einigen Jahren meist von pre-competition-cooperation, also einer Zusammenarbeit beschränkt auf Bereiche, die den Wettbewerb unter den Kooperationspartnern nicht direkt berühren, so ist man bei UTB schon damals durchaus weitergegangen. Die sehr guten Erfahrungen darin, was eine solche ursprünglich als Notgemeinschaft gegen Ambitionen der großen Taschenbuchverlage gegründete Kooperation zu leisten vermag (die damals angreifenden Großkonkurrenten sind längst aus dem Markt gegangen), können dazu ermutigen, auch in wettbewerbsrelevanten Funktionen dennoch zu kooperieren. Die Langlebigkeit des Modells und die nun schon mehr als drei Jahrzehnte andauernde nahezu völlige Konfliktfreiheit dieser Kooperation sind ermutigende Erfahrungen. Offenheit und Vertrauen ermöglichen Problemlösungen, die die Herausforderungen der kommenden Jahre dringlich erfordern.

### Die Rolle digitaler Publikationsformen

Unstreitig wird die Tendenz zu digitalen Publikationsformen weiter wirksam bleiben. Allerdings sind sich mittlerweile die Experten darin einig, dass, wie immer schon in der Vergangenheit, Medienkomplementarität die zunächst befürchtete Medienkonkurrenz (Mediensubstitution) bei weitem überwiegt. So wie das Kino nicht die Theater, das Radio nicht die Konzertveranstaltungen, das Fernsehen nicht das Kino beseitigt haben, sondern vielmehr in gegenseitiger Steigerung ein ungleich höherer Medienkonsum insgesamt zu beobachten ist, zeichnet sich dies auch jetzt schon eindeutig im Bereich der digitalen Publikationsformen gegenüber den Druckmedien ab. Wenn man von der derzeitigen mehr gesamtwirtschaftlich bedingten Stagnation im Verlagswesen in Deutschland einmal absieht, die in vielen anderen Ländern derzeit überdies gar nicht gegeben ist, kann man ein Wachstum der klassischen Printmedien bei gleichzeitigem Wachstum digitaler Vermittlungsformen auch in der Zukunft erwarten. Viele Produkte werden als Hybridprodukte, d.h. also sowohl in Print- wie in digitaler Form, angeboten, unter Bibliothekaren ist daher der Begriff der Hybridbibliothek schon ganz geläufig geworden. Bezeichnend ist es, dass einige Projekte rein digitaler Zeitschriften, wie sie z.B. der Springer Verlag Mitte der 90er Jahre in Amerika lanciert hatte, dazu führten, dass schon nach wenigen Jahren, gerade auch aus dem Bereich der Bibliothekare eindeutige Wünsche nach der Anbietung paralleler gedruckter Ausgaben gekommen sind. Die Nutzungsformen digitaler Versionen und von Druckprodukten sind eben sehr unterschiedlich, die Probleme der Langzeitarchivierung und der entsprechenden bequemen Greifbarkeit sind in beiden Bereichen so verschieden, dass man davon ausgehen kann, dass auch mit dem Internet sich die Entwicklung einer neuen Medienkomplementarität ergibt, in der die einzelnen Medien sich gegenseitig verstärken. Dass diese technische Parallelität zu höheren Gesamtkosten des Systems führt und der Traum von einer Kostensenkung im Gesamtsystem Wissenschaftsvermittlung damit ein Wunschtraum bleiben wird, ist offenbar, wird aber in der politischen Diskussion häufig verschwiegen. Das ist aber der unvermeidliche Preis für die ungleich stärkeren Nutzungsmöglichkeiten hybrider Systeme.

Unabhängig von der mit den höheren Kosten wohl überproportional steigenden Effizienz des Gesamtsystems und einer auch längerfristig unstreitig bedeutenden Rolle gedruckter Informationen und klassischer Verlage sehen sich kleinere und mittlere Verlage durch eine solche doppelte Aufgabenstellung und die in diesem Beitrag skizzierten Strukturveränderungen sehr großen Herausforderungen gegenüber. Sie werden diese nur bewältigen können, wenn Autoren, die die Rolle der mittleren Verlage für wichtig halten, mit diesen in einer Weise zusammenarbeiten, die einen Wettbewerb mit globalisierten Großunternehmen ermöglicht. Es ist zu hoffen, dass von einer solchen von gemeinsamen Zielvorstellungen getragenen Partnerschaft auch in Zukunft alle Beteiligten, d.h. Autoren und Verlage ebenso wie das Gesamtsystem Wissenschaft deutliche Vorteile ziehen können.

Dr. Wulf D. v. Lucius
Lucius & Lucius Verlagsgesellschaft mbH
Gerokstr. 51, D-70184 Stuttgart
lucius@luciusverlag.com

Soziale Systeme 11 (2005), Heft 1, S. 52-82    © Lucius & Lucius, Stuttgart

Stefan Hirschauer

# Publizierte Fachurteile.
## Lektüre und Bewertungspraxis im Peer Review

*Zusammenfassung:* Der Aufsatz untersucht einen Ausschnitt der informellen fachlichen Kommunikation unterhalb der Publikationsschwelle. Er fragt, welche Sozialität in einem Fachurteil steckt. Zwei Komplexe lassen sich identifizieren. 1. In einem Urteil überschneiden sich drei soziale Kreise: Neben der Bindung an ihre intellektuellen Herkunftsmilieus, die Lesern eine gewisse Voreinstellung gegenüber allen Texten gibt, findet sich zum einen ein in der lesenden Auseinandersetzung mit dem Text entwickelter Eindruck von diesem, zum anderen eine posthoc gesprochene, rationalisierende Stellungnahme gegenüber einer Gremienöffentlichkeit. 2. Diese mehrstufigen Urteile über wissenschaftliche Güte werden im Peer Review nun vervielfältigt, so dass sie sich in ihrer eigenen Güte laufend selbst beobachten. Manuskripte werden entschieden, indem über die Urteile aller Beteiligten entschieden wird: das des Autors über Geltungsanspruch und Entwicklungsstand seines Textes; das von Gutachtern und Herausgebern über die Kompetenz ihres eigenen Urteils, und das über die Beurteilungspositionen der jeweils anderen Gutachter und Mitherausgeber. Der ›Review‹ liegt nicht primär in einer asymmetrischen Prüfungsbeziehung, in der ein Leser auf einen Text ›schaut‹, sondern in einer wechselseitigen Beobachtungen von Urteilen, die in Ergänzung und Konkurrenz zueinander treten und sich wechselseitig kontrollieren. Im Peer Review werden Urteile beurteilt und publik gemacht.

## 1.    Votieren im Peer Review

Die Mitglieder des britischen Hochadels, die *peers*, hatten bis 1948 bei bestimmten schweren Verbrechen das Recht auf einen eigenen Gerichtsstand: den »trial by jury of one's peers«. Gerechtigkeit wurde durch ein Verfahren gesucht, bei dem sich der Delinquent dem Urteil von *Seinesgleichen* stellte. Diese soziale Form liegt im Prinzip auch dem wissenschaftlichen Peer Review zugrunde. Er besteht aus einer Beurteilung von Forschungsarbeiten oder Forschungsprojekten durch *fellow scientists*, also Mitglieder der Scientific Community.

Der Peer Review ist ein bestimmter Aspekt wissenschaftlicher Praxis. Bei ihm geht es nicht um das Forschungshandeln und die technische Intervention, die die ethnografische Wissenschaftsforschung in den Vordergrund rückten (für einen Überblick: Pickering 1992; Heintz 1993), sondern um Wissenschaft als *Kommunikation*. Innerhalb dieses Ausschnitts wiederum geht es nicht um die in der Indikatorenforschung und der soziologischen Systemtheorie fokussierten Endprodukte der Kommunikation – um Publikation und Zitation als ihre »Elementarakte« (Stichweh 1994) – sondern um ein weites Feld vor- und nachgelagerter kommunikativer Formen: Sie reichen vom ›shop talk‹ (Lynch 1985) des Laborgesprächs und der ›data session‹ über den öffentlichen Vortrag und seine (vorgetragenen oder geraunten) Kommentare bis zu eben jenen halb schriftlichen, halb mündlichen, halb formellen, halb informellen Kommunikationen des Peer Review, mit denen eine Scientific Community einen intensiven fachlichen Diskurs unterhalb der Publikationsschwelle führt. Diesen Diskurs zu untersuchen, ist Aufgabe einer Publikations*prozess*forschung.

Dieser Ausschnitt wissenschaftlicher Praxis wird oft als ein Kernstück von Wissenschaft betrachtet, das ein Prinzip der laufenden Kritik inkorporiert und gute von schlechter Forschung unterscheidet. Der Peer Review sollte nach Robert Mertons Annahme universeller wissenschaftlicher Normen etwa frei von Nepotismus, Bekanntschaft, von institutioneller und Schulenzugehörigkeit sein (Merton 1985). Stellt man solch hohe normative Erwartungen einmal zurück, so kann man – nüchterner – zunächst eine zentrale Funktion des Peer Review darin sehen, dass er die Lesezeit einer Disziplin kalibriert (Harnad 1998b, 9): Zu genauer Vorlektüre angehaltene, mit einem Auswahlauftrag versehene und auf Dokumentation ihrer Urteile verpflichtete Leser leisten eine unverzichtbare Orientierungsarbeit über die Lektürewürdigkeit massenhafter Kommunikationsangebote.

Im Gegensatz zu dem hohen Stellenwert, der dem Peer Review theoretisch eingeräumt wird, steht freilich der schlechte Ruf, den er in den Disziplinen genießt. Dies liegt zum einen ohne Zweifel an der schlechten Verfassung des ›real existierenden‹ Peer Review, an einer mangelhaften Verfahrensentwicklung und Verfahrenspflege in vielen Fächern. Zum anderen liegt es aber auch an deplatzierten Erwartungshaltungen: In der Spezialdisziplin der Peer Review Forschung finden sich eine Reihe szientistischer Erwartungen an Wissenschaft, die fern aller Wissenschaftssoziologie kontrafaktisch aufrechterhalten werden. Auf der Basis dieser Erwartungen wird man die soziale Leistungsfähigkeit des Peer Review nicht rekonstruieren können (Hirschauer 2004). Außerhalb dieser Spezialforschung entsteht der zweifelhafte Ruf des Peer Review auch unter den Bedingungen einer mundanen Wissenschaftssoziologie. Das in der Wissenschaft zirkulierende Alltagswissen über die Auswahlverfahren ist primär das Wissen von Autoren. Vor allem aus dieser Perspektive entstehen Vermutungen darüber, wie solche Entscheidungsprozesse ablaufen: Laufen sie zu unseren Gunsten, sind uns die sachlichen Gründe der Entscheidung offenkundig; werden unsere Manuskripte abgelehnt, erkennen wir schlagartig die soziale Dimension des Peer Review.[1] Wenn man an die Stelle

---

1 Auch der Standardvorwurf gegen den Peer Review – er sei innovationsfeindlich – soll hier erst einmal unter den Vorbehalt gestellt werden, ein naheliegender Verarbeitungsmechanismus für abschlägige Publikationsentscheidungen zu sein. So problematisch die Hierarchisierung der

dieser selektiven – und opportunistischen – Wissenssoziologie soziologisches Wissen setzen will, empfiehlt es sich, empirische und kommunikationstheoretische Klarheit über die Halböffentlichkeit des Peer Review zu schaffen.

Mit dieser Zielsetzung sei in diesem Aufsatz ein bestimmter Aspekt des Peer Review untersucht: das Abgeben von Urteilen. Dieser Aspekt ist in der Forschung bislang extensiv unter der Frage einer sozialen ›Verzerrung‹ des Urteils behandelt worden und experimentelle Designs konnten Gutachtern diverse Vorurteile bei der Bewertung von Manuskripten nachweisen (exemplarisch: Peters/Ceci 1982). Zugleich zeigte die Diskussion solcher Studien (Harnad 1982), dass sie erhebliche konzeptuelle Schwächen aufweisen, gerade auch im Hinblick auf die Sozialdimension der Verfahren. Im Kern fassen sie den Peer Review nach dem Modell einer Prüfung auf. Dieses impliziert eine dyadische Situation, in der ein Prüfling einem Prüfer gegenübersteht, und eine epistemische Beziehung, bei der ein Objekt dem Urteil eines Erkenntnissubjekts unterworfen wird. Dieses Modell wird der Komplexität von Beobachtungsverhältnissen im Peer Review nicht gerecht. Der ›Review‹, so will ich zeigen, liegt nicht primär in einem asymmetrischen Begutachtungsverhältnis, bei dem ein Leser auf einen Text ›schaut‹, sondern in einer wechselseitigen Beobachtung von Urteilen, die in Ergänzung und Konkurrenz zueinander treten, die sich kontrollieren und umeinander buhlen.

Mein empirischer Fall ist das Peer Review Verfahren der *Zeitschrift für Soziologie* (ZfS). Wie bei anderen Fachzeitschriften gehen ihm vier andere Selektionsprozesse voraus: die Auswahl von Manuskripten und Zeitschriften durch Autoren,[2] die redaktionelle Vorauswahl von Manuskripten für das Verfahren (die die Wahl einer Zeitschrift durch den Autor einer ersten Überprüfung aussetzt), und die Auswahl von Gutachtern für einen Beitrag. Bei der ZfS schließt sich ein dreistufiges Verfahren an: Die anonymisierten Manuskripte werden 1. ausführlich von zwei bis drei externen Gutachtern beurteilt, 2. in Kurzstellungnahmen, sog. Voten, von den fünf Herausgebern kommentiert, und 3. schließlich mündlich, auf einer Sitzung der Herausgeber verhandelt und zur Entscheidung gebracht.

---

Rollen des Verfahrens für die Vorstellung von »Peers« (also Gleichgestellten) ist, so sehr bietet es sich für abgelehnte Autoren an, Trost in einem Kritikmuster zu suchen, das sie ihrerseits der Gleichheit der Peers enthebt. Die Nobelpreisträgerin Rosalyn Yalow brachte es auf den Punkt: »The truly imaginative are not being judged by their peers. They have none!« (in Harnad 1982, 60).

2  In der Auswahl von Manuskripten für eine Veröffentlichung und der einer Zeitschrift für ein Manuskript liegen bereits Selbstevaluationen des Autors: Welcher Text hat reine Selbstverständigungsfunktionen, welcher eignet sich als Vortragsskizze für eine kleine Öffentlichkeit, und mit welchem ›wagt‹ man sich an eine Fachzeitschrift heran? Diese Selbstevaluationen können auch – verglichen mit dem ›Aussortieren‹ durch Gutachter – als höherentwickelte Form der Verknappung wissenschaftlicher Kommunikation betrachtet werden: nichts zu schreiben bzw. zu publizieren, wenn es einem das professionelle Gewissen nicht erlaubt.

Im Fokus dieses Aufsatzes liegt die zweite Stufe des Verfahrens: ›Voten‹ sind schriftliche Kurzmitteilungen, mit denen die Herausgeber sich kurz vor ihrem Kolloquium über ihre individuellen Meinungen informell vorverständigen, indem sie Rundmails im Kollegium verschicken. Voten bestehen aus drei Teilen: einer Manuskriptkennung (Laufnummer und Kurztitel), den als mathematische Zeichen formalisierten Entscheidungsvorschlägen (+, (+), +/-, (-), -)[3] bzw. der Enthaltung (0) sowie Kommentaren zum Manuskript. Diese variieren stark in der Länge – zwischen Einzeilern und Gutachtentexten – im Durchschnitt haben sie etwa vier Zeilen, verhalten sich also zu den Fachgutachten etwa so wie ein Leserbrief zum Leitartikel.

Eine Möglichkeit der soziologischen Durchdringung dieses Textmaterials besteht in einer inhaltsanalytischen Auswertung, wie sie in der Peer-Review-Forschung bei der Untersuchung von Fachgutachten vorgenommen wurde (Bakanic et al. 1989, Hartmann/Neidhardt 1990). So lassen sich Listen von Entscheidungskriterien, ihre Gewichtung und ihre Konsistenz zwischen Gutachtern untersuchen. Diese Studien rekonstruieren im wesentlichen aus einer Teilnehmerperspektive ein Wertesystem wissenschaftlicher Kommunikation. Bei einer solchen wörtlichen Lesart von Gutachten oder Voten muss man freilich vernachlässigen, dass es sich immer auch um ›inszenierte Texte‹ handelt, die über eine performative Dimension verfügen. Ich werde daher im folgenden eine stärker distanzierte Beobachtungsposition einnehmen: Ich interessiere mich nicht primär für die vorgebrachten Argumente, für die Systematik von Gütekriterien, sondern dafür, wie sie rhetorisch eingesetzt und dadurch zu effektiv wirksamen Argumenten werden. Ich betrachte also den Herausgeber als *Autor*, das ›Votum‹ als literarische Miniatur – eine kommunikative Praxis, die wissenschaftliche Güte konstituiert.[4]

Angesichts der Härte mancher Urteile ist vielleicht eine ›Warnung an den Leser‹ angebracht. Anders als die euphemistische Rhetorik von Arbeitgeberzeugnissen über Arbeitsleistungen ist die Rhetorik des Peer Review generell kritizistisch, mit Lob wird eher gespart. Und es ist interessant, den Gründen dieses Kritizismus nachzuspüren. Vorweg mag es aber reichen, sich zwei Dinge zu vergegenwärtigen. Zum einen haben es die Herausgeber einer Fachzeitschrift mit zahllosen Manuskripten zu tun, die wegen ihrer Qualität entweder nicht in der begutachteten Form publiziert werden oder auch nie das Licht der Öffentlichkeit erblicken. Zum anderen handelt es sich beim Austausch von Voten um dezidiert ›interne‹ Kommunikation, die auf ähnliche Weise von Schweigegeboten umgeben ist wie die von Intimbeziehungen, Generalstäben, Psychotherapien oder Konklaven. Dies impliziert stilistische

---

3   + bedeutet »unverändert publizieren«, (+) »publizieren nach Überarbeitung«, (–) »zur Wiedereinreichung auffordern«, +/– »publizierbar bei Manuskriptmangel«, – »ablehnen«.
4   Das Datenkorpus dieses Aufsatzes besteht aus ca. 4000 Voten aus den Akten der Zeitschrift über einen Zeitraum von 10 Jahren. Sie wurden von einem guten Dutzend Autoren verfasst.

Freiheiten: Frustrierte Leser sehen sich nur schwachen Formzwängen ausgesetzt und machen sich Luft (»*SCHROTT!*«). Eine Untersuchung, die sich diesen Ausschnitt informeller wissenschaftlicher Kommunikation – wie es ihn natürlich auch massenhaft außerhalb von Zeitschriften gibt – zum Gegenstand nimmt, muss mit diesem Schweigegebot brechen. Allerdings wird die für die Teilnehmer so essentielle Differenz von ›intern‹ und ›öffentlich‹ insofern aufrechterhalten, als Redebeiträge wie Manuskripte dem in Forschungen wie im Peer Review üblichen Neutralisierungsverfahren unterzogen wurden: Sie sind konsequent anonymisiert.

Dies ist insofern leicht machbar, als hier nicht eine Typologie von Votern versucht werden soll. Natürlich finden sich individuelle Stilunterschiede in den Kommentaren zu den Manuskripten, die auf unterschiedliche Auffassungen der Herausgeberrolle verweisen. Ihre Verfasser können sich als pedantische Bibliothekare, als autoritative Richter, als professorale Lehrer, als bescheidene Fachleute, als meinungsfreudige Vorkoster, als brillante Rezensenten oder als Sparringspartner der Autoren verstehen – und ein glänzender Verriss liest sich anders als eine kleinliche Benotung. Mich interessiert im folgenden aber weder der individuelle Herausgeber noch das Votum in seiner Ganzheit. Es ist in seiner Varietät kaum mehr als eine zugebilligte und zugemutete Sprecherposition, die auf verschiedene Weise ausgefüllt werden kann. Mir geht es vielmehr um eine Praxeologie des *Votierens*: eine Prozessanalyse, die wiederkehrende rhetorische Figuren auf ihre pragmatische Funktion in der Peer Review Kommunikation hin betrachtet.

Das Votieren soll dabei zunächst in seinem Entstehungskontext in der Prozessstruktur des Verfahrens betrachtet werden: als spontane Geschmacksäußerung einer besonderen Sorte Leser (2.) und als strategischer Zug in Antizipation zukünftiger Phasen (3.). Anschließend schildere ich die implizite Arbeitsteiligkeit des Beurteilungsprozesses, die durch die Selbstbeurteilung der Voten (4.) und durch Anschlüsse an Gutachter und andere Voter (5.) realisiert wird. Abschließend betrachten wir kurz die Praxis der Evaluation als eine Formatierungstätigkeit, die ›Genres‹ von Manuskripten bestimmen muss, bevor sie sie in die Entscheidungskategorien rubrizieren kann (6.). ›Urteile‹ im Peer Review entwickeln sich in den Phasen einer Text-Leser-Beziehung – von Meinungen über Eindrücke zu Stellungnahmen – und sie werden einer gestaffelten wechselseitigen Beobachtung ausgesetzt. Im Peer Review werden Urteile beurteilt (7.).

## 2. When the Reader Talks Back: Spontanbekundungen auslesender Lektüre

Die Voten werden in einer spezifischen Phase des Peer Review verfasst: im Anschluss an die Lektüre eines Manuskripts und mit Blick auf seine mündliche Verhandlung. Sie bereiten die »Besprechung« von Manuskripten vor. Dass dieser Begriff im Deutschen auch für schriftliche Rezensionen verwendet wird, sollte aufhorchen lassen: Die Kurzmitteilung des Votums ist nicht nur zeitlich zwischen schriftlicher und mündlicher Kommunikation angesiedelt. Zum einen bezieht sie sich auf ein schriftliches Produkt, das als »Manuskript« (also »Handschrift«) ein vergleichsweise offenes Kommunikationsangebot macht. Es verfügt noch nicht über die Abgeschlossenheit eines publizierten Textes und evoziert in seiner Vorläufigkeit und Unfertigkeit stärkere Interaktionsmomente: Durch ein Prüfverfahren zum Eingreifen aufgefordert, kann der Leser mit dem Schreibprozess identifiziert werden und sich – empathisch oder hadernd – in einen imaginären Dialog mit dem Autor begeben. Zum anderen geschieht das Votieren im Hinblick auf ein späteres Sprechen über das Manuskript. Die in den Voten notierten Argumente werden zunächst ›brieflich‹, dann mündlich mitgeteilt.[5] Und sie haben auch wie Briefe bzw. Rundbriefe spezifische Adressaten.

Die Schreiber adressieren sich nur selten persönlich, und sie reagieren auch meist nicht direkt aufeinander, sie adressieren eher den *Kreis*, in dem sie sich zusammenfinden *werden* und dem sie selbst angehören. Primär richten sie sich natürlich an die Herausgeberkollegen, die sich zeitgleich eine Meinung bilden, aber sekundär oft auch an ihre Verfasser selbst, insofern sie als Sprechzettel für die Herausgebersitzung dienen – mit bisweilen wenig zusammenhängenden, verkürzten Formulierungen in Listenform, mitunter auch grammatisch ›privat‹ gehalten. Zum Beispiel: *Relativ ambitioniertes Vorhaben, wobei mir unklar bleibt, ... ob nicht die Betonung einer exklusiven Zuständigkeit des Individuums für Integration als dann Grundlage sozialer Differenzierung schlicht falsch ist (wo bleibt die Rolle von Institutionen?); schließlich wäre die Sprache zu monieren, z.B. ...*

Zu den Adressaten kommt das Kommunikationsmedium e-mail, das die formale Hybridität unterstützt: Autoritative schriftsprachliche Formulierungen, wie man sie in den Gutachten findet, sind von zahlreichen mündlichen Stilelementen spontaner Meinungsäußerung durchsetzt: elliptische Sätze, ›Tele-

---

5  Voten bilden damit einen besonderen Fall der Verzahnung von Wort und Schrift (Scheffer 2001, 172). So wie ein mündliches Diktat eine ›konzeptionell schriftliche‹ (Raible 1989) Rede ist und ein (gutes) Vortragsmanuskript ein ›konzeptuell mündlicher‹ Text, so kann man auch zumindest jene Voten, die sich weit von Fachgutachten entfernen und auf spontane Realisierung in mündlicher Rede verweisen – sei es auf das Selbstgespräch eines Lesers oder die Äußerung auf einer Herausgebersitzung – als ›konzeptuell mündlichen‹ Text betrachten.

grammstil‹, aber auch Ausrufe (*Nein! Klassethema! Grauenvoll!*), Seufzer (*Schon wieder Luhmann!*) und rhetorische Fragen (*Was soll das denn?*). Technische Argumente können sich gar mit Flüchen vermischen: *Das zu lösende Problem ist doch nicht nur, zu zeigen, unter welchen Voraussetzungen G und V positiv sind, sondern, verflixt noch mal, warum G und V multiplikativ verknüpft sind.*

Zum Verständnis dieser Eigentümlichkeit müssen wir uns zunächst darüber klar werden, unter welchen Bedingungen die Voter eigentlich lesen. Die Lektüre von Herausgebern unterscheidet sich in vielen Hinsichten von der eines interessierten Kollegen im gleichen Forschungsgebiet wie der Autor. Das *verwertungs*orientierte Lesen des Forschenden ist hochselektiv sowie hochinteressiert an der unmittelbaren Umsetzung angeeigneten Wissens in die eigene Arbeit, und es nimmt jenseits dieses Fokus Lerneffekte mit. Der lesende Kollege verhakt sich an Argumenten, nimmt sie auf, stimmt zu, gibt zu bedenken, widerspricht, vergleicht also mit seiner eigenen Position, und ›liest‹ für eigene Arbeiten auf. Vor allem aber kann das verwertungsorientierte Lesen sich verweigern: Die Lektüre kann jederzeit zugunsten eines anderen Textes abgebrochen werden, oft beschränkt sie sich auf Blättern und Beiseitelegen, das Gros der überhaupt erreichbaren Texte wird als Lesestoff abgelehnt.

*Bewertungs*orientiertes Lesen unterscheidet sich in vielerlei Hinsicht von diesem Muster. Lesen ist hier nicht *Auflesen,* sondern *Auslesen.* Zunächst steht es viel stärker unter Lektürezwang. Dies gilt z.T. auch schon für die Gutachter, die zum Lesen ›beauftragt‹ werden. Allerdings konvergiert ihre Auswahl als Leser noch partiell mit ihren eigenen Wahlen von Lesestoff. Außerdem können sie bei Arbeitsüberlastung, Desinteresse oder Inkompetenz die Lektüre abbrechen und den Auftrag zurückweisen. Ein Herausgeber ist dagegen ›wahllos‹ zur Lektüre verpflichtet – qua Amt und ganz abhängig von der Wahl der Zeitschrift durch Autoren. Ein Lektüreabbruch kann nur ein vereinzelter Ausweg aus einem Meinungsbildungszwang sein, den man entweder auf Kosten eines offenen Bekenntnisses von Inkompetenz oder von kollegialer Verärgerung einschlägt, oder gelegentlich durch stillschweigenden Anschluss an Kompetentere und Meinungsfreudigere sucht, auf deren Entscheidung man sich dann verlassen muss. Das eingeübte Verwertungsinteresse wird von den meisten Manuskripten frustriert, Lerneffekte stellen sich bei manchen ein, *alle* aber verlangen nach höchster Konzentration aufs Beurteilen, aufs Auslesen. Die thematisch-sachliche Indifferenz gegenüber den Manuskripten ist dabei einerseits eine echte Herausforderung für Begeisterungsfähigkeit und Durchhaltevermögen, andererseits stellt diese Indifferenz aber auch frei, Texte in einer distanzierteren Weise zu betrachten: *lektorierend.* In der Abhängigkeit vom vorgesetzten ›Stoff‹ und in der erzwungenen Offenheit für seine Verdauung hat die editorische Lektüre viele Gemeinsamkeiten mit der studentischen: Nur mit Neugier und hoher Flexibilität kann sie ein Gewinn sein, ohne wird sie zur Qual.

Diese Ausgangslage einer stark fremdbestimmten Rezeptionsarbeit verschafft dem Lesen und Voten von Herausgebern eine erste kritizistische Grundstimmung: Editorische Lektüre ist ›schlecht gelaunt‹.[6] Besonders neuen Herausgebern wird die Leselust zusätzlich dadurch vergällt, dass ihre Erwartungen durch Texte enttäuscht werden, die noch kein Ausleseverfahren durchlaufen haben und z.T. auch nirgends publikationsfähig wären. Der Kritizismus der Voten findet damit seinen ersten, *affektiven* Grund darin, dass eine Kritik die Leerstelle des ›guten Grundes‹ füllt, den man sonst zur Lektüre hatte. Die Zurückweisung tritt an die Stelle des sonst naheliegenden Lektüreabbruchs: *Es interessiert mich eigentlich nicht. Wenn ich eine Meinung haben muss, folge ich Gutachter J.*

Auf der anderen Seite wirkt dieser Ablehnungsbereitschaft aber der ebenso grundlegende Umstand entgegen, dass Herausgeber jeden Text auch hoffnungsvoll im Hinblick auf das notwendige Füllen von Heften aufgreifen müssen. Jedes Manuskript stößt also auf eine editorische Ambivalenz, die ihm ein kontingentes Urteil ›verspricht‹. Vor diesem Hintergrund entfalten Manuskripte nun aber ihre eigenen Wirkungen in einer dichten Text-Leser-Beziehung. Es handelt sich nicht einfach um passive Objekte, denen ein Urteil widerfährt. Schon Dorothy Smith hat mit dem Konzept des *Active Text* (1986) darauf hingewiesen, dass Texte ihre Lesbarkeit aktiv strukturieren und auch als Konstituenten sozialer Beziehungen gelten müssen. Mit Bruno Latour (1996) können wir Texte darüber hinaus als ›Aktanten‹ betrachten, die wie andere kulturelle Artefakte ihre Gebrauchsweisen mitbestimmen. Ihnen sind spezifische ideale Nutzer/Leser eingeschrieben, die mit den realen interferieren. Betrachten wir in dieser Perspektive einmal, was Manuskripte *tun*:

1. Zunächst einmal wecken sie Erwartungen. Lernt man sie kennen (mit ihrem Titel, ihrer Einleitung), stellen sie sich mit einer selbstgesetzten Aufgabe vor (wenn sie dies nicht versäumen), und versprechen deren Erfüllung. Misslingt dies in den Augen des Gutachters, so kann er entweder als enttäuschter Leser von der Veröffentlichung abraten, oder aber mit der Empfehlung einer veränderten Eröffnung versuchen, nur anderen Lesern die gleiche Enttäu-

---

6 Dies schlägt sich übrigens auch in der quantitativen Verteilung der Publikationsempfehlungen nieder (Hirschauer 2006). Gutachter votieren milder als Herausgeber. Dies hat eine Reihe von Gründen. Der in der Lektüresituation liegende dürfte sein, dass die Gutachter in Bezug auf ihren Arbeitsaufwand in einer anderen Lage sind als die Herausgeber. Mit einem glatt ablehnenden Votum vernichten sie zugleich zwei Investitionen ihres Begutachtungsgeschäfts: zum einen die Lektürezeit, die sie in einen Beitrag zu ihrem Fachgebiet steckten und die (wollen sie ihn etwa in eigenen Arbeiten zitieren) entweder ›verloren‹ geht oder durch mühsame Recherche der Wanderung des Beitrags zu neuen Publikationsorten wiedergewonnen werden muss. Zum anderen die Begutachtungszeit: das akribische Auflisten von Monita, mit dem sich der Gutachter ja nicht nur polemisch ›mokiert‹, sondern zugleich mit den Schwächen des Beitrags identifiziert und ihre Behebung anstrengt. Nur eine Publikation ›amortisiert‹ die Kosten der Begutachtung, indem sie ein Manuskript jenen schon publizierten Aufsätzen gleich macht, die ein Gutachter bei anderer Gelegenheit aus eigenem Interesse liest.

schung zu ersparen. Viele Manuskripte scheitern daher nicht an *auf sie* angewandten universellen Gütekriterien, sondern an den *mit ihnen* emergierenden
Standards.[7]

2. Manuskripte melden Ansprüche an, nicht einfach nur auf Rederechte, sondern auf das Gehör, das sie finden wollen: d.h. auf Zahl und Rang der Leser.
Sie unterscheiden sich wie etwa auch mündliche Beiträge auf Tagungen
danach, wie groß das Publikum ist, bei dem sie Gehör suchen: vom Tuscheln
mit dem Nachbarn über den Einwurf in der Diskussion und das workshop-
paper bis zum Plenarvortrag. Ein Manuskript kann sich als Forschungsnotiz
einer speziellen Soziologie oder als große Theoriesynthese ankündigen und
wird damit völlig verschiedene Lektüren in Gang setzen. Die unterschiedlichen Geltungsansprüche evozieren differenzielle Prüfungshaltungen und fordern Einsprüche heraus. Entweder ein gutachtender Leser trägt die Risiken
hoher Claims emphatisch mit oder – und weit häufiger – der brilliant
geschriebene Beitrag mit dem starken Innovationsanspruch setzt eine ebenso
starke Ablehnungsdynamik in Gang: *Am Anfang wird auf elf Seiten eine Riesen-
kiste aufgemacht, in die später so gut wie nichts hineingepackt wird. ... Die These ist,
sagen wir mal, an sich nicht neu. Das Neue scheint zu sein, dass behauptet wird,
dass das aus zwingenden »systemtheoretischen« Gründen so sein müsse, weshalb es
auch anhand eines einzigen Falles ausreichend demonstriert werden kann.*

3. Manuskripte wecken neben Erwartungen auch Sympathien und Antipathien:
für das, was sie sagen – für eine Schule, ein Thema, eine These – oder für ihr
Outfit: ihre Länge, ihren Jargon, ihre lexigraphische Sorgfalt (»*abitursgefährdende
Orthografie!*«), wobei man von jeder Schwäche absehen kann, wenn man von
einer Stärke eingenommen ist. Man sieht von Schlampigkeiten ab (oder eben
nicht), wenn ein Manuskript aus der eigenen Schule ist – oder von Schulenanti-
pathien, wenn man von der These eingenommen ist. Diese affektive Kontingenz
ist aus zwei Gründen folgenreich für die Manuskriptbeurteilung. Zum einen
platziert die Herausgeberschaft (oder auch schon der Begutachtungsauftrag)
Leser, wie gesagt, in eine mehrstündige Zwangsgemeinschaft mit einem Diskurs, dem sie außerhalb des Peer Review schnell entrinnen würden. Die affektive Ladung ist daher typischerweise hoch. Zum anderen folgt aus der emotionalen Weichenstellung der Lektüre eine latente Entscheidung in einer
grundlegenden Ambivalenz der Gutachter-Rolle: Sympathien für ein Manuskript machen zum konstruktiven Didakten, Antipathien zum kritischen Prüfer.
Divergierende Publikationsempfehlungen sind schon deshalb nicht erstaunlich.

4. Einerseits stoßen Manuskripte, wie gesagt, auf eine generelle Ablehnungsbereitschaft, die in Lektürezwang und sachlicher Indifferenz begründet ist. Editori-

---

7  Es gibt hier eine Parallele mit der immanenten Bewertung von Schülern bei der Zensurenge-
   bung. So wie man dort den Schüler (in seiner zeitlichen Entwicklung) an sich selber misst, so
   misst man auch ein Manuskript (im Lektüreverlauf) an seiner selbstgesetzten Aufgabenstellung.

sches Lesen erfordert eine stoische ›gleichschwebende Aufmerksamkeit‹, die alarmbereit auf die Auslösung von Ablehnungsmotiven lauert. Andererseits ›wecken‹ Manuskripte aber nicht nur Erwartungen, Sympathien, Antipathien etc. – sie schläfern vielmehr auch ein, sie *gewöhnen* ihre Leser an ihre persönlichen Eigenschaften. Bewertungsorientierte Leser raffen sich also zwar zu Beginn eines Manuskripts zu einer Prüfhaltung auf, ›erlahmen‹ aber oft schon nach den ersten Seiten, nachdem sie sich an Thema, Fragestellung und Satzbau eines Autors so gewöhnt haben wie man sich an Stimme und Syntax eines Vortragenden gewöhnt. Wurden Erwartungen nur hinlänglich sanft enttäuscht, so steigt die Folgebereitschaft im Verlauf der Lektüre und der eingelullte Leser kommt zu einer lauen Zustimmung. *Sehr konventionell, sehr moderat, nicht originell. Wir können uns damit also nicht blamieren, aber ohne Manuskriptnot muss es wirklich nicht sein.* +

5. Manuskripte verändern Wissensstände, sie fordern und belehren ihre Leser. Jeder Text hat im jeweiligen Arbeitsprozess des Lesers eine unterschiedliche Brauchbarkeit. Die Formel vom ›Stand der Forschung‹, den etwa ein Gutachter kennen soll, um ein Manuskript zu beurteilen, nimmt eine ganz unwahrscheinliche Gleichverteilung des Wissens über alle sachlich in Frage kommenden Gutachter an. Manuskripte haben vielmehr einen höchst unterschiedlichen Nutzwert in Relation zum Stand des je individuellen Wissens eines Lesers. Dies bringt ein weiteres dynamisches Moment ins Spiel: Manuskripte können den Wissensstand des Gutachtenden, inklusive seinen Wissensstand über den Stand der Forschung, auch verändern. Sie können in einem Maße lehrreich sein, dass sie dringend zur Publikation empfohlen werden *oder* dass kein sicheres Urteil mehr über sie möglich ist.

6. Schließlich lädt ein Manuskript zur Identifikation oder Distinktion ein. Wenn man es wegen seiner Anonymisierung nicht mehr unter dem Aspekt der Bekanntheit des Autors oder der Bekanntschaft mit dem Autor beurteilen kann, so doch jedenfalls unter dem der (intellektuellen) Verwandtschaft mit dem Autor. Travis/Collins (1991) sprechen von ›kognitiver Kumpanei‹. Hier bereitet die Notwendigkeit, Personen für ein Peer Review Verfahren auswählen zu müssen, ein Problem. Es besteht darin, dass hohe Urteilssicherheit mit Verwandtschaft korreliert. Auch hier handelt es sich aber nicht um eine statische Beziehung, die Urteilen über Manuskripte eine vorhersehbare Tendenz geben würde. Zum einen gibt es unterschiedliche Verwandtschaftsgrade und die stärksten Konflikte unterhält man bekanntlich oft gerade mit den engsten Verwandten. Zum anderen ist die identifikatorische Beziehung zu Manuskripten der eigenen Schule ambivalent im Hinblick auf ihre Beurteilung: Einerseits kann ein Leser Manuskripte der eigenen Schule positiver als fremde bewerten, indem er mögliche Einwände zurückhält oder herunterstuft, um die Publikationschancen seiner Sippschaft zu erhöhen. Andererseits (und nach meiner Erfahrung weit häufiger) kann ein Gutachter gerade Manuskripte seiner Schule äußerst kritisch

bewerten, weil die Schwächen einer solchen Publikation auf seine Sippe zurückfallen.

Aus diesen Überlegungen zur Grundeinstellung und zur Dynamik der bewertungsorientierten Lektüre lassen sich zwei Dinge ableiten. Zum ersten können wir feststellen, dass die ›soziale Unberechenbarkeit‹ des Peer Review überhaupt nicht in den stabilen Eigenschaften der Personen begründet liegt, die an der Begutachtungsbeziehung teilnehmen (an ihren verlässlichen ›Vorurteilen‹), sondern in den Kontingenzen, mit denen sich ihre Beziehung *in der Lektüre* entwickelt. Zum zweiten folgt aus der Kombination von Zwangslektüre und sachlicher Indifferenz eine gesteigerte *Form*empfindlichkeit speziell der editorischen Lektüre. Wer wahllos alles zu lesen hat, ohne sich in der Sache engagieren zu können, tut es umso nachdrücklicher in der Form. Der Peer Review beginnt mit *Sprachkritik*, die Primärform der Beurteilung wissenschaftlicher Geltungsansprüche ist die ästhetische Bekundung von Leseerlebnissen, z.B.: *Bitte nicht. Es geht schon mit dem Titel los. Die Einleitung ist keine Einleitung. Keine Fragestellung. Stellenweise liest sich der Aufsatz wie eine gelungene Parodie auf Wissenschaft, z.B. wenn ein Wort zum Anlass wird, eine Kaskade von Literatur auf den Leser prasseln zu lassen. Der Verfasser kämpft mit der deutschen Sprache, man lese doch nur mal S. 3 ... Und sag mir doch mal jemand, was der Abschnitt 3.1. in diesem Manuskript soll?*

›Ästhetisch‹ sind diese Bekundungen nicht nur im engeren Sinne eines geschmacklichen Unwillens (*In den Satzlängen manchmal Annäherung an Thomas Mann*), sondern auch im Sinne einer Dokumentation der Erfahrungen, wie ein Text die eigene Aufmerksamkeit führte oder irreführte, die rezeptive Folgebereitschaft befriedigte oder frustrierte: *Bin selten so souverän und dabei leise durch das Labyrinth des Luhmannismus geführt worden... ✎ Verwirrend: Fängt so technisch an wie eine Forschungsnotiz, will dann eine Hypothese testen, für die ihm die Daten fehlen, und endet mit einem aufgesetzten Plädoyer für eine theoretische Neuorientierung. ✎ Im langen Schlussteil vermisse ich Klarheit und Profil, jedenfalls habe ich mich verloren.*

Das letzte Zitat verweist darauf, dass es für das an der Schnittstelle von Text und Lektüre entstehende Verstehensproblem immer eine Zurechnungsalternative gibt: *Ich habe das Gefühl, dass der Autor an einer Stelle den Faden verloren hat ... Entweder bin ich »erschöpft« oder hier ist tatsächlich ein Bruch.* Man kann Verstehensprobleme nämlich dem Leser – vor allem den eigenen Kompetenzgrenzen – zurechnen (s. dazu 4.), man kann ihnen aber auch eine entschieden diagnostische Wendung geben. ›Diagnose‹ kann dabei im übrigen insofern wörtlich genommen werden, als die Voter Manuskripte oft zu Patienten erklären: *Der Aufsatz krankt vor allem an ... ✎ Das Ms leidet an der deutschen Krankheit: ...* Man kann davon ausgehen, dass dabei ein Leiden des Lesers zu einem Symptom des Manuskripts erklärt wird: Was der Leser vermisst, ›fehlt‹ dem Text. Ein Vorzug dieser Rhetorik liegt darin, dass sie eine Ablehnung moralisch bemäntelt: mit Hilfe eines unverschuldeten – und womöglich behebbaren – Sonderzustands.

Stellen sich solche Zurechnungsfragen auf den ersten Blick als Probleme eines kognitiven Prozessierens von Texten dar, so machen die Bekundungen des Leseerlebnisses aber auch deutlich, dass dieses im Körper verankert ist: Die Lektüre erzeugt psychophysische Zustände mit einer ›untrüglichen‹ Polung. Entweder: *Lesen hat Spaß gemacht.* ✎ *Nach den letzten beiden Manuskripten geradezu eine Erholung.* ✎ *Echt angenehm zu lesen dieses Papier.* ✎ *Ein Aufsatz mit erheblichem Unterhaltungswert ... leichte, interessante Bettlektüre.* Oder: *Der Aufsatz ist langweilig.* ✎ *Das muss nicht sein, das ist so ermüdend* ✎ *Auf S.10 bin ich eingeschlafen* ✎ *Irgendwie hat mich nichts überrascht.* ✎ *Nach erwartungsvollem Beginn eine mehrfach ärgerliche Lektüre* ✎ *Ich fühle mich wie ein Tanzbär mit dem Ring in der Nase im Kreise herumgeführt.* ✎ *Die Sprache ist bis zur Schmerzgrenze und darüber hinaus intellektualistisch aufgeputzt.* ✎ *Eine quälende Lektüre ... Bandwurmsätze und Beamtendeutsch.*

Dabei ist es für den affektiven undercurrent des Peer Review bezeichnend, dass die rezeptive Seite der Schriftkommunikation oft in einer *oralen* Metaphorik beschrieben wird: Lesen ist *Essen* und Manuskripte sind oft Texte in einem Stadium, in dem man sie nicht ›verschlingen‹ möchte:[8] *Ein ungeniessbares Elaborat.* ✎ *Der Autor müsste seinem Leser das Thema schmackhaft machen ...* ✎ *Auch der vorliegenden Fassung kann ich wenig Geschmack abgewinnen.* ✎ *Der Verfasser nippt an vielen Gläsern, ohne Geschmack und Konsistenz der jeweiligen Getränke genauer zu bestimmen. Wir sollten ihn auffordern... »mehr Butter bei die Fische zu tun« und die Butterbällchen exakter zu formen.*

Und was nicht mundet, wird wieder ausgespien: Bei den Bekundungen des Leserlebnisses wird häufig von einem Stilmittel Gebrauch gemacht, das an identische Erlebnisse der anderen Voter appelliert: die bloßstellende Zitierung. Wie aufgelesene Indizien kann alles, was Autoren sagen, gegen sie verwendet werden, seien es Thesen oder Stilblüten: *Z.B. S.4 »Vom ersten bis zum achten Kind wurden jeweils Dummy-Variablen erzeugt«* ✎ *... oder S. 13 »Das Duschen wird von den Vietnamesen sehr stark gewichtet«.*

Mitunter wird die Technik des Zitierens auch für die *moralische* Zuspitzung einer Ablehnung mobilisiert, nämlich unter Zuhilfenahme der Figur ›des Lesers‹, in dessen Namen der Voter zu sprechen beansprucht: *Im ersten Satz des Aufsatzes geht ein Beitrag einem Stellenwert nach, im zweiten trachtet die Sozialstrukturanalyse nach Abbildung, im dritten stellen Theorien einen Rahmen. Nein,*

---

8  Die Vermischung von Geistigem und Leiblichem in literatur- und philosophiegeschichtlichen Metaphern wie »Erkenntnishunger« und »Wissensdurst« hat Francesca Rigotti zu einer »Kleinen Kritik der kulinarischen Vernunft« motiviert. Sie kommt darin zu einer unserer Beobachtung verwandten These: »Das Wort ist Speise, Erkenntnis ist Nahrung, Wissen ist Essen, Schreiben ist Küche« (2002, 26). Der Zerkleinern (Analysieren) und Verrühren (Synthetisieren) von Textzutaten führt dann eben zu bekömmlichen oder abstoßenden Produkten.

*nein und nochmals nein. Ich bin es leid, mich durch solche Manuskripte quälen zu müssen und möchte das auch keinem Leser zumuten.*

Einerseits sind Herausgeber tatsächlich qua Amt exemplarische Leser, andererseits ist die rhetorische Figur ›des Lesers‹ natürlich eine stimmlose Projektionsfläche für ganz unterschiedliche Bedürfnisse – jedenfalls wird sie i.d.R. nur zur Unterstützung des eigenen Urteils und nicht etwa gegen das Urteil aller anderen veranschlagt. Die ironische Zitierung, die in taktischer Hinsicht als ›Revanche‹ erscheint, macht in kommunikativer Hinsicht die Rede vom ›Leserecho‹ sinnfällig: Wie man in den Leser hineinruft, so schallt er zurück. Eine herbe Stilkritik ist aber nicht das Schlimmste, was einem Manuskript widerfahren kann – sie kann im Einzelfall durchaus mit einer Publikationsbefürwortung gepaart sein. Der ›worst case‹ für ein Manuskript ist vielmehr – wie für publizierte Aufsätze auch – der frühe Verlust des Lesers: wenn einzelne Herausgeber sich einmal der durch das Amt auferlegten Lesepflicht verweigern: *Ein Alptraum. Zwei Seiten Lektüre haben mir gereicht. Versteh› einer das Gutachten A.* ✎ *Ich habe S. 6 aufgehört, wo der Autor einräumen muss, dass eine Grundvoraussetzung …* ✎ *Sorry! Einem Ms dieses sprachlichen Zustands möchte ich die Begutachtung verweigern.* ✎ *Die Verärgerung der Gutachterin kann ich verstehen. Ich habe nach 10 Seiten aufgegeben …*

## 3.   Das Einklinken von Urteilen ins Verfahren

Bislang haben wir das Votieren als eine spontane Bekundung betrachtet, die offen für ungefilterte Affektivität ist (u.a. deshalb, weil die Voten anders als die Gutachten i.d.R. nicht unverändert den Autoren mitgeteilt werden). Das Votieren ist aber mindestens ebenso sehr ein komplexer strategischer Zug in einem arbeitsteiligen und zeitlich gestaffelten Verfahren. Verglichen mit den Gutachten, die als punktuelle (und u.U. einmalige) Beiträge Abwesender in das Verfahren eintreten, werden die Voten als laufende Beiträge zu einem dauernden kommunikativen Zusammenhang ›ZfS‹ abgegeben. Dazu gehört, dass sie Urteile formulieren, die u.U. später auch mündlich vertreten werden müssen, d.h. sie sind zugleich unabgeschlossener *und* in bestimmter Hinsicht verbindlicher.

Wie also klinken sich die Voten in die zeitlichen Sequenzen des Verfahrens ein? Sie werden nicht einfach nur zu einem spezifischen Zeitpunkt des Peer Review verfasst, sie enthalten vielmehr auch ganz unterschiedliche Zeithorizonte: Sie artikulieren, wie gesehen, Stoßseufzer während der Lektüre, kommentieren aber auch ein vorgängiges Gutachten, nehmen ein divergierendes Votum vorweg, antizipieren Diskussionsverläufe auf der Herausgebersitzung (für die sie Rederechte anmelden), besorgen sich um die Heftplanung an deren Ende und notieren Überarbeitungsaufträge für den Autorenbrief. Sie antizipieren also unterschiedliche zukünftige Phasen des Prozesses bzw. sie nehmen – viel stärker als die Gutachten – eine Position in einem antizipierten Verfahrensgang ein. Ein Beispiel:

*+/- ... Ich wäre durchaus bereit, den Beitrag an irgendeinem der Punkte aus den Gutachten scheitern zu lassen, würde aber die Ms-Lage entscheiden lassen. Im Publikationsfall wäre jedenfalls mindestens Folgendes zu erledigen (6 Spiegelstriche).*

In diesem Kommentar sind eine ganze Reihe von antizipativen Dimensionen enthalten: die Heftplanung (»Ms-Lage«), das Entscheidungsergebnis (»im Publikationsfall«), die Darstellbarkeit der Entscheidung im Autorenbrief (»scheitern lassen«) und die Überarbeitungsinstruktionen für die Zeit ›zwischen den Sitzungen‹ (»zu erledigen ...«). Betrachten wir diese Vorgriffe einmal chronologisch.

Wir konnten bereits feststellen, dass Voten in ihrer Funktion als Sprechzettel Erinnerungsprobleme auf der Herausgebersitzung antizipieren. Darüber hinaus sind sie aber natürlich auch konstant darauf eingestellt, dass sie sich als Urteile in ein Feld platzieren, in dem Divergenz normal ist, Konsens sich ergeben mag, aber auch Dissens droht. Daher nehmen sie vor allem Mehrheitsverhältnisse und Einwände anderer Voter vorweg: *(+) ... Abzulehnen wäre es m.E. nur mit dem Argument mangelnder Originalität.* ✎ *Schade drum ... Gibt es außer mir noch jemanden, der sich hierfür erwärmen könnte?*

Werden hier möglicherweise kontroverse Entscheidungen erwartet, nutzen andere rhetorische Formen eher die Chancen der Arbeitsteiligkeit des Gremium. So werden offene Fragen notiert und die persönliche Entscheidung bisweilen vollständig zu einem Auftrag an das Gremium gemacht: *Eigentlich ganz witzig und es scheint mir auch was dran. Wollen wir's als Essay abdrucken?* ✎ *Im Ergebnis nicht sonderlich überraschend, oder? Wollen wir uns die Arbeit machen?* ✎ *Der theoretische Ertrag ist nun so groß ja doch nicht, aber wir werden jetzt wohl ohnehin nicht mehr darum herumkommen – oder?*

Definieren solche Äußerungen die Entscheidung, ›vor‹ der man stehen wird, so nehmen andere erst zur Situation *nach* einem möglichen Entscheidungs*ergebnis* Stellung: *Im Publikationsfall teile ich die Überarbeitungswünsche von Herausgeber F.* ✎ *Detailkritik bringe ich gerne an, wenn wir uns zu einem Abdruck entschließen.*

Noch weiter reichen Antizipationen der Heftplanung am Ende der Herausgebersitzung, die in Bezugnahmen auf ›die Manuskriptlage‹ stecken. Es sind weniger Feststellungen der Zahl zu entscheidender Beiträge (des zu lesenden ›Stapels‹), sondern Abschätzungen der ›vielversprechenden‹ Beiträge, also Antizipationen der Summe von *positiv* entschiedenen. Das Argumentieren mit der ›Manuskriptlage‹ steht insofern in einer reflexiven Beziehung zum Entscheidungsergebnis. Für die rhetorische Figur der ›Manuskriptlage‹ folgt daraus: Je öfter ein Voter sie für oder gegen Manuskripte einsetzt, desto stärker wird sie entwertet. Wer etwa mehrfach mit einer ›guten Manuskriptlage‹

gegen Manuskripte argumentiert, kann eine Knappheit von Beiträgen erzeugen, die das Argument unterläuft: *Hätten wir Manuskriptmangel, könnten wir
mit dieser harmlosen Hommage nicht allzuviel falsch machen. Da wir ihn nicht
haben, bin ich dagegen. ✎ Wenn die Manuskriptlage besser wäre, würde ich mit
einem glatten ›Nein‹ votieren. So aber (–)*
Schließlich antizipieren die Voten auch den Brief, der dem Autor die Ergebnisse des Verfahrens mitteilen wird. Seine mittelbare Adressierung tritt neben
die der Kollegen und des Ego, das den Sprechzettel umsetzen soll. Der Autor
findet sich zum einen in den vielen Detailhinweisen der Kommentare, mit
denen die Voter »Kleinigkeiten« für die Überarbeitung notieren; zum anderen
kann das Urteil von der Darstellbarkeit der Publikationsentscheidung gegenüber dem Verfasser mitbestimmt werden. Das gilt vor allem für wiedereinge-
reichte Manuskripte. So wie es ausgeschlossen ist, ein Manuskript, das trotz
starker Überarbeitungsauflagen nicht verändert wurde, zu akzeptieren, so kann
man ein akkurat überarbeitetes Manuskript schlecht mit neu aufgeworfenen
Gründen ablehnen, auch wenn es nicht recht überzeugt.[9] Dass der Autorenbrief besonders von jenen Herausgebern antizipiert wird, die mit den Autoren
korrespondieren (also den Redakteuren), ist den Teilnehmern durchaus
bewusst: *Ich bin interessiert daran zu sehen, wie Herr A dem Kollegen B erklärt, dass
dieser Welt, Geist und Weltgeist umspannende Artikel nicht zu veröffentlichen ist. –*


## 4.   Die Selbstbeurteilung des Urteils

Können sich die Voten auf diese Weise in ein arbeitsteiliges Verfahren einklin-
ken und an seinen verschiedenen Zeitpunkten zur Geltung bringen, so
erzwingt die Aufforderung zur schriftlichen Selbstfestlegung individueller
Urteile andererseits auch eine Art Simulation der Entscheidung: Es ist ein
Urteil zu fällen, als müsste allein entschieden werden. Das Votieren ist insofern
wie ein Testlauf, eine Probeentscheidung. Auf der anderen Seite ist diese Ver-
fahrensanforderung aber auch eine chronische Überforderung, da das Urteil
von Herausgebern anders als das von Dozenten in der Lehre oder als das von
Kollegen oder Fachgutachtern in einem Forschungsgebiet durch eine regel-
mäßige Unsicherheit in der Sache gekennzeichnet ist. Herausgeber einer
fachuniversalen Zeitschrift können immer nur selektiv ›einschlägig‹ für
Manuskripte sein. Dafür sorgt schon die hochgradige Differenzierung von

---

9 Dieser Fall kann deshalb leicht auftreten, weil sich die Lektüre eines Textes auf der Basis ihrer
  sozialen Kontingenzen nachdrücklich von der Speicherung von Daten unterscheidet. Der
  Eindruck kann – wie auch bei erneut gelesenen publizierten Texten – changieren. Die zweite
  Lektüre macht dann, wie die Leser sagen, Stärken oder Schwächen »erst erkennbar«. Dies
  folgt in einer arbeitsteiligen Lektüre nicht einfach aus gesteigerter Lesegenauigkeit, sondern
  aus einem sozialen Austausch von ›Lesebrillen‹: Die Einwände anderer werden nachvollzieh-
  bar, wenn ihre Voten nun als neue Optik wirken.

Fachsprachen innerhalb einer Disziplin wie der Soziologie – zwischen theoretischem Jargon und mathematischer Simulation. Sie schafft eine elementare (und wachsende) Unverständlichkeit von Manuskripten verschiedener Schulen.

In dieser ›Klemme‹ – einerseits gewissermaßen ›erwartete Hochstapelei‹[10], andererseits evidente Kompetenzgrenzen – entfalten die Voten neben der verlangten Gütezuschreibung an das Manuskript immer auch eine explizite oder implizite Selbsteinschätzung. Sie beurteilen sich durch ihre rhetorische Form auch selbst als ein Urteil. Sie tun dies zum einen im Hinblick auf Kompetenzclaims: ob sie ein ›gutes Urteil‹ sind. Zum anderen beurteilen sie sich im Hinblick darauf, wie stark sie ›besetzt‹, d.h. mit mehr oder weniger klaren Meinungen verbunden sind. Kurz, die Voten markieren, wie kompetent oder unsicher und wie entschlossen oder beeinflussbar sie sind. Schauen wir uns diesen reflexiven Aspekt der Selbstbeurteilung des Urteils einmal genauer an.

Die Selbstbeurteilung der *Kompetenz* eines Voters findet mit unterschiedlichen Stilmitteln statt: durch die Wahl eines moderaten oder klaren Zeichens, durch die Wahl von emphatischen oder vorsichtigen Bewertungsattributen, durch die Länge des Kommentars, den Grad der Anlehnung an die Gutachten oder an andere Voten bzw. die Selbständigkeit des Urteils, den Grad der rhetorischen Exponierung usw. Nachdrückliche Kompetenzdemonstrationen liegen in der schieren Dehnung eines Votums zu einem Quasi-Gutachten, das eine Vielzahl von Argumenten aufbaut, darunter auch die Demonstration von Spezialkenntnissen. Besonders exklusiv wirkt ein Namedropping für Rezeptionslücken eines Manuskripts, weil es analoge Kompetenzlücken bei den Herausgeberkollegen konstituiert. Sie finden sich in dieser Hinsicht auf ›eine Seite‹ mit dem Autor distinguiert. Weit häufiger als solche Emphase sind jedoch disclaimer des Urteils. Der offenkundigste Fall ist die explizite Enthaltung: *Dazu könnte ich nur meine inkompetente »Meinung« abgeben. 0 ✎ Fachlich kann ich das Ms nur bis Seite 8 beurteilen. Bis dahin handelt es sich um … Aber ob die Operationalisierung des theoretischen Konstrukts gelungen ist, mögen Fachleute beurteilen. 0*
Andererseits kann eine solch starke Selbstbeschränkung der Urteilskraft nur die Ausnahme sein. Die Geste hat ihre Grenzen in den Anforderungen, Entscheider zu sein: (nach einer Reihe von Enthaltungen:) *Wenn das so weiter geht mit den Manuskripten, trete ich wegen Inkompetenz ab.*
Der häufigste Fall von disclaimer ist daher das Urteil unter Kompetenzvorbehalt, bei dem ein Voter seiner Verpflichtung zum Entscheidungsvorschlag nachkommt, diesen aber – auch bei ›klaren‹ Votenzeichen – durch den Kom-

---

10 Ein Herausgeber der frühen 80er Jahre erinnert sich an eine Zeit des Votierens mit schwachen oder fehlenden Fachgutachten: »Wer ist schon in der Lage Manuskripte eines solchen Spektrums der Soziologie kompetent zu beurteilen – es war doch viel Hochstapelei dabei damals«. Eine Herausgeberin der 90er Jahre mit Blick auf ihre vielen Enthaltungen im tabellarischen Votenüberblick: »Ach, bin ich wieder die einzige, die zugibt, dass sie keine Ahnung hat?«

mentar in eine Art impliziter Klammer setzt: *Kann inhaltlich nichts dazu sagen. Ist aber klar strukturiert und gut lesbar. +* ✎ *Setzt interessant an, scheitert aber – nach meiner Wahrnehmung als inkompetenter, aber interessierter Leser – in der Durchführung kläglich ...* ✎ *Kann ich nicht kompetent beurteilen; meine Wahrnehmung als Außenstehender: ...* ✎ *Vorausgesetzt, die Technik stimmt, erscheint mir dies als ein wirklich vorzüglicher Artikel, der wie er ist gedruckt werden könnte.*

Neben solchen (In)kompetenzmarkierungen besteht eine zweite reflexive Dimension der Voten, wie gesagt, in ihrer *Meinungsintensität*. Diese Dimension ist nicht ganz unabhängig von der beanspruchten Kennerschaft[11], aber in die Meinungsintensität fließen auch thematische Interessen, Sympathien und Antipathien (etwa als Reaktion auf eine Polemik gegen den eigenen Ansatz) ein. Man kann sagen: Die Meinungsintensität besteht nicht in der Selbsteinschätzung, wie gut sich ein Urteil gegenüber dem Manuskript halten lässt, sondern in einer *Ankündigung*, wie sehr es gegenüber abweichenden Urteilen aufrechterhalten werden soll. Mit diesem Aspekt der Gewichtung des eigenen Urteils positionieren sich die Voter also zur (antizipierten) Konstellation von Urteilen auf der Herausgebersitzung: Sie nehmen Rollen des Entscheidungsverlaufs ein.

Markierungen der Nachdrücklichkeit des Urteils liegen ebenfalls bereits in der Wahl des mathematischen Zeichens: von der Passivität signalisierenden Enthaltung (0) über die moderaten Zeichen (–) (+) bis zu den polaren Einschätzungen. Die Vorzeichen können dabei auch selektiv zur Unterstreichung der kritischen oder der lobenden Passagen des Votums eingesetzt werden. So können Einwände in einem ansonsten wohlwollenden Votum durch ein knauserndes (–) ›unumgänglich‹ gemacht werden, oder so kann ein + trotz einer Reihe von Einwänden einen ›starken Einsatz‹ für die Herausgebersitzung ankündigen: *Ein praller Feldforschungsbericht, der mit einer ganzen Reihe von überraschenden Einsichten ein Musterbeispiel verstehender Soziologie ist. Gegenüber diesem Potential finde ich die fehlende Disziplin des Beitrags (Überlänge, Struktur, Methode) entschuldbar. Der Autor sollte vor allem eine Einleitung ergänzen, die ... +*

Was die verwendeten Attribute betrifft, lassen sich die einnehmbaren Positionen danach differenzieren, wie emphatisch sich die Voter zur Möglichkeit der Publikation verhalten: mit Nachdruck dafür (»*unbedingt*«), mit Sympathie (»*gerne*«), ohne Leidenschaft, aber auch ohne Gegenwehr (»*meinetwegen*«), mit Bedauern dagegen (»*schade*«), nur unter Zurückweisung von Verantwortung (»*ohne mich*«) oder mit Nachdruck dagegen (»*nur über meine Leiche*«). Und diese Markierungen bestimmen neben denen der Kompetenz eines Urteils wesentlich, welche Relevanz seine evaluative Tendenz im späteren mündlichen Entscheidungsverlauf haben wird. Schauen wir uns Beispiele für jede Kategorie an:

---

11 Dies gilt freilich nicht nur, weil Kennerschaft Meinungsführerschaft sichern kann, sondern auch umgekehrt, weil Sachkenntnis auch hinderlich für starke Meinungen sein kann.

**unbedingt**: *Brilliant! Ein höchst informativer, konzeptuell innovativer und sehr gut geschriebener Bericht über work in progress.* +

**gerne**: *Ein schönes MS, das ich gerne gelesen habe, attraktives Thema, lehrreich und gut geschrieben.*

**meinetwegen**: *Ich habe keine Aktien an diesem Artikel. Immerhin liest er sich jetzt besser und die gröbsten Fehler sind beseitigt.* +

**schade**: *Schade. Schönes Thema, sehr materialreich, aber methodisch und theoretisch absolut amateurhaft.*

**ohne mich**: *Wie repräsentativ sind die herangezogenen Quellen (sehr, sagt Gutachter A – weiß er dies aus seinem allgemeinen Bildungsfundus oder kann er es dem Text entnehmen?) – wie zwingend die Ableitungen? Trotz der Aktualität des Problems ... hätte ich das Ms eher abgelehnt, nach Lektüre des Gutachtens erkläre ich mich für unzuständig.* 0

**auf keinen Fall**: *Globalistisch, spekulativ, schwülstig, befangen in peinlichen Selbstzitaten, Stadium des Forschungsantrags: unbrauchbar.*

Bei dieser Differenzierung des Urteils geht es nicht um die Skala der Entscheidungskategorien und auch nicht um sein ›Kompetenzgewicht‹, sondern um Grade der Beteiligung am Entscheidungsprozess: ob ein Voter mit ›voller Verantwortung‹, als Mitspieler, eher unengagiert, unter Ablehnung von Verantwortung oder nur ›unter Protest‹ eine Publikation mittragen würde. Dabei bringt die Markierung der ›inneren Beteiligung‹ des Voters am Meinungsbildungsprozess zugleich erneut die affektive Beziehung des Lesers zum Manuskript zum Ausdruck.

## 5. Das Anschließen von Urteilen an Urteile

Die schriftliche Festlegung eines individuellen Urteils soll im Verfahren der Zeitschrift die Unabhängigkeit der Meinungsbildung sichern und einer Fragmentierung des Entscheidungsprozesses i.S. vorschneller Kompetenzdelegationen vorbeugen. Das tut sie auch, insofern sie zur Lektüre verpflichtet und so Mitsprachemöglichkeiten eröffnet. Auf der anderen Seite können die meisten Voten aber schon mit Kenntnis anderer Urteile abgegeben werden. Ein oder zwei Fachgutachten liegen i.d.R. bereits vor und je später man sein Votum abgibt, desto mehr Urteile der Herausgeberkollegen kann man kennen. Die Voter haben also neben dem oben dargestellten antizipierenden *Vorgriff* auf zukünftige Phasen des Verfahrens auch die Möglichkeit eines *Rück-*

---

12 So lassen sich an der Reihenfolge der Anfertigung bzw. Zusendung der Voten bisweilen Statusrivalitäten ablesen, etwa wenn sich das Muster wiederholt, dass Herausgeber A in großer Regelmäßigkeit ›der erste‹ mit seinem Urteil ist, unmittelbar gefolgt von B (der auf ihn Bezug nimmt), während die übrigen drei Kollegen sich gemächlich Zeit bis kurz vor der Sitzung lassen.

*griffs* auf bereits vorliegende Beiträge zur Entscheidung. Die Urteile können an andere Urteile anschließen.

Ob sie dies im konkreten Fall tatsächlich tun, ist aufgrund unseres Datenmaterials oft nicht zu entscheiden. Eine Dokumentenanalyse abstrahiert hier von der Zeit, nämlich von der Reihenfolge, in der Äußerungen gemacht wurden. Ob ein Votum vor oder nach einem Fachgutachten, vor oder nach einem anderen Votum abgegeben wurde, ist für die Teilnehmer bisweilen nicht unerheblich,[12] im Material aber nur im Fall des expliziten Anschlusses an ein vorgängiges Urteil erkennbar. Außerdem ist nicht mit Sicherheit zu sagen, ob einem späteren Zeitpunkt des Votens auch tatsächlich eine Lektüre vorgängiger Urteile vorausging. Die Teilnehmer berichten hier von unterschiedlichen Praktiken: z.B. dass sie ein Gutachten zur Vorsortierung ihrer Lektüreintensität einsetzen, oder dass sie es nur dann vor ihrer Lektüre rezipieren, wenn sie sich in einer Sache kein gutes eigenes Urteil zutrauen, während sie sich in anderen Fällen dem Einfluss der Gutachter eher entziehen, um ihr Urteil an deren überprüfen und ›messen‹ zu können. Auch dann bleibt freilich die Frage, ob das Votum vor oder nach diesem Vergleich niedergeschrieben wurde. Nur in seltenen Fällen geben uns die Voten hier einen klaren Einblick: *Im Vergleich mit den übrigen Arbeiten könnte ich mir einen Druck vorstellen. Muss aber erst noch das Gutachten von S genauer lesen!!!*

Unter dieser Beschränkung, dass es im folgenden nur um explizite Anschlüsse von Urteilen aneinander gehen kann, seien nun die zwei weiteren Referenzpunkte eingehender betrachtet, die ein Votum neben dem beurteilten Manuskript und neben seiner Selbstbeurteilung auch noch haben kann: die Fachgutachten (5.1.) und die Voten anderer Herausgeber (5.2.).


## 5.1.  Anschlüsse an Gutachten

Die Gutachter werden mit ihrer ›Stimme‹ in den Voten regelmäßig aufgerufen und diskutiert. Dabei werden ihnen drei zentrale Funktionen in der Arbeitsteiligkeit des Verfahrens zugeschrieben: die Unterstützung der Urteilsbildung, die Formulierung von Ablehnungsgründen und das Unterbreiten instruktiver Überarbeitungsvorschläge. Die letzten beiden Funktionen beziehen sich im Verfahrensverlauf auf den Autorenbrief. Gutachten können für die Darstellung abschlägiger Entscheidungen z.B. unbrauchbar sein, wenn sie sich auf ein paar unverbindliche Zeilen beschränken, wenn sie ein Manuskript nach Ansicht des Voters zu unkritisch beurteilen, wenn es ihnen an Begründungen mangelt oder wenn sie ihrer polemischen Form wegen nicht mitteilbar sind: *Das Gutachten von D können wir nicht zuschicken, ich möchte sowas jedenfalls nicht bekommen.* Für die Instruktion einer Überarbeitung werden die Gutachten dagegen nicht nur oft als »hilfreich« gelobt, ihre diesbezüglichen Angebote können sogar den Entscheidungsvorschlag bestimmen, dann nämlich, wenn die Voter ohne die Sachkompetenz der Gutachter keinen klaren Überarbeitungsauftrag für eine Aufforderung zur Wiedereinreichung formulieren können: *Nur wenn die Gutachten klare Überarbeitungsvorschläge liefern, wäre ich für Aufforderung zur Wiedereinreichung.*

Was die Funktion der Unterstützung der Urteilsbildung betrifft, so wird diese hochselektiv in Abhängigkeit von einer Reihe von Faktoren wirksam. Zunächst gibt es bestimmte inhaltliche Aspekte, in denen die Beurteilungsleistung der Gutachter nachgefragt wird, typischerweise etwa die Rezeptionsleistung des Autors, die Innovativität und die methodische Richtigkeit eines Beitrags. Ferner werden Gutachten bei sehr speziellen Manuskripten als eine elementare Verstehenshilfe beansprucht: als Optiken, die eine Schrift überhaupt erst entzifferbar machen. Diese ›Vorfahrt-Regelung‹ wirkt auch, wenn Gutachten eine Entscheidung so weitreichend vorbereitet haben, dass ein Votum nur noch ›Konsequenzen‹ aus ihnen zu ziehen hat: *Wenn die Fachgutachter sagen, dass dies nur ein Reviewaufsatz werden kann, so ist mir die rezipierte Literatur zu dünn und das Thema zu eng für ein solches Unternehmen. Also –*

Nun ist die Funktion der Urteilsunterstützung aber nicht in allen Fällen so leicht erfüllt. Dies hat drei Gründe. Zum ersten gibt es eine Vielzahl von Aspekten eines Manuskripts, bei deren Beurteilung kein spezialisierter Sachverstand vonnöten ist, so dass die eigenständige editoriale Urteilsbildung in *Konkurrenz* zu der des Gutachters treten kann. In dieser Konkurrenz befindet sich der votende Herausgeber zweitens in der günstigen Position einer Zweitinstanzlichkeit, die ›Vor-Urteile‹ zu bewerten und gegebenenfalls zu korrigieren hat. Eine Hauptaufgabe der Herausgeber, also der Entscheider in Peer Review Verfahren besteht eben darin, einen ›supervidierenden‹ Blick auf die Fachgutachten zu nehmen: auf ihre Parteilichkeit und strengen oder milden Urteilsstile, ihre Erwartungshaltungen im Vergleich mit den Absichten des Autors (*A will einfach einen anderen Artikel haben*) und auch auf ihre Qualität. Diese variiert z.T. stärker als die von Manuskripten, da sich Autoren immerhin laufend am Muster publizierter Aufsätze orientieren können, während Gutachter nur auf gelegentliche briefliche Aufforderung reagieren und i.d.R. viel weniger Erfahrung als Gutachter denn als Autoren haben. Drittens schließlich bestimmt auch die Qualität eines Manuskripts noch den Bedarf an Urteilsunterstützung: *M.E. ... fachlich vorzüglicher Artikel. Aber gerade bei guten Artikeln ist das GA von Fachleuten besonders wichtig. Mist kann man von alleine aussondern ...*

Bei welchen Manuskripten welches Urteil ›zum Zuge kommt‹, hängt also von einer komplexen Triangulierung der editorialen Urteile über das Manuskript, über das eigene Urteil und das Gutachterurteil ab. Es gibt daher unterschiedliche Formen der Verzahnung und verschiedene Optionen der Arbeitsteiligkeit. Nach diesen Vorentscheidungen gibt es für die Voter zwei verschiedene Optionen, mit der Bewertungstendenz eines Gutachtens umzugehen: das Folgen (i.S. eines gleichlautenden Urteils), und die Abweichung (nach ›oben‹ oder

›unten‹). Jeder der Züge ist zugleich mit einer – nicht unstrategischen – Evaluation des Gutachtens verbunden: Affirmative Anschlüsse wie Abweichungen können (anders als bei den Herausgebervoten!) mit seiner Qualität begründet werden.

*Folgen* können Voten auf verschiedene Weise. Viele ›folgen unauffällig‹, d.h. geben die eigene Stimme an den Gutachter ab (*Das Gutachten P enthält alles für eine Entscheidung Nötige*). Diese Form des Anschließens entspricht den häufigsten Formen des Zitierens in den Manuskripten: Man ersetzt ein Argument durch einen Namen. Dieser Fall findet sich nicht nur in den Formulierungen häufig, es ist auch damit zu rechnen, dass dieser unauffällige Anschluss i.d.R. noch unauffälliger vollzogen wird, nämlich ungesagt bleibt. Dann bleibt auch ganz unentscheidbar, ob sich ein Voter hinter einen Gutachter stellt oder sich hinter ihm versteckt.

Die Voten können aber auch widerstrebend folgen, und sich vom Gutachten überzeugt zeigen (*A hat schon recht*) oder selektiv folgen, z.B. indem sie von Überarbeitungsvorschlägen abweichen: *Die Hinweise von P beachten, aber nicht auf eine Forschungsnotiz abmagern.* Sie können aber auch, im Gegenteil, das Gutachten vereinnahmen, das eigene Urteil durch eine Allianzbildung munitionieren, indem das Gutachten starkem Lob ausgesetzt wird: *Ich schließe mich dem ausgezeichneten Gutachten von H an ...* Schließlich können Voten affirmative Anschlüsse vollziehen, die ›einen Unterschied machen‹, indem sie aus ihrer supervidierenden Position heraus vergleichende (›zweiäugige‹) Einschätzungen der Gutachten formulieren: *Habe hier von der Sache keinen Schimmer, aber mir reicht, dass D und F das Ms aus ganz unterschiedlichen Positionen (d.h. exmanent und immanent) recht vernichtend kritisieren.*

Beim affirmativen Anschließen stoßen wir, wie gesagt, auf Grenzen unseres Datenmaterials, das Gesagtes vor Ungesagtem prämiert. Derselbe Bias findet sich symmetrisch nun auch bei *Abweichungen* der Voten von den Gutachten: Sie dominieren allein deshalb schon im Material, weil Abweichungen Begründungsbedarf aufwerfen. Wir können zwei Fälle unterscheiden: Bei negativen Abweichungen vom Gutachten werden Manuskripte durch ein ›kritischeres‹ Urteil abgewertet, bei positiven Abweichungen moderieren Herausgeber auf verschiedene Weise zwischen Gutachter und Autor, indem sie das Manuskript aufwerten, den Autor ›in Schutz nehmen‹ usw. In beiden Fällen finden sich mehr oder weniger aufwändige Formen der Distanzierung vom Gutachterurteil.

Die einfachste Form ist die *Rekodierung*: eine nicht weiter begründete Umwandlung des Urteils, die zwischen den Argumenten und der Publikationsempfehlung des Gutachters unterscheidet und aus den Gutachtenkommentaren einen anderen Verfahrensvorschlag ableitet: *M.E. springt P zu hart mit diesem Ms um. Aus meiner Sicht ein gut geschriebener, sauber argumentierender und problembewusster Beitrag. P hat aber recht, wenn sie bemängelt ...✎ Die*

*Gutachter behandeln den Autor sehr lieb ... Wenn C seinen eigenen Einwand ernst nimmt: ..., kann er das Manuskript nicht für eine Fachzeitschrift empfehlen.*

Eine andere Form der Abweichung besteht in einer selektiven *Neugewichtung* von Argumenten: Gutachter-Einwände werden in ihrer Stoßkraft zugespitzt oder sie werden ›aufgefangen‹, indem sie von ›Killerargumenten‹ auf begrenzte Aspekte oder behebbare Schwächen heruntergestuft werden: *Was in den Gutachten anklingt, muss man m.E. schärfer sehen: ...* ✎ *Eine dem Standard entsprechend konzipierte Untersuchung ... zu einem aktuellen, interessanten Thema. Insofern finde ich Ds Gutachten zu negativ (dies bemängelt nur Details der Empirie)* Im Sinne einer eigenständigen Meinungsbildung gehen die Voten aber auch regelmäßig über einfache Recodierungen und Neugewichtungen hinaus. Sie distanzieren sich stärker, ›halten gegen‹ die gesamte Bewertungstendenz der Gutachten: *Ds Begeisterung ist mir unbegreiflich ...* ✎ *Ein interessanter Text. M liegt m.E. neben der Sache ...* Dabei wappnen die Voter ihre Opposition gerne mit ›ad hoc Theorien‹: *Ich find A's GA ›daneben‹ und kann es nur als Gefälligkeitsgutachten verstehen.* ✎ *Sehr interessant i.S. von L. H hat sich wohl auf den Schlips getreten gefühlt.* ✎ *A urteilt zu hart, weil er zwei Stärken des MS gegeneinander ausspielt ...* ✎ *Mir erscheinen beide Gutachten zu freundlich und nur vom Thema eingenommen (wie ich auch).*

Solche ›Theorien‹ über die Entstehung eines ›Fehlurteils‹, die ein Gutachten gründlich zu entkräften versuchen, gehören gewissermaßen zur ›angewandten Wissenssoziologie‹ der Herausgeberschaft. Nicht nur die Autoren also werden je nach Entscheidung über ihr Manuskript opportunistische Wissenssoziologen, diese Form der ›Dekonstruktion‹ gehört auch zum Teilnehmerrepertoire von Herausgebern (und dies ganz unabhängig davon, ob sie sich selbst als Wissenssoziologen verstehen).

Die Herausgeber können ihre Position als ›später Urteilende‹ aber nicht nur für die Rollendifferenzierung von den Gutachter-›Peers‹ nutzen, sie können auch einen dritten ›Peer‹ – den Autor – durch explizite Parteinahme gegen die Gutachter stützen. Bleiben solche Parteinahme im Rahmen einer schiedsrichterlichen Äußerung, so kann die Herunterstufung von Gutachtereinwänden zu ›behebbaren Schwächen‹ zu einer Rollenverschiebung führen: Der Herausgeber moderiert so stark zwischen Gutachter und Autor, dass er wie ein Koautor (oder Ghostwriter) anstelle des Verfassers argumentiert: *Teile alle von A und B gemachten Einwände, neige aber dennoch zu einer konditionierten Publikationszusage, weil ... Ich will deshalb nur zwei Reparaturvorschläge für die Einwände der Gutachter machen: ...*

Es ist dabei bezeichnend, dass den Gutachtern zugleich ›auf ganzer Linie‹ zugestimmt wird. Es wird nicht gegen sie, sondern gewissermaßen ›an ihnen vorbei‹ argumentiert. Dies hat nicht einfach den Grund, dass Abwesende leicht übergangen werden können, sondern auch den, dass sie gerade nicht übergangen werden können: Würde man die Gutachtereinwände der Sache

nach bestreiten (was natürlich auch vorkommt), entzöge man dem Urteils-
prozess in dem Maße Fachkompetenz, in dem die Herausgeber selbst das
›eliminierte‹ Argument nicht mehr substituieren können. *Beanspruchung* und
*Sicherung* der Entscheidung befinden sich hier (wie auch im Anschluss an
Herausgebervoten) in einem permanenten Zielkonflikt.

Der Spielraum der Voter wächst in dieser Hinsicht, wenn sie nicht nur auf ein
Gutachten zurückgreifen, sondern eine vergleichende Betrachtung zweier
Gutachten anstellen können. Handelt es sich nicht um tendenzgleiche Gutachten, sondern um ›split votes‹ oder auch um inhaltlich divergierende Gutachten, können diese als konkurrierende Evaluationsangebote genommen
werden, zwischen denen gewählt werden kann: *E gefällt nur die Tendenz des
Beitrags, A beurteilt ihn auch überzeugend.* ✎ *Die Gutachten bieten zwei recht verschiedene Beißwerkzeuge: ich schließe mich dem bissigen und nicht dem zahnlosen
an.* ✎ *Ks grantiges Gutachten scheint mir Partei: ... Js Gutachten ist sehr gut und auf
der Linie der Problemstellung der Autoren.*

Eine solche vergleichende Beurteilung der Gutachten kann freilich auch leicht
in eine Problematisierung der Gutachter-Auswahl übergehen, also zum Rückblick auf die Verfahrenseröffnung motivieren: *Warum um alles in der Welt wurde
Herr A als GA für diesen Beitrag ausersehen?*


## 5.2.  Anschlüsse an andere Voten

Mindestens ebenso relevant im Meinungsbildungsprozess der Voter ist ihre
Einbindung in die Arbeitsteilung und interne Konkurrenz des Herausgeber-
gremiums. Die Voter orientieren sich in ihrer Urteilsbildung auch aneinander,
etwa mit dem Ziel, Übereinstimmung zu suchen. So hilft die Orientierung an
in der Sache kompetent scheinenden Kollegen, mit dem eigenen Votum
jedenfalls kein unhaltbares Urteil zu dokumentieren. Die Teilnehmer wissen
z.B., dass ein Zeichen von A bei einem Theoriebeitrag ein vielfaches von einem
gleichen Zeichen von B ‹wiegt›, und dies auch unabhängig davon, ob As
Votum im konkreten Fall entsprechende Kompetenz beansprucht oder nicht.
Und sie wissen: Wenn es dann noch ein negatives Zeichen ist, ist der Argu-
mentationsaufwand *für* ein Manuskript sehr hoch.

Andererseits können die Voten aber auch gerade Dissens markieren, in Opposition zu vorliegenden Kollegenurteilen gehen und so recht dialogische Qualitäten bekommen. Was sie dann im Hinblick auf die Pragmatik der Kommunikation tun ist, Rederechte anzumelden und zu reservieren. In Bezug auf
diese Option sei aber erneut an das methodische Problem der beschränkten
Erkennbarkeit solcher Anschlüsse erinnert. Viele sind an der Textgestalt nicht
nachweisbar, liegen aber sehr wohl innerhalb der Dechriffierungsmöglichkei-
ten der Teilnehmer, etwa wenn Voter die Stellungnahmen anderer dergestalt
antizipieren, dass sie versuchen, erwartbaren Einwänden gegen ein Manus-

kript ›den Wind aus den Segeln zu nehmen‹, indem sie Schwächen eines Bei-
trags schon selbst präventiv mit (milde) kritischen Kommentaren ›besetzen‹.[13]
Fragen wir unter diesem (erneuerten) Vorbehalt, *wie* kommunikative Anschlüsse unter den Votern hergestellt werden. Die Ausgangslage ist hier in zwei
Hinsichten verschieden von der der Anschlüsse an Gutachten. Zum einen
erlaubt die zeitliche Abfolge der Voten neben Rückgriffen auf vorhandene auch
Vorgriffe auf noch ausstehende Urteile. Zum anderen ist anders als in der
Schriftkommunikation mit Abwesenden beim Voten unter Herausgebern eine
spätere Begegnung antizipiert, die die Sozialdimension des Anschließens
intensiviert. Dies gibt Folgevoten einen harmonischen, Abweichungen einen
disharmonischen Beigeschmack und es präjudiziert auch die Ausgestaltung
dieser Optionen: Folgen kann man hier emphatisch, Widersprechen weniger
leicht. Folgevoten, die auf vorliegende Urteile zurückgreifen, können dabei
wegen der Staffelung des Verfahrens bereits mehrere akkumulierte Referenzpunkte haben: *Meine Einwände lauten ähnlich wie die von C und D: ...* ✎ *Stimme*
*A zu (und verstehe eigentlich auch die auseinanderstrebenden Voten von B und Gut-*
*achter F so): man kanns tun oder lassen.*
Die Vorgriffe auf ausstehende Voten haben i.d.R. die Form einer *Delegation* des
Urteils (insbesondere im Zusammenhang mit Enthaltungen) wie wir sie
bereits im Fall des Notierens ›offener Fragen‹ kennen gelernt haben. Delega-
tionen können entweder unspezifisch ›in die Runde‹ gerichtet werden oder
individuelle Kollegen gezielt adressieren: *Teilweise ganz hübsch. Was sagen die*
*Experten?* ✎ *Ich würde gerne wissen, was die Gutachter von der Überarbeitung hal-*
*ten. Und war bei uns jemand »zuständig«?* ✎ *Frau A, was sagen Sie?* ✎ *Eloquent*
*geschrieben. Schließe mich Ds Gutachten an, lasse mich aber auch von Herausgeber*
*A oder B von anderem überzeugen.*
*Abweichungen* gegenüber vorliegenden Voten fallen, wie gesagt, wegen der
intensivierten Sozialdimension weniger drastisch als gegenüber den Gutachten aus. Sie beschränken sich zumeist auf Rekodierungen, Zuspitzungen oder
Präferenzäußerungen: *Ich teile inhaltlich das Votum B, würde aber bereits eine*
*Publikationszusage machen.* ✎ *Ich stimme den Bedenken der Gutachter und Xs*
*nicht nur zu, sondern habe weitergehende Bedenken, ob das Ms für eine Publikation*
*zu retten ist ... (20 Zeilen).* ✎ *Das Verhältnis von Theorie und Empirie (s. Voten A*
*und B) sollte m.E. klar zugunsten der Theorie entschieden werden: ...*
Ein starker Dissens wird dagegen nur selten markiert, unterschiedliche Meinungen werden eher ›stehengelassen‹ und in die mündliche Verhandlung

---

13 Die Abstraktion schriftlicher Dokumente vom Teilnehmerwissen über den Zeitpunkt von Mitteilungen bereitet in unserem Fall das Problem, dass gerade die Sensibilität und Dechiffrier-
fähigkeit der Voter in dieser Frage zu ihrem Durchsetzungsvermögen als Herausgeber gehört.
Die textuelle Spur verliert sich mitunter genau dort, wo es soziologisch spannend wird. Diese
latente Interaktivität schriftlicher Dokumente ist ein methodologisches Problem von
›homöopathischer‹ Art: Die Sinn-Spuren sind unterhalb der Nachweisgrenze, aber eben deshalb u.U. von höchster Wirksamkeit.

eines Manuskripts mitgenommen. Manchmal ragt deren Interaktivität aber auch umgekehrt schon in den Votenaustausch hinein. Dann antizipieren Anschlüsse an andere Herausgebervoten bereits Sitzungsverläufe, etwa i.S. einer Allianz- oder Oppositionsbildung im Vorfeld:

A: *Bekämen wir doch mehr Ms dieser Qualität! Ich habe keine Einwände ...*
B: *Ich weiß nicht recht, was das Votum A hier so schwärmerisch ausfallen lässt.*

A: *Hier [bei einem wiedereingereichen Ms] ist Entscheidung angesagt. Also gut, sagen wir ja.*
B: *Hier ist m.E. keineswegs »Entscheidung angesagt«. Wir haben vielmehr die Optionen ...*

Ein solcher (seltener) Replikcharakter von Voten markiert aber wie gesagt nur die schmale Spitze einer aufeinander Bezug nehmenden kontroversen Meinungsbildung, die erst in der Mündlichkeit der Herausgebersitzung zur Entfaltung gebracht wird.

## 6.  Implizite Standards: Die Zeitschrift und der ›Fachaufsatz‹

In den letzten drei Abschnitten haben wir uns mit der Arbeitsteiligkeit des Begutachtungsgeschäfts befasst, mit den Vor- und Rückgriffen auf andere Urteile. Kommen wir nun noch einmal zurück auf das Evaluieren im engeren Sinne und seinen Gegenstand, das Manuskript, dessen gutachterliche Erfassung wir bislang nur bis zu der ersten Bekundung eines Leseerlebnisses untersucht haben. Es gilt ja nicht nur, ein Urteil in ein Verfahren einzufädeln, sondern auch, eine Sache in ihrer Qualität zu charakterisieren. Aber welche Sache eigentlich?

Herausgeber können sich nicht auf die Formatierungsleistungen verlassen, die andere Leser bei differenzierten Publikationsorganen voraussetzen können: dass es sich um disziplinär einschlägige, im Argumentationsniveau akzeptable Beiträge spezifischer Gattungen handelt. Die Auswahl einer Zeitschrift durch Autoren reicht für diese Spezifikation nicht aus, da die Einreichung ein Manuskript ›falsch adressieren‹ kann – bis hin zu durchaus kuriosen Fällen, bei denen Redakteure und Herausgeber auch jene Grenze erst herzustellen haben, die den fachlichen Diskurs vom Alltagswissen über das Soziale trennt.

Herausgeber müssen solche Formatierungen also vielmehr in einer grundlegenden Rahmungsaktivität erst herstellen und in der Lektüre bestimmen, ›worum es sich handelt‹: um Wissenschaft? welche Disziplin? welches Genre? Auf verschiedene Weise wird dabei ›der Fachaufsatz‹ und die Zeitschrift selbst zum Standard gemacht, an dem Manuskripte gemessen werden. Ebenso wie die Knappheit der Seiten bestimmte Publikationsformate erzwingt und andere abwertet, kann die Zeitschrift selbst – als *soziologische* und als *Fachzeit-*

schrift – als eigenselektives Moment in der Begutachtung von Manuskripten veranschlagt werden. Am offenkundigsten ist dieser Aspekt, wenn Voten die Tauglichkeit oder – häufiger: die ›Deplaziertheit‹ eines Manuskripts mit Hilfe einer Evokation des Namens ›ZfS‹ kundtun, die einen imaginären, ›für sich sprechenden‹ Standard zu beschwören scheint: *Dies ist ein Essay, wie ihn die ZfS brauchen kann!* ✎ *Das ist zu wenig für die ZfS.* ✎ *Für die ZfS inakzeptabel.* ✎ *Nichts für die ZfS.* ✎ *Ungeeignet für die ZfS*
Es handelt sich bei solcher Rhetorik zunächst um eine ähnliche Markierung von Emphase wie wir sie schon bei der Evokation ›des Lesers‹ kennen gelernt haben. Im Fall der Anrufung ›der ZfS‹ machen sich Voter zum Sprecher der Zeitschrift bzw. des Amtes, dessen sie zu walten haben. Die damit entstehende Selbstbezüglichkeit des Votums kann man auf zwei Weisen beschreiben. Zum einen lässt sich sagen: So wie Voter bei den spontanen Bekundungen des Leseerlebnisses darauf zu vertrauen scheinen, dass sie auf sich selbst als sozialisierten Maßstab zurückgreifen können – auf ihren geschulten ›Geschmack‹, so scheinen sie hier nun selbstbewusst darauf zu setzen, dass sie Bestandteil jenes ›wir‹ sind, das über eine gegebene Amtszeit ›die ZfS‹ *verkörpert*. Zum anderen kann man, vorsichtiger, anstelle jenes habituellen Selbstvertrauens auch die rhetorische Figur in den Vordergrund stellen, die hier einen ›Abstand‹ zwischen die Zeitschrift und ein Manuskript legt: Es handelt sich um eine Distinktionsgeste, die die Zeitschrift mindestens ebenso bewertet – nämlich preist – wie das Manuskript.
Aber was begründet diesen ›Abstand‹ im Einzelnen? Zunächst wird vor manchem Manuskript die Disziplinengrenze gezogen: *Kein soziologischer Aufsatz, eher eine rechtssystematische Abhandlung.* ✎ *Eher ein kommunikations- oder religionswissenschaftlicher, als ein soziologischer Beitrag.* ✎ *Das Manuskript scheint mir in der ZfS fehlplaziert. Es gehört in eine Zeitschrift für Statistik.* ✎ *Viel zu wenig zugespitzt, zuviel Altbekanntes, zu oberflächlich. Gehört in den ›Merkur‹* ✎ *Praktisch-politisch interessiert, nix für die ZfS, sondern für ›Aus Politik und Zeitgeschichte‹* ✎ *Ohne die Theorie-Teile eher fürs Kursbuch geeignet.*
Solche Polemiken um die Distinktion des eigenen Faches und der ›eigenen‹ Zeitschrift finden allerdings eine Grenze in der Unterschiedlichkeit möglicher Urteile über die Randständigkeit von Beiträgen. Einerseits ist die Behauptung, ein Manuskript gehöre nicht zur Disziplin oder jedenfalls in eine andere Zeitschrift, ein früh wirksamer Ablehnungsgrund – vor jeder genaueren Befassung mit einem Beitrag. Andererseits kann sich seine Veranschlagung im Verlauf des Verfahrens als prekär erweisen. Je nach Stellung eines Herausgebers im disziplinären Feld werden dessen Ränder nämlich verschieden beurteilt, also ob etwa die Sozialpsychologie, Demographie, Statistik, Entscheidungstheorie ›zur Soziologie gehören‹. Daher kann es mit der Rubrizierung eines Manuskripts als ›uneinschlägig‹ auch implizit um die Randständigkeit eines Herausgeberkollegen im Gremium gehen.

Nach der Feststellung disziplinärer Einschlägigkeit besteht die zweite grundlegende Formatierungsarbeit der Voter in der Bestimmung des Genres: Handelt es sich um einen ›Fachaufsatz‹? Da dies ein implizit normatives Konzept ist, sind es Genrebestimmungen (und nicht Attribute wissenschaftlicher Tugenden), die das grundlegende Repertoire der Evaluationsrhetorik bilden. Die Voten bedienen sich einer außerordentlichen Vielfalt pejorativer Genrebestimmungen, die sich *implizit* auf den Fachaufsatz als imaginären Standard beziehen:

*Discussion-paper, Besprechungsessay, Festschriftbeitrag, Seminararbeit, Habilitationsvortrag, didaktische Illustration, Laudatio, Feuilletonartikel, Lexikonbeitrag, Handbucharticle, Buchkapitel, Sozialreport, Stilblütensammlung, Ergebnisbericht, Referentenbericht, Erlebnisbericht, Reisebericht, Referat, Besinnungsaufsatz, Definitionsübung, Sonntagsbeilage der FAZ ...*

Wesentlich für Genrebestimmungen sind Kennzeichnungen des Entstehungskontextes und der zukünftigen Rezeption eines Manuskripts. Werden Fachkollegen adressiert oder scheint ein Beitrag für den Lehrbetrieb oder für die Publizistik bestimmt? *Wirkt wie die Zusammenfassung einer Diplomarbeit ... Nichts für die ZfS ✎ Das Ms ist vielleicht geeignet für eine gewerkschaftliche Schulung ✎ Informationen für Ratgeberliteratur ✎ Verunglückter Entwurf einer Rede zu nationalen Feiertagen.✎ Leitartikel ... Streckenweise eher Lebenshilfe für den hedonistischen Yuppie-Alltag ✎ Zwischen Seminararbeit und Pamphlet ✎ Für meinen Geschmack viel zu viel Sozialreportage à la Göttle und Scherer.*

Die wichtigsten Genrebestimmungen haben freilich keinen eindeutig ausgrenzenden Charakter, da sie sich auf das *Stadium* einer Arbeit beziehen und damit auf für die Zeitschrift potentiell interessante Beiträge: *ein eher programmatischer erster Werkstattbericht ✎ im Stadium des Forschungsantrags ✎ Plausibles Argument, aber eher im Zuschnitt eines Vortrags ✎ Interessant als Materialsammlung, hat noch zu viele Ähnlichkeiten mit einem Ergebnisbericht ✎ Bleibt im Begrifflichen stecken; eine Definitionsübung ✎ Ein Vortragsmanuskript mit vielen Absichtserklärungen und Selbstkommentierungen ... ✎ Abkühlen lassen und aus einer engagierten Rede einen soziologischen Fachaufsatz machen.*

Alle genannten Genrebestimmungen (die nur einen kleinen Ausschnitt des Repertoirs bilden) funktionieren als Bewertungen nur durch eine implizite Kontrastierung mit ›dem Fachaufsatz‹. Extrem selten sind dagegen positive Bestimmungen dieses Standards. Warum ist das so? Der Grund liegt vermutlich in dem gleichen Umstand, der die abkürzende Evaluationspraxis mittels Genrebestimmungen überhaupt erst möglich macht. Die ›ZfS‹ und der ›Fachaufsatz‹ sind nicht nur eine rhetorische Figur, sie sind auch Kristallisationspunkte eines impliziten Vorverständnisses von Fachlichkeit. Die entscheidenden Standards einer Fachzeitschrift existieren in der Form der durch sie publizierten Aufsätze, sie werden laufend *exemplarisch publiziert*. Umgekehrt sind Genredegradierungen in performativer Hinsicht Distinktionsgesten, die die Identität der Zeitschrift laufend negatorisch bestimmen.

Genrebestimmungen sind Formen indirekter Evaluation. Dass sie so oft deklassierend ausfallen, erklären sich die Teilnehmer, also die Herausgeber, damit, dass viele Autoren zu wenig darüber wissen, welchen Anforderungen ein Zeitschriftenaufsatz genügen muss, z.B. deshalb, weil sie für Zeitschriften zwar schreiben, aber unter dem Publikationsdruck keine Zeit mehr finden, sie auch zu lesen.[14] Als Beobachter dieser Rationalisierung können wir aber auch zwei andere Gründe feststellen, die nicht so realistisch ›in der Sache‹, sondern vielmehr in der Struktur des Verfahrens liegen. Zunächst in der diskursiven Form der Beurteilung: Vernichtende Genre-Bestimmungen sind argumentationsökonomische Formen der Ablehnung, da sie Manuskripte außerhalb eines wirklichen Begründungsbedarfs für ein Urteil stellen. Auch Genre-Urteile, die sich nur auf ein ›unreifes Stadium‹ eines Manuskriptes berufen, könnte man in diesem Sinne als rhetorische Bemäntelung einer Ablehnung der Arbeit von Kollegen betrachten, die ähnlich wie bei der Feststellung von ›Krankheiten‹ einen doch behebbaren Mangel beschwört. Mit einer solchen Interpretation schließt man das Urteil und die ›Sache‹ jedoch zu stark in sich selbst ein. Deklassierende Genre-Urteile kommentieren nicht nur die Sache des Manuskripts unter Berücksichtigung bestimmter Formzwänge, sie kommentieren die *Selbstbeurteilung* von Manuskripten durch ihre *Autoren*. Diese liegt nicht nur in den Claims eines Aufsatzes, in der Steilheit von Thesen, dem argumentativen Pathos, der demonstrativen Bescheidenheit usw., sie liegt auch bereits im Zeitpunkt des Akts, mit dem sie das Verfahren auslösen: der Einreichung. Zu sagen, ein eingereichtes Manuskript sei nur ein Tagungspapier vom gerade vergangenen DGS-Kongress, heißt, der Selbstbeurteilung des Autors zu widersprechen.

Autoren, die darauf konzentriert sind, Positionen zu beziehen und zu bestreiten, sehen sich im Peer Review regelmäßig der Frage ausgesetzt, ob sie ›Recht haben‹, also ob Leser einer im Text formulierten These zustimmen oder seine ›Richtung ablehnen‹. Bewertungsorientierte Leser haben dagegen eine Präokkupation mit zwei ganz anderen Dimensionen der Wertschätzung von Manuskripten, die zugleich andere Aspekte ihrer ›sozialen Beziehung‹ zu ihnen bezeichnen: zum einen ob ein Text lesenswert ist, d.h. ob man sein Thema, seine Thesen und Befunde so originell findet, dass man ihn auch andere lesen lassen möchte – also nicht, ob ein Text ›Zustimmung auslöst‹,

---

14 Solche Erklärungen sollen hier nicht substanziiert werden, ihnen wird aber auch nicht widersprochen. Sie sind ein Beispiel dafür, dass eine Studie zur Soziologie der Soziologie zwar einerseits mehr noch als jede andere Wissenschaftsforschung auf Distanzierung angewiesen ist, andererseits Teilnehmererklärungen aber einen anderen Stellenwert als in anderen Disziplinen haben, da die Teilnehmer hier grundsätzlich selbst in der Lage sind, ihr professionelles Wissen auf den Realitätsausschnitt anzuwenden, für den sich diese Studie interessiert. Natürlich können sie (mangels Forschungsinteresse) im Stadium mundaner Stereotypen verharren, sie können aber auch auf direkte Weise als andere Professionelle analytische Ressourcen für eine Soziologie der Soziologie bereitstellen.

sondern ob er ›Mitteilungsbedürfnisse weckt‹; zum anderen ob er als Text einer bestimmten Gattung ausgereift ist. Insofern sind Güteurteile über Manuskripte Urteile über das zeitliche Stadium eines Textes, d.h. eben so sehr Prognosen wie Diagnosen: ob ein Manuskript ›schon fertig‹, ›bald fertig‹, ›noch lange nicht fertig‹ oder ›voraussichtlich nie fertig‹ ist. Es handelt sich um eine Perspektive auf Texte als Produkte, die im Moment der Publikation aufgehoben wird. Wenn das Votum zum Reifezeugnis wird (*Es ist soweit!)*, kann das Manuskript zum zitierfähigen Dokument werden.

## 7.   Fazit: Die Sozialität fachlicher Urteile

Wir brechen die Betrachtung der Urteilsfindung im Peer Review hier ab[15] und kommen noch einmal auf unsere Ausgangsfrage zurück. Die Peer Review Forschung ging bislang davon aus, dass Urteile in diesen Verfahren ihre Sozialdimension darin haben, ›verzerrende‹ Vorurteile von Personen zu sein. Diese Annahme liebäugelt nicht nur mit einer (bloß unmoralisch vernachlässigten) Objektivität, die jede sozialwissenschaftliche Analyse wissenschaftlicher Praxis zum Stillstand bringen würde, bevor sie überhaupt begonnen wurde; sie unterschätzt auch den Aspektreichtum und die Vielbezüglichkeit der Sozialität wissenschaftlicher Güteurteile. Nach der Untersuchung des kleinen Ausschnitts aus Peer Review Verfahren, den wir in diesem Aufsatz betrachtet haben, lässt sich diese Sozialität in zwei Komplexen verorten:

1. Zunächst muss man ein wissenschaftliches Urteil über Texte, anstatt es selbst als richtig oder falsch (›Vorurteil‹) zu beurteilen, in drei verschiedenen Phasen mit jeweils anderen sozialen Referenzen betrachten. Dabei bildet das vorgefasste Urteil, das bereits vor der Lektüre ›steht‹, nur den Anfang. Eine solche, u.U. recht konstante Voreinstellung hegen Leser *gegenüber* allen Texten. Von dieser Meinung zu unterscheiden ist zweitens ein Urteil i.S. eines in der Lektüre gewonnenen spontanen Eindrucks *von* einem Text und drittens das posthoc gesprochene, rationalisierende ›Urteil‹ *über* einen Text. Das erste Urteil (die *Meinung*) hegt man in einem intellektuellen Milieu, das zweite (den *Eindruck*) entwickelt man in der lesenden Auseinandersetzung mit dem Text, das dritte (eine *Stellungnahme*) vertritt man in einer Gremienöffentlichkeit. In den Voten finden sich Spuren von alledem: Spontanes, Rationalisiertes und Tendenziöses (das vor allem in den Schulenkonflikten der mündlichen Verhandlung zu Tage tritt).

2. Die verdichtete Sozialität des Urteilens im Peer Review liegt nun vor allem darin, dass diese mehrstufigen ›Urteile‹ auch noch wechselseitiger Beobach-

---

15 Diese Urteilsfindung wird mit dem Rubrizieren von Manuskripten in Entscheidungskategorien durch die Voter und mit der – gelegentlich turbulenten – mündlichen Verhandlung auf dem Weg zur Publikationsentscheidung fortgesetzt.

tung ausgesetzt werden. Diese Verfahren lassen eine Streitkultur entstehen, in der sich unterschiedliche Urteile über wissenschaftliche Güte in ihrer eigenen Güte laufend selbst beobachten und kontrollieren. Manuskripte werden entschieden, indem über die Urteile aller Beteiligten entschieden wird:

- Der Autor indiziert mit der Einreichung und im Text sein Urteil über fachliche Einschlägigkeit, Relevanz, Geltungsanspruch und Entwicklungsstand dieses Textes;
- Gutachter und Herausgeber indizieren in ihren Stellungnahmen den Grad von Kompetenz und Unsicherheit ihres Votums;
- Herausgeber urteilen über die Beurteilungspositionen von Gutachtern und Mitherausgebern mit einer Vielzahl von einschränkenden Interpretationen (Strenge, Perspektivität, Befangenheit, Kompetenz usw.);
- und sie urteilen am Ende mit ihrer Publikationsentscheidung auch über die Triftigkeit aller zu ihm abgegebenen Urteile.

*In* den Voten (dem hier untersuchten empirischen Ausschnitt) finden sich diese Merkmale des Verfahrens gespiegelt: seine hochgradige Arbeitsteiligkeit, seine Mehrinstanzlichkeit und gestaffelten Supervisionsverhältnisse. Die Rhetorik des Votens reagiert mit den Genrebestimmungen auf den Umstand, dass Autoren am arbeitsteiligen Prozess selbst teilnehmen. Und sie reagiert mit der skeptischen Selbstbeurteilung auf den Umstand, dass der Austausch von Voten anders als bei den privaten Urteilen eines individuellen Lesers oder Vortragszuhörers eine Öffentlichkeit für fachliche Urteile herstellt, die eine ungewohnte Form sozialer Kontrolle bedeutet: die Beurteilung von Urteilen. Anders als die schwach oder gar nicht beobachteten Urteile des tuschelnden Vortragszuhörers, des einsamen Gutachters für politische Auftraggeber oder des Diplomgutachters, der auf die Nachlässigkeit des Zweitlesers vertraut, sind Gutdünken, Belieben und Gewogenheit in Review Verfahren scharfer und z.T. auch unberechenbarer Beobachtung ausgesetzt. Der Peer Review ist soziale Kontrolle fachlicher Urteile, weil diese in seinen Verfahren *publiziert* werden.

## Literatur

Bakanic, V./McPhail, C./ Simon, R. J. (1989): Mixed Messages: Referees' Comments on the Manuscripts They Review. The Sociological Quarterly 30, 639-654.

Harnad, S. (1982): Peer Commentary on Peer Review. A Case Study in Scientific Quality Control. Cambridge: Cambridge University Press.

Harnad, S. (1998): Learned Inquiry and the Net: The Role of Peer Review, Peer Commentary and Copyright. Learned Publishing 4, 283-292.

Hartmann, I./Neidhardt, F. (1990): Peer Review at the Deutsche Forschungsgemeinschaft. Scientometrics 19 (5-6), 419-425.

Heintz, B. (1993): Wissenschaft im Kontext. Neuere Entwicklungstendenzen der Wissenschaftssoziologie. Kölner Zeitschrift für Soziologie und Sozialpsychologie 45, 528-552.

Hirschauer, S. (2004): Peer Review auf dem Prüfstand. Zum Soziologiedefizit der Wissenschaftsevaluation. Zeitschrift für Soziologie 33, 62-83.

Hirschauer, S. (2006): Streitkultur und Entscheidungsmacht. Peer Review in der Soziologie. Stuttgart: Lucius.

Latour, B. (1996): Der Berliner Schlüssel. Erkundungen eines Liebhabers der Wissenschaften. Berlin: Akademie Verlag.

Lynch, M. (1985): Art and Artifact in Laboratory Science: A Study of Shop Work and Shop Talk in a Research Laboratory. London: Routledge.

Merton, R. (1985): Entwicklung und Wandel von Forschungsinteressen. Aufsätze zur Wissenschaftssoziologie. Frankfurt a.M.: Suhrkamp.

Peters, D./Ceci, S. (1982): Peer-Review Practices of Psychological Journals: The Fate of Published Articles, Submitted Again. The Behavioral and Brain Sciences 5, 187-195.

Pickering, A. (ed.) (1992): Science as Practice and Culture. Chicago: University of Chicago Press.

Raible, W. (1997): Konzeptionelle Schriftlichkeit, Sprachwerk und Sprachgebilde. Romanistisches Jahrbuch 39, 16-21.

Rigotti, F. (2002): Philosophie in der Küche. Kleine Kritik der kulinarischen Vernunft. München: Beck.

Smith, D. (1986): The Active Text. Texts as Constituents of Social Relations. S. 120-158 in: D. Smith (ed.), Texts, Facts, and Femininity. Boston: Northeastern University Press.

Stichweh, R. (1994): Die Autopoiesis der Wissenschaft. S. 52-83 in: ders., Wissenschaft, Universität, Professionen. Frankfurt a.M.: Suhrkamp.

Travis, G. D. L./ Collins, H. M. (1991): New Light on Old Boys: Cognitive and Institutional Particularism in the Peer Review System. Science, Technology, & Human Values 16 (3), 322-341.

Prof. Dr. Stefan Hirschauer
Institut für Soziologie, Ludwig-Maximilians-Universität München
Konradstr. 6, D-80801 München
stefan.hirschauer@soziologie.uni-muenchen.de

Soziale Systeme 11 (2005), Heft 1, S. 83-103   © *Lucius & Lucius, Stuttgart*

Elmar J. Koenen*

# Über die fast leere Mitte der Disziplin.
# SoziologInnen über Funktionen und Eigenwerte
# sozialwissenschaftlicher Zeitschriften

*Zusammenfassung:* In den letzten Jahren haben SoziologInnen aus Lehre und Forschung sich aus unterschiedlichen Anlässen und Perspektiven zum Thema ›Sozialwissenschaftliche Fachzeitschriften‹ geäußert. Wie selbstverständlich behandeln sie diese
als das kommunikative Zentrum ihrer Disziplin, obwohl eine entsprechende Kommunikation praktisch kaum stattfindet: die ›großen Namen‹ der Disziplin treten in den
Zeitschriften als AutorInnen eher selten an, und Makrothemen wie Gender und Globalisierung fehlt heute offenbar die Kraft, die Fachkommunikation zu integrieren. Den
InhaberInnen von festen Stellen mangelt es an Motiven, ihre Kompetenz zu demonstrieren und den LeserInnen an Zeit und Interesse, sich mit Fragen jenseits der eigenen Themen zu befassen. In der Konkurrenz mit den Netzmedien und durch die generelle Knappheit an finanziellen Mitteln scheint das kommunikative Zentrum der
Sozialwissenschaften, ihre Fachzeitschriften, zunehmend unter Druck zu geraten. Ihre
traditionelle Funktion, die Qualität von Kompetenzen und Texten zu prüfen und zu
sichern, müsste vielleicht von anderen Medien und Institutionen übernommen werden.

Das Paradies der Zeitschriftenmacher mit seinen großzügigen Verlagen, mit
honorierten und diskutierenden AutorInnen, mit spannenden Themen und
brillanten Beiträgen, mit kaufenden Käufern, lesenden LeserInnen und wiss-
begierigen Studierenden hat es sicher nie gegeben. Wohl aber eine lange sta-
bile Phase, in der Fachzeitschriften die Zeit und Mittel hatten, zum Zentrum
ihrer Disziplinen zu werden und dort wichtige Funktionen zu übernehmen.
Diese Epoche scheint mit den offenbar tiefgreifenden medialen Strukturveränderungen vor allem der letzten fünfzehn Jahre zu Ende zu gehen. In der
Konkurrenz mit den elektronischen Medien ist es auch für jenen schnellsten
Teil der gedruckten Fachkommunikation heute schwer geworden, zu überleben.
Ein genauerer Blick auf die 1921 beginnende Geschichte der (inzwischen 270)
deutschsprachigen Zeitschriften der Sozialwissenschaften legt freilich die Vermutung nahe, dass sie schon lange im Widerspruch existieren: Zu wenig Käu-

---

* Der Autor war von 1989 bis 1995 Redakteur der Sozialen Welt.

fer um zu leben, aber zu viele, um zu sterben.[1] Ein Epilog wäre permanent fällig. Intern herrscht dauernd der Eindruck vor, an Käufern, Lesern, Einfluss, Relevanz, Bedeutung, kurz: an Funktion zu verlieren. Dafür müsste man – Problem vieler Neugründungen – früher erst einmal eine gehabt haben. An die Stelle der Schließung tritt die ewige Klage über das Ausbleiben guter Manuskripte, über fehlende Finanzierung, konkurrierende Medien, den Niedergang der Lesekultur im Allgemeinen und bei Studierenden im Besonderen. Nicht zuletzt leben, wie viele Institutionen, auch sozialwissenschaftliche Fachzeitschriften schon lange mit eben jener Klage, dass die Existenzbedingungen zusehends schlechter würden. Doch wer wollte behaupten, dass sie früher besser gewesen seien?

Wer schon so lange inkonsistent klagt, kommt in Verdacht, auf hohem, vielleicht sogar steigendem Niveau zu klagen. Und vielleicht war es ja gerade das hohe Niveau, das den Ritus der Klage so unausweichlich und so endlos werden ließ. Erst in den letzten Jahren, so scheint es, werden den Klagen die existenzbedrohenden Gründe nachgeliefert. Im Zangengriff der Knappheit der öffentlichen Finanzen einerseits und der Verdrängung durch die technisch überlegenen Internet- und Datenbanknutzungen andererseits zeichnet sich ein Anfang vom absehbaren Ende (auch) der (sozial-)wissenschaftlichen Zeitschriften ab.

Wenn der folgende Text nicht an die Klagen der Zeitschriftenmacher anknüpft, dann deshalb, weil es allein die Disziplin, die Nutzer und Leser wären, die ihre Kommunikationskultur beeinflussen und verändern könnten. Deshalb fragen wir im Folgenden, ob – und wenn, wie (klaglos) – die *SoziologInnen* ihre Zeitschriften reflektiert haben, ob sie die Spezifik dieses Mediums in den Blick genommen, seine Potentiale und Gefährdungen gesehen haben. Waren die Fachzeitschriften gefordert, die kommunikative Einheit des Fachs zu symbolisieren? Konnten sie die Spannungen zwischen den Praktiken der Forschung, den Verselbständigungen der Theorie und den Ritualen der Lehre exemplarisch ›aufheben‹?

In einer sozialwissenschaftlichen Fachzeitschrift den Verlust sowohl der Funktionen wie des Eigenwerts[2] eben jenes Mediums zu behaupten, hat bei zutreffender Diagnose etwas vom Epilog oder streift im anderen Fall den performativen Widerspruch. Der aber verweist, bei genügend langer Dauer, auf nicht beobachtete (latente) Funktionen, funktionale Diffusität oder eben eigentümliche Eigenwerte.[3]

---

1 Die Verlage geben auf Anfrage für 2003 folgende Druckauflagen an: KZfSS: 2000, ZfS 1000, Soziale Welt: 1800. Als Bezugsgröße z.B.: Die DGS hat aktuell (2004) mehr als 1400 Mitglieder. Damit gehören ihr etwa vier Fünftel aller promovierten Soziologinnen und Soziologen Deutschlands an.

2 Zum Verhältnis von Funktion und Eigenwert vgl. Luhmann 1997, 1024ff.

3 Das oft beschworene Ende der Gutenberg-Galaxie und die Krise des Lesens äußern sich z.B. in weiter wachsender Buchproduktion und -verbreitung, und werfen damit Fragen nach latenten Funktionen dieses Mediums auf. Die Familie – ein anderes Beispiel – hat ihre Krisen

Dass den bereits lange eingeführten Fachzeitschriften (KZfSS, *Soziale Welt*, seit 1972 die ZfS) ein von Funktionen relativ unabhängiger Eigenwert zukommt, wird daran sichtbar, dass sie für die meisten FachkollegInnen, (die sich mit ihren Spezialisierungen aus einer themenübergreifenden Kommunikation mehr und mehr ausschließen), die kommunikative Mitte ihres Fachs symbolisieren.[4]

Die Existenz der Fachzeitschriften, die als Bezugspunkt der Eigenwertsrekurse fungiert, scheint gleichwohl immer prekär gewesen zu sein.

# 1.

Fachzeitschriften sind konstitutiv für Professionen. Neben einer strukturierten Rekrutierung, einer formalisierten Ausbildung, berufspolitischen Interessenorganisationen, einer dokumentierten Geschichte und einer Reihe toter und lebender Repräsentanten etc. sind es die fachöffentlichen Medien, v.a. Zeitschriften, die die interne und externe Orientierung an einer Profession ermöglichen. Im Fall wissenschaftlicher Disziplinen repräsentieren sie die Fachkommunikation nicht nur, sondern demonstrieren sie auch und bieten Forschenden und Lehrenden eine qualifizierte Teilhabe an. Eine solche Institutionalisierung der Fachkommunikation gilt als Zeichen ihrer Autonomie und als einer ihrer Wachstumskerne.

> Der Zusammenhang zwischen der Selbständigkeit und Expansion eines Faches und der Gründung von Fachzeitschriften lässt sich auch für die *Soziologie* verfolgen. Als 1892 *Albion W. Small* (1854-1926) an der Universität Chicago den ersten soziologischen Lehrstuhl erhielt und Leiter der soziologischen Forschungsabteilung wurde, gründete er bald darauf (1895) das *American Journal of Sociology,* kurz AJS genannt, die nunmehr bald hundertjährige älteste Fachzeitschrift für Soziologie. Gut dokumentiert sind diese Zusammenhänge für die Entstehung und Bedeutung der *Année Sociologique (1895ff.),* die für die *Durkheim-Schule* und die Wissenschaftsgeschichte der Soziologie von großer Bedeutung werden sollte.

im Schutz ihrer flexiblen und diffusen funktionalen Leistungsfähigkeit überlebt. Zu manifester und eindeutiger Funktionalität, so schon Merton, sind mehr Alternativen denkbar als der Gegensatz zur Dysfunktion.

4 Wenn Soziologie das ist, »was von Soziologen publiziert wird (Grove 1979, 799) ...«, dann »müsste sich die Soziologie gerade in den Fachzeitschriften widerspiegeln, die nach eigenem Anspruch und in der Einschätzung der Fachvertreter das Fach insgesamt abzudecken versuchen.« (Sahner 1991, 5). Ähnlich haben bereits Lüschen et al. (1979, 171) den »Eindruck, dass diese drei Zeitschriften generell als die repräsentativen Publikationen der deutschen Soziologie angesehen werden.« Allerdings verbunden mit der Einschränkung, dass gerade für die deutsche Soziologie zutrifft, »dass sich (von Ausnahmen abgesehen) die bedeutenden Repräsentanten eher in anderen als den eigenen Fachzeitschriften oder in unabhängigen Buchpublikationen äußern« (172).

Beschränken wir uns auf die Entwicklung des Faches Soziologie im deutschsprachigen Raum, so ist der Prozess der Institutionalisierung, der Verbreitung und Differenzierung des Fachs mit folgenden Zeitschriften-Gründungen versehen: 1919 wurde in Köln das erste *Forschungsinstitut für Sozialwissenschaften* gegründet, mit Abteilungen für Soziologie, Sozialpolitik und Sozialrecht. 1921 wurde mit den *Kölner Vierteljahresheften für Sozialwissenschaften* (ab 1923 getrennt in *Vierteljahreshefte für Soziologie und Kölner sozialpolitische Vierteljahresschrift)* die erste Fachzeitschrift der Soziologie begründet; sie war für die Konsolidierung des Faches in den 20er Jahren und nach 1945 von unschätzbarem Wert. 1934 erschien das letzte Heft; die Nachfolgegründung firmierte 1949-1954 unter der Bezeichnung *Kölner Zeitschrift für Soziologie* und danach als *Kölner Zeitschrift für Soziologie und Sozialpsychologie.* 1949 wurde auch die *Soziale Welt* gegründet, herausgegeben von der *Sozialforschungsstelle Dortmund,* im Auftrag der *Arbeitsgemeinschaft Sozialwissenschaftlicher Institute.*
Aus heutiger Sicht muss erstaunen, dass die Expansion des Faches in den 60er Jahren nicht einige Jahre früher als 1972 zur Gründung von neuen Zeitschriften führte. Waren es die Turbulenzen der Jahre 1967ff., die ja auch dafür verantwortlich sind, dass nach dem 16. Deutschen Soziologentag, der 1968 in Frankfurt das Fach vor arge Zerreißproben stellte, bis 1974 (Kassel) kein weiterer Soziologentag stattfand? 1972 wurde die *Zeitschrift für Soziologie* gegründet, und seit 1972 erscheint das *Mitteilungsblatt der Deutschen Gesellschaft für Soziologie,* kurz *Soziologie* genannt.
Der Vollständigkeit halber sei noch erwähnt, dass seit 1975 die *Schweizerische Zeitschrift für Soziologie/Revue Suisse de Sociologie* erscheint und 1976 die *Österreichische Zeitschrift für Soziologie* gegründet wurde. (Schäfers 1991, 287f.)

Weniger im Hinblick auf Vollständigkeit, vielmehr unter Aspekten der Bedeutung einerseits und der Symptomatik der Verdrängungsleistung andererseits bleibt erklärungsbedürftig, wie Schäfers umsichtigem Blick die *Zeitschrift für Sozialforschung* des *Instituts für Sozialforschung* entgangen sein kann. Die von Max Horkheimer seit 1932 herausgegebene Zeitschrift, die zunächst in Frankfurt, später im Exil in Paris und New York erschien, bezeichnet Alfred Schmidt in seiner Einleitung als eines der »großen Dokumente(n) europäischen Geistes in diesem Jahrhundert« (1980, 5). Diesen Titel wird man selbst bedeutenden soziologischen Fachzeitschriften zögern, zu verleihen. Aber vielleicht kann Schäfers in der *Zeitschrift für Sozialforschung* mit ihrer Selbstverpflichtung auf einen ›interdisziplinären Materialismus‹ gar keine *soziologische* Fachzeitschrift erkennen, – trotz ihres hohen wissenschaftlichen Anspruchs und trotz ihres ausführlichen und einschlägigen Rezensionsteils.
Dennoch bleibt sie unter dem hier gewählten Problemgesichtspunkt paradigmatisch. In den neun Jahren ihres Bestehens scheint ihr gelungen zu sein, woran die soziologischen Fachzeitschriften zunehmend zu scheitern scheinen.

Trotz der programmatischen Interdisziplinarität und der Offenheit der Auseinandersetzungen mit konkurrierenden Wissenschaftskonzepten hat sie die Spannung zwischen Spezialisierung und Differenzierung auf der einen Seite und der Einheit des differenzierten Gegenstandes und seiner Beobachtbarkeiten auf der anderen ausgehalten.

## 2.

Jürgen Kaube, Feuilletonredakteur der FAS, hat 2004 in einem Artikel vorgeschlagen zu prüfen, ob es noch eine sozialwissenschaftliche Öffentlichkeit gibt. Dazu solle jeder Sozialwissenschaftler drei Themen aus seinem Arbeitsbereich benennen, von denen er annimmt, dass sie allgemeines Interesse beanspruchen können.
Konkretisiert man Kaubes Frage, dann müsste man z.B. klären, welche Motive und Interessen die scientific community haben könnte, sich mit Themen wie z.B. ›Individuelle und kontextuelle Determinanten der Teilhabe an Sozialkapital. Eine Mehrebenenanalyse zu den Bedingungen des Engagements in Freiwilligenorganisationen‹ (KZfSS 56 (2004), 326-349) zu beschäftigen. Warum interessiert sich für einen solchen Text vermutlich nur jene Minderheit, die mit solchen und ähnlichen Themen befasst ist? Erscheint ein solcher Gegenstand schon zu speziell?
Welche Texte, Thesen und Theorien fungieren heute als Äquivalente für z.B. den ›Werturteils-‹ oder ›Positivismusstreit‹, für die Habermas-Luhmann-Debatte oder die Herausforderungen der qualitativen Methodologie, die zu ihren Hoch-Zeiten die Disziplin kommunikativ zusammenzuhalten schienen? Und es war offenbar die fortgesetzte, aktive und inhaltliche Auseinandersetzung zwischen gegnerischen Positionen (und nicht das interesselose Nebeneinander verschiedener Positionen), die jenen Zusammenhalt garantierte.
›Spätkapitalismus oder Industriegesellschaft‹, das Thema des Soziologentages 1968 in Frankfurt, verweist z.B. auf den Grad an expliziter Politisierung, der als effektiver Faktor kommunikativer Generalisierung von Themen und Beiträgen fungiert hat. Warum fehlt dagegen anderen, ebenfalls zumindest implizit politischen Auseinandersetzungen wie der Globalisierungsdiskussion, den Gender-Kontroversen oder den vielen Gesellschafts-Erfindungen heute die integrierende Kraft, mit der frühere Debatten eine Einheit der Disziplin zumindest fingierten?
Zur Klärung solcher Fragen wären z.B. folgende Faktoren und Einflüsse zu prüfen: das vorläufig endgültige Ende der Universität als ›universitas literarum‹ *und* als Kommunikationsgemeinschaft, ihre Entpolitisierung und Entdisziplinierung, die verbreitete Theoriemüdigkeit und der erzwungene Praxisbezug sowie die wuchernde Spezialisierungsdynamik.

Darüber hinaus wäre zu fragen, ob allgemeiner geschnittene Themen attraktiver wirken, z.B. wenn mit großen Begriffen wie ›Gesellschaft‹, ›Moderne‹, ›Globalisierung‹ oder ›Subjekt‹ hantiert wird. Auch wäre wichtig zu wissen, ob bekanntere Namen von AutorInnen größere Aufmerksamkeit erzeugen, also wenn z.B. Karin Knorr-Cetina oder Martin Kohli zur Feder greifen? Oder Texte, die auf prominente Darstellungen (kritisch) Bezug nehmen, wie z.B. kürzlich der Aufsatz von Thomas Kron ›General Theory of Action? Inkonsistenzen in der Handlungstheorie von Hartmut Esser‹ (2004).

Sind die Ergebnisse zu trivial oder zu vorhersehbar wie bei vielen methodisch anspruchsvollen und aufwändigen Studien, oft auch bei rational choice basierten oder verhaltenstheoretisch grundierten Untersuchungen? Haben kontraintuitive Perspektiven, wie sie von Popitz oder Hirschman bis zu Fuchs und Baecker angeboten worden sind, die Lesebereitschaft erhöht? Inwieweit steuert die literarische Qualität sozialwissenschaftlicher Texte ihre Rezeption? Eine Frage, die man z.B. an Arbeiten von Wolf Lepenies prüfen könnte. Und verführt gut geschriebene wissenschaftliche Prosa zum Lesen von Texten, selbst wenn die Themen scheinbar abseits liegen, wie manchmal bei J.-C. Kaufmann?

Kurz: Welche Faktoren würden heute jenes allgemeine, zumindest fachübergreifende Interesse begründen, nach dem Jürgen Kaube fragt. Sein Test soll die negative Antwort auf seine rhetorische Frage nach der Existenz einer sozialwissenschaftlichen Öffentlichkeit belegen. Er vermutet, dass Sozialwissenschaftler nicht mehr in der Lage sind, drei Themen aus ihrem Arbeitsbereich zu nennen, die allgemeineres Interesse beanspruchen und damit eine zumindest fachöffentliche Kommunikation tragen könnten.

## 3.

Andreas Diekmann und Manuela Vieth (2004) haben kürzlich die Stammleserschaft der *Zeitschrift für Soziologie* in Bezug auf Leseverhalten, Beurteilung der Zeitschrift, Leserwünsche und sozialdemographische Daten befragt. Zu ihren zentralen Ergebnissen gehört die Aussage, dass jeder dort erscheinende Artikel die Chance hat, von jedem vierten bis fünften Leser ganz oder weitgehend rezipiert zu werden. Die Abstracts werden von 52% der Leserschaft zur Kenntnis genommen. Ein Drittel der Befragten hatte zum Zeitpunkt der Befragung keinen Artikel der letzten beiden Hefte gelesen. In Bezug auf die inhaltliche Orientierung teilt sich die Leserschaft in jenen Cluster, der theoretische Interessen mit qualitativer Orientierung verbindet und jenen, bei dem das Interesse an empirischen Methoden und quantitativem Vorgehen im Vordergrund stehen.

In den Reaktionen der 138 LeserInnen fallen besonders das überaus deutliche Interesse an Überblicksartikeln und an einem (bisher fehlenden) Rezensionsteil auf.

Eindrucksvoll und instruktiv sind einige der Reaktionen aus der sozialwissenschaftlichen Zeitschriftenöffentlichkeit, der die AutorInnen Gelegenheit zu Kommentaren gegeben hatten:

> ›Wünschenswert wäre weniger Soziochinesisch‹, ›Methodenspielereien‹, ›zu viel völlig Überflüssiges‹, ›langweilig und trocken‹, ›die ZfS ist auf dem Wege, so langweilig zu werden wie die KZfSS‹, ›weniger systemtheoretische [Wort?]-übungen‹, ›Abrutschen in Richtung der Nebenschauplätze‹, ›Warum finden die Probleme in den weltweiten menschlichen Gesellschaften keine gesellschaftstheoretische Erklärung? Besonders aktuell die Kriegsgefahr‹, ›Ergebnisse vieler empirisch quantitativer Artikel sind überaus dürftig‹, ›mehr Diskussionen über Soziologie in der Praxis‹, ›und dieses Babyblau des Umschlags wirken eher unwissenschaftlich, anders als der Inhalt‹, ›das Begutachterverfahren zeichnet sich durch hohe Qualität und Fairness aus‹, ›Richtlinien für Gutachter erlassen‹, ›Danke für die gute Arbeit‹, ›die Publikation in der ZfS müsste zu einer Voraussetzung der Stellenbesetzung werden‹, ›Publikationsmodus beibehalten‹ bis hinzu der Empfehlung ›Niveau anheben, weniger teutonischer Tiefsinn‹. Den Herausgebern am besten gefallen hat: ›Dank fürs Engagement! Das Fach braucht's‹ (Diekmann/Vieth 2004, 178).

Ob das Fach *als Fach* vom Engagement der Herausgeber und Redakteure profitiert, muss zunächst offen bleiben. Auf der Hand liegt, dass die *Zeitschrift* von einem solchen Engagement profitiert. Und das gerade dann, wenn sie sich zunächst, ganz selbstreferentiell, vor allem an sich selbst und *nicht* an ihrem Publikum orientiert. Denn die zitierten Reaktionen dieser Öffentlichkeit zeigen eine Diversität ohne großen praktischen Orientierungswert. Den unterschiedlichen *inhaltlichen* Interessen und Anregungen kann ein Verbreitungsmedium *gleichzeitig* sowieso nicht nachkommen. Dagegen hat sie die Möglichkeit, Beiträge unter Gesichtspunkten wie Aktualität, Politiknähe, empirische Fundierung oder theoretische Orientierung *anders* auszuwählen.

Darüber hinaus kann sie ihren Gebrauchswert für die Praxis der Forschung z.B. durch eine veränderte Kombination ihrer Dienstleistungen steuern (Überblicksartikel, Rezensionen, Mitteilungen, Jahresregister, Internetzugang zum Archiv und zu mehrsprachigen Abstracts etc.)

Aber selbst solche Entscheidungen entstehen v.a. selbstreferentiell. Sie resultieren meist aus langfristigen internen Beobachtungen und können sich nur selten auf empirisch gehäufte, *eindeutige* Hinweise von außen stützen.

So müssen die Herausgeber und Redaktionen der Fachzeitschriften – durch lange Erfahrung und professionellen Instinkt mitgesteuert – schließlich jene Texte auswählen und zusammenstellen, die sie selbst gern lesen würden. An zukünftiger Nachfrage kann sich auch der Markt der Verbreitungsmedien nicht orientieren. Selbst die Macher in den elektronischen Medien sind von den wirklichen Einschaltquoten, die nur zeitgleich (und nicht vorher) erhoben werden können, immer wieder überrascht.

Auch eine sozialwissenschaftliche Fachzeitschrift muss daher ihre Angebote vorgeben in der Hoffnung, sich mit einem bestimmten Profil und Stil ein spezifisches Publikum heranzuziehen, d.h. bei ihm jene Interessen zu wecken, denen das Angebot der Beiträge korrespondiert. Dabei bleibt sie selbst abhängig von Zahl und Qualität der eingereichten Beiträge, die sie allenfalls langfristig beeinflussen kann, die aber ihre aktuellen Selektionsmöglichkeiten meist eng begrenzen.

Darüber hinaus kann sie versuchen, z.B. durch Professionalisierung und Institutionalisierung der Selektion, z.B. durch Einführung eines ›peer-review‹, die Qualität der Zeitschrift (vielleicht mittelfristig auch die des Durchschnitts der eingereichten Beiträge) zu sichern oder zu heben. Auf dieses Thema kommen wir im letzten Teil zurück.


## 4.


Die *Soziologische Revue* hat Anfang der neunziger Jahre ganze Jahrgänge der drei deutschsprachig führenden, sozialwissenschaftlichen Zeitschriften von erfahrenen KollegInnen besprechen lassen. So äußerten sich Endruweit, Glatzer, Klages, Nave-Herz, Nedelmann, Schäfers und Wippler zu Jahrgängen der Kölner Zeitschrift, der Sozialen Welt und der Zeitschrift für Soziologie. Die meisten der RezensentInnen zeigen sich der Neuheit der Herausforderung bewusst, sozialwissenschaftliche Fachzeitschriften, und zwar jahrgangsweise, zu beurteilen. Manchmal etwas überfordert von der Aufgabe, ca. 20 bis 40 heterogene Aufsätze gleichzeitig skizzieren und beurteilen zu müssen, reagieren sie zumeist wohlwollend. Oft provoziert die Erfahrung der Verschiedenheiten sozialwissenschaftlicher Arbeit Überlegungen und Metaphern zu Vielfalt, Pluralismus und Heterogenität soziologischer Themen und Texte. Entsprechend werden dann allenfalls Ungleichgewichte innerhalb jener begrüßten Vielfalt kritisiert: So z.B. das Überwiegen männlicher Autoren, der Mangel an internationalen Beiträgen und die zunehmende Seltenheit von Beiträgen namhafter KollegInnen.

Was völlig fehlt, sind Überlegungen zu den Anforderungen, die sich vom *spezifischen Medium* der (sozial)wissenschaftlichen Fachzeitschrift her stellen. Ohne Rücksicht auf die medialen Unterschiede der Fachkommunikation, werden Aufsatz, Vortrag und Buch implizit gleichgestellt. Von der damals bereits sichtbaren medialen Konkurrenz, dem Internet und den Datenbanken ist an keiner Stelle die Rede. Das Reich der sozialwissenschaftlichen Fachzeitschriften erscheint den Juroren durchweg noch als heile Welt. Immerhin hat Birgitta

Nedelmann (1992) damals anlässlich des Jahrgangs 1989 der Sozialen Welt eine größere Professionalität der Textauswahl und -bearbeitung seitens der Redaktion angemahnt. Und auf die Beiträge des Doppelhefts ›Über Soziologie‹ (aus Anlass des 20-jährigen Bestehens der Zeitschrift) zur Situation und Zukunft der deutschsprachigen Soziologie ist sie auch inhaltlich eingegangen. Die kritische Situation des Fachs, die sich damals bereits abzeichnet, scheint aber auch ihr noch nicht bewusst gewesen zu sein.

Diese Situation kommt auch in der Abwesenheit vieler seiner Exponenten in den Zentren seiner kommunikativen Öffentlichkeit (Soziologietage, Fachzeitschriften[5], allgemeinpolitische Stellungnahmen des Fachs, formale Repräsentation im Berufsverband) zum Ausdruck.

Bezüglich der Fachzeitschriften hängt das letztgenannte Symptom mit der verstärkten Qualifizierungsfunktion von Veröffentlichungen zusammen.[6] Wer endlich eine unbefristete Stelle erlangt hat, braucht seine Kompetenzen in der öffentlichen Fachkommunikation nicht länger zu demonstrieren und investiert seine Arbeitszeit z.B. vermehrt in die Beschaffung von Drittmitteln. Damit werden dann jene Forschungsprojekte finanziert, deren Ergebnisse die MitarbeiterInnen u.a. als Aufsatz in den Fachzeitschriften zusammenfassen. Diese Entwicklung verbindet Vorteile thematischer, theoretischer und methodologischer Innovationen[7] mit Nachteilen fehlender Erfahrung und mangelnden Überblicks bei jüngeren, hoch spezialisierten ForscherInnen. Das kann durch die damit verursachte mangelnde Verortung der Spezialthemen in größeren Theorie- und Gegenstandsfeldern, kurz: durch den Verzicht auf die Verknüpfung eines *besonderen* Themas mit seinen *allgemeinen* Bezügen zu einem Verlust an Attraktivität für die Mehrheit der jeweils nichtspezialisierten FachkollegInnen führen.

Solche Funktionsverschiebungen (von der Fachkommunikation zur Signalisierung von Kompetenz) zwingen die Redaktionen, auf die damit gegebenen typischen Veränderungen der Zusammensetzung der eingereichten Beiträge mit *veränderten* Selektionsstrategien zu reagieren. Im Zielkonflikt zwischen höherer Qualität und breiterer Rezeption müssen sie sich u.U. jedes Mal neu entscheiden.

---

5   Allmendinger weist darauf hin, dass sich die hiesige Situation von der us-amerikanischen »Publikationskultur« unterscheidet. Auch dort »nimmt die Zahl der Zeitschriften zu, dennoch wird der Kern führender Zeitschriften bewahrt. Die Manuskripteingänge steigen dort laufend und die Ablehnungsquote liegt bei fast 90 %. Full, associate und assistant professors drängen in die zwei bis drei führenden Zeitschriften« (2001, 29).

6   So bereits 1982 und 1991 Sahner: »Wissenschaftliche Periodika werden als Karrierevehikel betrachtet, auch die SW und die KZfSS. Nach der Promotion und vor allem nach der Ernennung zum Professor erlischt bei den meisten das Interesse an der Publikation in einem wissenschaftlichen Periodikum (Sahner 1982, 215)« (Sahner 1991, 22).

7   Auf die Besonderheit von Fachzeitschriften, »neuere Entwicklungen, die u.U. gar nicht zum Durchbruch kommen, und auch jüngere Fachvertreter stärker (zu) berücksichtigen«, weist bereits Lüschen hin (1979, 172).

Redaktionen, die ihr Profil z.B. durch eine bestimmte Kombination von methodologischen, empirischen und theoretischen Elementen definieren, kommen leicht in die Lage, bei knappem Angebot in einer ihrer Sparten ihre Qualitätsansprüche unwillkürlich zu senken (›Notaufnahme‹), während sie bei einem Überangebot dazu neigen, die Anforderungen zu erhöhen (verschärfte ›Mülltrennung‹).

Solche Beobachtungen erinnern daran, dass eine Diskussion von Qualitätskriterien für sozialwissenschaftliche Beiträge nur vor dem Hintergrund explizierter Funktionen der Fachkommunikation sowie ihrer verschiedenen Teilbereiche, z.B. Fachzeitschriften, sinnvoll bleibt. Im Vordergrund standen dort *bisher* v.a. die beschleunigte Fachkommunikation als Selbstzweck und gegenseitige Selbstkontrolle, die Kompetenzpräsentation und strategische Selbstvermarktung sowie die Symbolisierung der kommunikativen Einheit der Disziplin.

Bis zur Verbreitung der Computerkommunikation und der Datenbanken haben Fachzeitschriften (besonders auch Rezensionszeitschriften) als relativ schnelle Medien der sozialwissenschaftlichen Kommunikation gegolten. Heute fungieren sie eher als ein komplexes, äußerst differenziertes Archiv, in dem Spezialdiskurse abgelegt sind, die auf ihre wissenssoziologische Rekonstruktion warten. Zusammen mit den Monographien (meist Qualifikationsarbeiten und Forschungsberichte) und Tagungsdokumentationen (Reader) sind die Fachzeitschriften zu stummen Statthaltern einer nur mehr virtuellen Einheit der disziplinären Kommunikation geworden.

Eine disziplinäre Kommunikation, die sich ernst nimmt, weil sie sich für funktionsnotwendig hält, müsste sich der Akzentverschiebungen im sozialwissenschaftlichen Wissen vergewissern (z.B. hin zu kontraintuitiven Beobachtungen von Latenz und Reflexion) und die Bedingungen für Alternativen der Weiterentwicklung prüfen. Erst vor einem solchen Hintergrund könnte sie die Frage nach der Angemessenheit ihrer Kommunikationsmedien stellen (statt die Methodisierung und Mediatisierung den Inhalten vorauszusetzen).

Eine Rückkehr der sozialwissenschaftlichen Kommunikation und entsprechender Medien würde aber in jedem Fall spezifische *Motive* für paradigmatische Auseinandersetzungen voraussetzen. Doch auch für Motive gilt, dass sie nicht voraussetzungslos sind, sondern auf Bedingungen ihrer Entstehung und Reproduktion angewiesen sind. Das außergewöhnliche, vor allem quantitative Wachstum der Disziplin seit den siebziger Jahren[8] und der damit möglich gewordene kriterienfreie Formal-Pluralismus, (dessen Exponenten sich darauf

---

8  Ähnlich Allmendinger, mit etwas anderer Akzentsetzung und stets mit dem Vergleich zum us-amerikanischen Vorbild: »Wir expandieren ohne Qualitätskontrolle... Bücher und Zeitschriften werden in Deutschland wenig, wenn überhaupt ediert, … Wir expandieren auf Kosten … eines gemeinsamen Kerns von Zeitschriften. So steigt die Zeitschriftenzahl, während der Manuskripteingang bei den etablierten Zeitschriften trotz der Expansion des Faches seit den siebziger Jahren stagniert.« (2001, 28)

beschränken, sich gegenseitig nicht mehr stören zu wollen) haben die Konkurrenzen um ›bessere Argumente‹ und leistungsfähigere Theorien unterminiert. Nicht auszuschließen, dass die derzeitigen Kürzungen von Mitteln und Streichungen von Stellen eine Situation schafft, in der paradigmatische Auseinandersetzungen wieder wahrscheinlicher werden. Das würde entsprechende Medien und Formen notwendig machen, die solche *Kommunikationen konzentrieren* (und nicht zerstreuen, wie so viele Theorie-Chats im Netz).

## 5.

Jürgen Gerhards hat vor zwei Jahren in der Zeitschrift ›Soziologie‹, dem ›Forum der DGS‹, eine Untersuchung über die ›Reputation in der deutschen Soziologie‹ veröffentlicht (2002a). Er annonciert ›zwei getrennte Welten der Reputation‹, präsentiert allerdings drei, worauf Jutta Allmendinger später hingewiesen hat:
a)  eine Liste der Veröffentlichungen von Autoren in der Zeitschrift für Soziologie und der ›Kölner Zeitschrift‹ im Zeitraum 1972 bis 2001 (1. Halbjahr),
b)  Listen mit den Vorsitzenden der Deutschen Gesellschaft für Soziologie im gleichen Zeitraum und den Sektionssprechern (Stand: Oktober 2001) und
c)  die Liste der Fachgutachter der DFG für den Bereich Soziologie und empirische Sozialforschung im gleichen Zeitraum
Gerhards hat sich gewundert, dass es zwischen den genannten drei Dimensionen fachlicher Reputation kaum Zusammenhänge gibt. Die 55 produktivsten Autoren von Zeitschriftaufsätzen (an der Spitze Luhmann, Esser, Klein) tauchen in den Listen der DGS-Vorsitzenden bzw. Sektionssprechern und DFG-Gutachtern gar nicht auf. Und auch zwischen den beiden letztgenannten gibt es kaum personelle Überschneidungen. Darüber hinaus gibt es KollegInnen mit hoher Reputation, die in keiner der drei untersuchten Dimensionen auftauchen (z.B. Beck, Heitmeyer, Lepenies, Luckmann, Soeffner). Entsprechend kritisiert er einen Mangel »an institutionalisierten Qualitätskriterien und Qualitätskontrollen, die, wären sie institutionalisiert, die um Reputation bemühten Handlungen der Akteure strukturieren würden.« (2002a, 31)
Die Kritiken von Burkart (2002), Rammert (2002) und Allmendinger (2002) an Gerhards Untersuchung, die v.a. empirische und analytische Lücken benennen sowie den Befund anders bewerten (Allmendinger), ändern an der hier interessierenden Einsicht kaum etwas: Die Veröffentlichung von Beiträgen in sozialwissenschaftlichen Fachzeitschriften stellt eine eigenständige und oft karrierestrategisch und berufsbiographisch wichtige Reputationsdimension dar.
Endruweit (2002) hat danach, unter methodischen Gesichtspunkten, darauf hingewiesen, dass unsicher sei, ob in Gerhards Untersuchung überhaupt

›Reputation‹ gemessen werde, da eine explizite Definition fehle. Seine Diskussion führt zu dem Gesichtspunkt zurück, dass ›Reputation‹ mehrdimensional konzipiert werden müsse und daher eine personelle Koinzidenz der Dimensionen eher unwahrscheinlich sei. Mit der Veröffentlichung dieses Aufsatzes weist sich der Autor als sozialwissenschaftlicher Spezialist für ein Thema aus und erleichtert seine thematische Zuordnung zu übergreifenden wissenschaftlichen Positionen. Ob er sich daneben bzw. danach berufspolitisch exponiert, öffentlich wirksam wird, wissenschaftspolitisch Einfluss gewinnt oder die Forschung wesentlich mitbestimmt, ist damit nicht vorentschieden.

Schulz-Schaeffer (2002) bestätigt mit seinem Beitrag Allmendingers Hinweis auf die lebenszeitliche Abfolge verschiedener fachlicher Leistungen in Bezug auf unterschiedliche Reputationswelten. Die Wichtigkeit der Veröffentlichung in Fachorganen für die ›positionale Reputation‹ steht nach seinen Untersuchungen außer Frage. Ihre Messung setzt seiner Meinung nach allerdings eine systematische Gewichtung der einzelnen Veröffentlichungen voraus.

Gerhards hat die Diskussion mit einer kurzen Replik beendet, die auf die wesentlichen Kritikpunkte eingeht. Am Schluss votiert er für eine verstärkte Selbstevaluation der Soziologie, die man nicht ganz externen Beobachtern – wie den Rankings von *Spiegel* und *Stern* – überlassen dürfe. Welche *Verfahren* dafür geeignet erscheinen, darüber meint er, müsse man diskutieren. Welche *Medien* dazu notwendig sind, scheint ihm allerdings keine Frage wert zu sein. Auch hier zeigt sich: wenn Sozialwissenschaftler Medien nutzen, nehmen sie diese immer noch als jene neutralen Übertragungsmittel, die sie *nicht* sind.

Wie selbstverständlich haben alle Teilnehmer der Debatte vorausgesetzt, dass sie die Diskussion über die ›Reputation in der Soziologie‹ bei den Veröffentlichungen in deren zentralen Fachzeitschriften beginnen lassen, und nicht etwa bei der akademischen Lehre oder bei der Drittmittel-Forschung. Die Selbstverständlichkeit dieser stillen Übereinkunft könnte man als Hinweis auf die Ungebrochenheit der *Institution* ›Fachzeitschrift‹ lesen. Da öffentliche Wirkung, Lehre oder Forschung weder als Dimensionen der Reputation, noch als Bezugspunkte der Einheit des inzwischen dispersen Fachs in Frage kommen, wird statt dessen wie selbstverständlich auf seine Zeitschriften zurückgegriffen. Als selektives Echo der realen Fachkommunikation können sie aber auch nur deren prekären Zustand spiegeln und dabei nicht besser sein, als das Fach selbst.

## 6.

Stefan Hirschauer (2004) hat kürzlich in der ZfS ein ›Soziologiedefizit der Wissenschaftsevaluation‹ beklagt. Unter dem Titel »Peer Review Verfahren auf dem Prüfstand« resümiert er gut dreißig Jahre vorwiegend us-amerikanische Wissenschaftsforschung zur Evaluierung von Beiträgen für Fachzeitschriften.[9] Auch Hirschauer hält wie selbstverständlich den Peer Review von Beiträgen für Fachzeitschriften für das »zentrale(n) Evaluationsverfahren wissenschaftlicher Praxis«: »In den meisten dieser Verfahren wird auf soziale Muster zurückgegriffen, die in einem ›Prototyp‹ der Forschungsevaluation entwickelt wurden: der Beurteilung von Manuskripten durch den Peer Review von Fachzeitschriften. Diese qualitative Evaluation von Forschungsarbeiten durch *fellow scientists* wird gemeinhin als Kernstück wissenschaftlicher Kommunikation betrachtet, das ihren ›organisierten Skeptizismus‹ institutionalisiert und gute von schlechter Forschung unterscheidet.« (2004, 62) Die hohe Bedeutung jenes Arcanums der Fach(zeitschriften)-Kommunikation kommt zum Ausdruck in einer Art Gatekeeper-System, dem zugerechnet und zugemutet wird, die disziplinweit anspruchsvollsten Qualitätssicherungen zu praktizieren. Die zum Teil inkohärenten und irritierenden Ergebnisse dieser Verfahren haben seit den 70er Jahren eine Forschung auf den Plan gerufen, die untersucht, inwiefern solche Prüfmethoden wie z.B. der Peer Review überhaupt in der Lage sind, die erwartete Kontrolle effektiv durchzuführen.

Im Rückblick identifiziert Hirschauer neben nach wie vor existierenden empirischen Forschungslücken (z.B. zur Entstehung, Einreichung und Überarbeitung von Beiträgen) v.a. eine theoretische Schwierigkeit, die sich als prinzipielle Grenze einer solchen Forschung auswirkt: ihre unausweichliche und mehrfache Selbstbezüglichkeit. Mit *wissenschaftlichem* Anspruch untersucht sie einen Prozess, in dem *wissenschaftliche* Texte auf ihre Eignung zur *wissenschaftlichen* Kommunikation beurteilt werden. Unter den gegebenen wissenschaftspluralistischen Voraussetzungen können damit in einer solchen Forschung u.U. drei legitime Wissenschaftskonzepte aufeinandertreffen und mehr oder weniger stark konkurrieren. Die Frage nach den Grenzen der Leistungsfähigkeit von (sozialwissenschaftlichen) Theorien verlagert sich damit gleichsam aus der ›normalen‹ Forschungskommunikation heraus an ihre Ränder, dort wo ihre Qualitätssicherungsmaßnahmen ›mit Bordmitteln‹ überprüft werden. In der Erfahrung divergierender Gutachten bezüglich *eines* zu beurteilenden Beitrags spiegelt sich die prinzipielle Unmöglichkeit der eindeutigen Objektivierung unter Bedingungen mehrfacher Selbstbezüglichkeit. Der wis-

---

9 Peer Review bezieht sich neben der Begutachtung von Manuskripten vor ihrer Veröffentlichung auch auf Projektanträge zur Forschungsfinanzierung und auf Forschungsergebnisse, die als Grundlage politischer Entscheidungen dienen (vgl. dazu im einzelnen Weingart 2001).

senschaftsinterne Vergleich der Gutachten würde dann kein ranking mehr zulassen; sie wären nur noch qualitativ verschieden.

Die Fachzeitschrift erscheint hier, über ihre scheinbar selbstverständliche Zentralstellung als mehr oder minder virtuelles Zentrum der Disziplin hinaus, auch als Anlass und Ort ihrer Grenzerfahrung, ihrer Überforderung und ihres Scheiterns. Blind für ihre eigene Qualität, kann sie eine entsprechend hohe Qualität von Beiträgen nicht mehr wahrnehmen. Nur im Vergleich der literarischen Qualitäten oder unter externer Vorgabe von Relevanzgesichtspunkten sind jetzt noch Entscheidungen möglich.

Hirschauer votiert in dieser Situation für eine entschiedene Soziologisierung der Forschungen zum Peer Review Verfahren. Im einzelnen bedeutet das in seiner Sicht

- kommunikative Prozesse der scientific community zu beobachten (und zu bewerten) statt wie bisher Personen zugerechnete Individualprodukte (Beiträge), also symbolische Kristallisationen am Rand des Kommunikationsprozesses ins Zentrum des Interesses zu stellen;
- kontroverse Meinungsbildungsprozesse zwischen verschiedenen Akteuren (Herausgeber, Autoren, Gutachter, Redakteure) zu untersuchen, statt wie bisher der Illusion der Messbarkeit von Textqualitäten nachzuhängen;
- Sprachlichkeit und Schriftlichkeit der Texte und Stellungnahmen als interaktive Medien der Aushandlung ernst zu nehmen, statt auf einer durch Rekursion kognitiv scheinbar sicherbaren Objektivität von Themen, Texten und Gutachten zu bestehen;
- die hohe Bedeutung von Publikationen als Autorenfiktionen zu durchschauen und ihren marginalen Stellenwert für den Prozess der Fachkommunikation zu realisieren. Damit wären zugleich die Erwartungen an die evaluativen Potentiale von Zitationsanalysen entscheidend relativiert.

Die äußerst begrenzte effektive Publizität der durch Fachzeitschriften zugänglich gemachten Beiträge, die Hirschauer damit anspricht, lenkt seinen Blick weg von der Funktion des Peer Review als Instrument der Qualitätskontrolle von Texten hin zu der der ›Standardisierung der Lektürekultur einer Disziplin‹.[10] Nimmt man der Publikation zudem die Dramatik eines Endpunkts und versteht sie nur mehr als ein Moment im Prozess einer übergreifenden Fachkommunikation, dann gewinnen Häufigkeit und Zeitpunkte von fachlichen Feedbacks an Bedeutung. Diese »Kollektivierung der Wissensproduktion« setzt in den Büros der Sozialwissenschaften in aller Regel sehr viel später ein als in den Teams der naturwissenschaftlichen Labore.

---

10 »Kalibrierung der Lesezeit«, wie Hirschauer in Anlehnung an Harnad (1998) formuliert, erscheint etwas zu eng gefasst.

Das macht den kommunikativen Übergang in den anonymen Prozess der Begutachtung für sozialwissenschaftliche AutorInnen vergleichsweise problematisch. Ihre Suche nach (unwahrscheinlicher) Aufmerksamkeit bleibt in einem hochkontingenten Verhältnis zur Steuerung der Aufmerksamkeit der Leser durch den Peer Review. Die Häufigkeit ihres Zusammentreffens lässt sich[11] dahingehend bilanzieren, »dass ein durchschnittlicher Aufsatz etwa 1 % der Leser einer Zeitschrift findet« (Hirschauer 2004, 66). Das Problem liegt in der Bewertung dieser Quote; sie erscheint gering, wird aber von vielen Autoren als kaum anders erwartbar eingeschätzt. Zumindest würden andere Auswahlverfahren am Niveau dieser Quote kaum etwas ändern.

Vielleicht absichtslos macht Hirschauer darauf aufmerksam, wie bei der sozialwissenschaftlichen Überprüfung der Funktionsfähigkeit der Zugangskontrollen zum kommunikativen Zentrum der Sozialwissenschaften, den wichtigen Fachzeitschriften, als nicht lösbar abgelegte wissenschaftstheoretische Grundprobleme noch einmal aufbrechen. Seine plausible Forderung einer sozialwissenschaftlichen Analyse und Optimierung der sozialen Dimensionen der Evaluationsprozesse setzt einen grundlagentheoretischen Konsens voraus, dessen Existenz niemand mehr behauptet. So lässt sich z.B. die ›rationale Wahl‹ eines eingereichten Manuskripts durch eine gutachtlich informierte Redaktion nicht übersetzen in den *sozialen Prozess* einer am Gegenstand orientierten Fachkommunikation zwischen Autor, Kollege, Gutachter, Redakteur und Herausgeber, deren differenzierte Einheit der Text momenthaft repräsentiert. Solch unterschiedliche Rekonstruktionsstile beziehen sich auf endgültig geschiedene wissenschaftstheoretische Positionen und Prämissen. Was eine ›sozialwissenschaftliche Evaluation der Instrumente zur Auswahl von Beiträgen für Fachzeitschriften‹ bedeuten würde, ist daher schon lange nicht mehr eindeutig zu entscheiden. Es ist die Frage, ob die konsensfähigen Optimierungen der Auswahlprozesse wie Anonymisierung, Entpersonalisierung und Versachlichung mit dem Ethos einer engagiert geführten und persönlich verantworteten Auseinandersetzung um die Sache zu vereinbaren wären.[12]

---

11 Übrigens im Unterschied zu der Auskunft der Untersuchung von Diekmann und Vieth (2004), die davon berichten, dass jeder Artikel der ZfS die statistische Chance hat, von jedem vierten oder fünften Leser ganz oder größtenteils rezipiert zu werden.

12 Weingart vermutet darüber hinaus Gefährdungen des Peer Review durch externe Bewertungen und Geltungsbehauptungen: »mediale Prominenz (tritt) potenziell in Konkurrenz zu wissenschaftlicher Reputation« (2001, 239). Den Trend zur seriösen Evaluation von außen (Publikationsziffern, Zitationsanalysen) schätzt er trotz ihrer vorwiegend legitimatorischen Funktionen dagegen positiv ein. Solche Evaluationsformen hätten den Prozess der Professionalisierung verstärkt. Andererseits sei damit zwar die Intransparenz des Elfenbeinturms aufgehoben, das Privileg der letztinstanzlichen Selbstevaluation sei damit nach wie vor nicht gefährdet: »Noch die schärfste externe Beurteilung muss intern kommuniziert und umgesetzt werden.« (2001, 319ff.)

7.

Selbstverständlich hat auch der Aufsatz von Hirschauer vor seiner Veröffentlichung in der ZfS einen Peer Review erfahren. Ausnahmsweise zitieren die
HerausgeberInnen im Editorial von Heft 2004/1 in einer Replik zustimmend
aus einem der Gutachten und distanzieren sich damit ein Stück vom Tenor des
Aufsatzes ihres Autors und früheren Redakteurskollegen:

> Für ihn [scil.: Hirschauer], das macht er am Ende seines Beitrags ganz
> deutlich, liegt »die zentrale Funktion des Peer Review« vor allem in der
> ›Steuerung von Leseraufmerksamkeit‹, und viel weniger in dem, was
> die Gutachter und Herausgeber pflichtgemäß ›im Sinn haben‹, näm-
> lich die Sicherung von Qualität. Ehe man sich hier auf die Idee von
> (wie man sagen könnte) ›funktionsnotwendigen Lebenslügen‹ des
> wissenschaftlichen Publikationsbetriebs bringen lässt oder gar von
> ›notwendig falschem Bewusstsein‹ spricht, halten wir es noch einmal
> mit einem der beiden anonymen Gutachten zu Hirschauers Manus-
> kript. Dort nämlich wird der funktionalistische Gedanke in schärferes
> Licht gerückt und präzisiert; zugleich kommen Vertrauens- und Kre-
> ditfragen ins Spiel. Das Gutachten nennt »die Erfüllung der Funktion
> der Aufmerksamkeitssteuerung parasitär ... gegenüber der Unterstel-
> lung der ›Objektivität‹ der Ergebnisse und der ›Wahrhaftigkeit‹ der
> Gutachter. Auch wenn diese konstitutive Bedingung empirisch unter-
> schiedlich gut erfüllt wird – idealtypisch bzw. im Normalfall – muss
> man unterstellen, dass der Gesamtprozess einigermaßen rationale
> Ergebnisse erbringt (es sei denn, man bestritte die Möglichkeit von
> Alltagsrationalität überhaupt). Im Schnitt kann man auch durchaus
> darauf vertrauen, dass Manuskripte, die in Top-Journals publiziert
> werden, frei von groben methodischen Schnitzern und sträflichen
> Auslassungen relevanter Literatur sind.« Keineswegs geht es bei die-
> sem (nicht zur Publikation formulierten) Argument darum, die Irrita-
> tionen, die der konstruktiv-soziologische Blick auf das anonymisierte
> Gutachterverfahren (und auf den Evaluationsprozess, den es ›veran-
> staltet‹) auslöst, beiseite zu schieben. Vielmehr geht es darum, die
> sozialen Prämissen dafür stärker noch sichtbar zu machen, dass dieses
> Verfahren im kommunikativen Kreislauf zwischen (geschlechtsneutral
> gemeint) Autoren, Gutachtern, entscheidenden Herausgebern und
> Lesern ›funktioniert‹, dass es dadurch, dass es Qualität bescheinigt
> oder abspricht, die Publikationschancen knapp hält und so der Auf-
> merksamkeitssteuerung ›dienen kann‹. (Heintz et al. 2004, 2f.)

Die HerausgeberInnen versuchen in Anlehnung an eines der Gutachten
(und unter souveräner Ignorierung einiger im Aufsatz referierten Hinweise)
die Qualitätssicherung als Hauptfunktion des Peer Review zu retten, ohne
die vom Autor behauptete Funktion der Aufmerksamkeitssteuerung völlig

zu dementieren. Danach erinnern sie an die Bedeutung der invisible community der GutachterInnen und greifen damit in gewisser Weise die Forderung des Autors nach einer soziologischen Analyse der Evaluationspraxis auf:

> Was wir aus Hirschauers Beitrag ›selbstbezogen‹ auch entnehmen, ist, wie sehr es sozial unzutreffend oder doch unzureichend ist, die Zeitschrift vorzugsweise mit ihren Herausgebern zu identifizieren, und wie sehr es die ›invisible community‹ der Gutachterinnen und Gutachter ist, die das Zeitschriftenunternehmen trägt. Es sind im zurückliegenden Jahr 151 Gutachterinnen und Gutachter gewesen, die im Rahmen des Peer Review dieser Zeitschrift (zum Teil mehrfach) kommunikativ tätig geworden sind und die, wie es die Herausgeber sehen, zum Teil glänzende Gutachten geliefert haben. Das Heft 6/03 der ZfS (S.VIII) [und der Nachtrag in Heft 1/04, S. 95 [E.K.]] nennt ihre Namen. (Heintz et al. 2004, 3)

Den sorgfältigen Peer Review verstehen die HerausgeberInnen nicht nur als effektive Qualitätskontrolle, sondern auch als Teil einer spezifischen Kommunikationskultur:

> Auch sehen wir gerade darin – bei erschwerten Kommunikationsbedingungen – ein Stück affirmierender Arbeit an den Vertrauensgrundlagen, von denen zuvor die Rede war. Es sind eben primär die zugänglich gemachten Gutachten, die dem enttäuschten Autor vermitteln, dass es bei der Nichtpublikationsentscheidung mit Gründen und einigermaßen rational zugegangen ist. Allerdings gewinnen wir zuweilen den Eindruck, dass die Gutachter und Herausgeber herangezogen werden sollen, um noch deutlich unfertige Texte zu verbessern (die dann nach entsprechender Überarbeitung vielleicht bei der nächsten Adresse Erfolg haben). Das ist eine, wie wir finden, illegitime Ausbeutung des Peer Review, die – sollte sie überhand nehmen – zu einer Vorselektion Anlass geben müsste. (Heintz et al. 2004, 3).

Die heiklen Probleme, die hier mit viel Sachlichkeit und Takt, doch auch nicht ganz ohne Selbstgefälligkeit angesprochen sind, legen die Frage nahe, was hier wohl mit ›Kommunikation‹ gemeint sein kann, und wie eine solche anonymisierte ›Kommunikation‹ der (soziologischen) Wahrheitsfindung dienen soll.

Wenn das Fach eigene Kommunikationen (Beiträge) mit Hilfe ebenfalls eigener, aber spezialisierter Kommunikationen (zwischen Herausgebern, Gutachtern, Redakteuren und Autoren) unterscheidet und folgenreich über sie entscheidet, bleibt im Fall der Ablehnung ein *Akzeptanzproblem* übrig, das auch durch die Behauptung der Rationalität des Verfahrens und die Offenlegung guter Gründe (von denen es nach einem Diktum von Luhmann so viel gibt, wie Sand am Meer) nicht aufgelöst wird. Ein Diskurs über diese Gründe findet nämlich in aller Regel aus guten Gründen[13] nicht statt.

An seine Stelle tritt eher der Versuch, ›Akzeptanz‹ herzustellen, ein Prozess, den Luhmann am Beispiel von Gerichtsverfahren rekonstruiert hat: »Natürlich ›akzeptiert‹ der Betroffene, wenn ihm eine Entscheidung zugestellt wird, die er weder ändern noch ignorieren kann. Dazu braucht man kein Verfahren. Das Problem liegt nicht darin, das zu bewirken, sondern darin, das Sozialsystem gegen die Folgen der Wahl einer psychischen Lösung für die Verarbeitung dieses Faktums zu schützen. Diese Wahl darf keine soziale Resonanz mehr finden, die dafür aufgebotenen Ressentiments dürfen, wie gesagt, nicht Institution werden. Und dies ist der Grund, aus dem der einzelne durch ein Verfahren dazu gebracht werden muss, seine Position freiwillig zu individualisieren und zu isolieren.« (Luhmann 1969, 120)

Weder die Gesellschaft noch die Gene dürfen Schuld sein an der Ablehnung eines eingereichten Manuskripts, und auch nicht der vermeintliche oder wirkliche Eigensinn eines Gutachters. Der Peer Review ist das Verfahren, das dem Autor zwangsläufig die Arbeit am *eigenen* Geschick als notwendig *erscheinen* lassen muss, um den vermuteten Erwartungen und Ansprüchen der Herausgeber und Gutachter in höherem Maß zu entsprechen und ihre vermeintlichen Empfindlichkeiten zu respektieren. Dieses *Missverständnis* stellt die Möglichkeit der Teilhabe an anspruchsvollen Fachkommunikationen als Funktion einer kommunikativen Anpassungsleistung vor. Freilich verhindert die praktische Verpflichtung der Fachkommunikation auf den vorherrschenden Pluralismus von Themen, Theorien und Methoden eine solche Reduzierung der Entscheidungen über Manuskripte auf ein bloßes Machtverhältnis von konkurrierenden Geltungsansprüchen.


## 8.

Im Rückblick erscheint die (sozialwissenschaftliche) Fachzeitschrift als Schnittpunkt eigensinniger Funktions- und Identitätslinien. Weit entfernt, einfach nur ein Medium der sozialwissenschaftlichen Kommunikation unter anderen darzustellen, fällt sie auf als Bühne einer Konkurrenz um knappe fachbezogene Aufmerksamkeit. Zusätzliche Dramatik gewinnt das Spiel durch die Inszenierung des Erfolgsstücks *Peer Review*, das von der unerbittlichen Sachbezogenheit und Neutralität der Kritiker handelt – sowie von ihrer Verantwortung für mögliche Karriereverläufe.

---

13 Auf einen einfachen soziologischen Grund hat Luhmann bei der Diskussion des ›Rechtsgesprächs‹ hingewiesen: »daß die bei einem Gespräch vorauszusetzende Gleichheit fehlt.« (1969, 115).

Dieses Theater liegt aber fernab der Alltage von Lehre und Forschung und ihren Normalkommunikationen. Vor gleichsam leerem Haus, fast ohne Publikum, sitzen – um im Bild zu bleiben – im Parkett v.a. Herausgeber, RedakteurInnen und – gleichsam maskiert – die GutachterInnen. Allein sie unterscheiden (und entscheiden über) gute und schlechte Performances, lenken die Aufmerksamkeit der *abwesenden* Publika auf die – aus guten Gründen – abgedruckten Texte und empfehlen damit deren AutorInnen ›der Lehre‹ und ›der Forschung‹ als zukünftige KollegInnen und MitarbeiterInnen.

Die Abwesenheit der wissenschaftlichen Öffentlichkeit, der scientific community und ihrer Kommunikation überantwortet das Zusammentreffen der Suche nach spezifischer Aufmerksamkeit seitens der AutorInnen mit der der Leser nach für sie relevanten Texten dem Fleiß der Recherche – und dem Zufall.

Damit bleibt die sozialwissenschaftliche Kommunikation gerade auch in den als Zentren der Fachkommunikation behaupteten Zeitschriften eher die Ausnahme. Die diversen, oft sehr speziellen Angebote stellen vielmehr ein *Anregungspotential* dar, das über thematische, theoretische und method(olog)ische Umwelten informiert, über viel Verschiedenes, das anderen relevant erscheint. Doch treffen sie nur selten auf eine effektive Nachfrage. Solche eigentlich frustrierenden Erfahrungen haben bisher nicht zur Schließung von Fachzeitschriften geführt. Im Gegenteil. Das sich ausweitende Angebot hat den Markt der Unaufmerksamkeit für *ungelesene* Beiträge nur weiter vergrößert.

Diese Entwicklung steht eigentümlich quer zu der Selbstverständlichkeit, mit der sich das Fach nach wie vor mit seinen Zeitschriften identifiziert. Vielleicht ist es die Nähe zu den aporetischen Axiomen des Fachs, die bei der Sicherheitsüberprüfung der sozialwissenschaftlichen Communio kurz sichtbar wurden (s.o.), die die Fachzeitschriften als unaufgebbares, fast leeres Zentrum des Fachs unverzichtbar macht. Kontrafaktisch scheint die Erwartung festgehalten, dass dort das Gedächtnis der Einheit des Fachs in einer Form aufgehoben wäre, die jedes der spezialisierten Themen in einem – inzwischen virtuell gewordenen – gesellschaftlichen Zusammenhang aufscheinen lässt.

## Literatur

Allmendinger, Jutta (2001): Soziologie, Profession und Organisation. S. 21-52 in: dies. (Hg.), Gute Gesellschaft? Verhandlungen des 30. Kongresses der Deutschen Gesellschaft für Soziologie in Köln 2000. Opladen: Leske+Budrich.

Allmendinger, Jutta (2002): Eine drei-Welten-Lehre wissenschaftlicher Reputation und ihre Messung. Soziologie. Forum der Deutschen Gesellschaft für Soziologie 31, H. 3, 56-58.

Burkart, Günter (2002): Die Faszination der Popsoziologie. Soziologie. Forum der Deutschen Gesellschaft für Soziologie 31, H. 3, 47-52.

Diekmann, Andreas/Vieth, Manuela (2004): ›Teutonischer Tiefsinn‹ und ›Soziochinesisch‹. Die ZfS im Spiegel ihrer Leserinnen und Leser. Zeitschrift für Soziologie 33, 176-178.

Endruweit, Günter (1991): Zeitschriften in der Diskussion. Die Struktur der ›Sozialen Welt‹. Versuch der Rezension eines Zeitschriftenjahrgangs [1988]. Soziologische Revue 14, 167-177.

Endruweit, Günter (2002): Wie misst man Reputation? Messtheoretische Überlegungen zu Jürgen Gerhards ›Reputation in der deutschen Soziologie‹. Soziologie. Forum der Deutschen Gesellschaft für Soziologie 31, H. 4, 33-41.

Gerhards, Jürgen (2002a): Reputation in der deutschen Soziologie – zwei getrennte Welten. Soziologie. Forum der Deutschen Gesellschaft für Soziologie 31, H. 2, 19-33.

Gerhards, Jürgen (2002b): Zur Verbesserung der Selbstbeobachtung der Soziologie. Soziologie. Forum der Deutschen Gesellschaft für Soziologie 31, H. 4, 56-65.

Glatzer, Wolfgang (1993): Zeitschriften in der Diskussion. Bunte Sträuße von einer unübersichtlichen Wiese – Der Jahrgang 1990 der Zeitschrift für Soziologie. Soziologische Revue 16, 349-355.

Grove, W.R. (1979): The Review Process and its Consequences in the Major Sociology Journals. Contemporary Sociology 8, 799-804.

Harnad, S. (1998): Learned Inquiry and the Net: The Role of Peer Review, Peer Commentary and Copyright. Learned Publishing 4, 283-292.

Heintz, Bettina/Kohli, Martin/Münch, Richard/Preisendörfer, Peter/Tyrell, Hartmann (2004): Editorial. Zeitschrift für Soziologie 33, 2-4.

Hirschauer, Stefan (2004): Peer Review Verfahren auf dem Prüfstand. Zum Soziologiedefizit der Wissenschaftsevaluation. Zeitschrift für Soziologie 33, 62- 83.

Kaube, Jürgen (2004): Überangebot. Die Sozialwissenschaft sucht ihr Publikum – anstatt Ideen. FAS vom 01.06. 2004, Nr. 125, 51.

Klages, Helmut (1993): Zeitschriften in der Diskussion. Einblicke in die ›Lage der Soziologie‹? – Der Jahrgang 1990 der Zeitschrift ›Soziale Welt‹. Soziologische Revue 16, 7-13.

Kron, Thomas (2004): General Theory of Action? Inkonsistenzen in der Handlungstheorie von Hartmut Esser. Zeitschrift für Soziologie 33, 186-205.

Lüschen, Günther (unter Mitarbeit von Dirk Baecker, Karl-Heinrich Bette und Christa Lex) (1979): Die Entwicklung der deutschen Soziologie in ihrem Fachschrifttum. Perioden, Sachgebiete und Methoden seit 1945. S. 169-192 in: ders. (Hg.), Deutsche Soziologie seit 1945. Sonderheft 21 der KZfSS. Wiesbaden: Westdeutscher Verlag.

Luhmann, Niklas (1969): Legitimation durch Verfahren. Frankfurt a.M.: Suhrkamp

Luhmann, Niklas (1997): Die Gesellschaft der Gesellschaft. Frankfurt a.M.: Suhrkamp

Mayer, Karl-Ulrich (1994): Zeitschriften in der Diskussion. Soziale Welt 1991. Soziologische Revue 17, 25-30.

Nave-Herz, Rosemarie (1992): Zeitschriften in der Diskussion. Kölner Zeitschrift für Soziologie und Sozialpsychologie 1989. Soziologische Revue 15, 347-352.

Nedelmann, Birgitta (1992): Zeitschriften in der Diskussion. Profane und heilige ›Soziale Welt‹ (Jahrgang 1989). Soziologischen Revue 15, 139-152.

Rammert, Werner (2002): Die halbierte Reputation – eine grob fahrlässige und unfaire Rechnung. Soziologie. Forum der Deutschen Gesellschaft für Soziologie 31, H. 3, 53-55.

Sahner, Heinz (1982): Theorie und Forschung, Zur paradigmatischen Struktur der westdeutschen Soziologie und zu ihrem Einfluss auf die Forschung, Opladen: Westdeutscher Verlag.

Sahner, Heinz o.J. [1991], Paradigms gained, paradigms lost. Die Entwicklung der Nachkriegssoziologie im Spiegel der Fachzeitschriften – mit besonderer Berücksichtigung der Sozialen Welt. Göttingen.

Schäfers, Bernhard (1986): Fachzeitschriften und Bibliographien der Soziologie. S. 392f. in: ders. (Hg.), Grundbegriffe der Soziologie. Opladen: Leske+Budrich.

Schäfers, Bernhard (1991): Zeitschriften in der Diskussion. Der 17. Jahrgang/1988 der Zeitschrift für Soziologie. Soziologische Revue 14, 287-294.

Schmidt, Alfred (1980): Die ›Zeitschrift für Sozialforschung‹. Geschichte und gegenwärtige Bedeutung. Zeitschrift für Sozialforschung 1 (1932), 5-63. Photomechanischer Nachdruck. München: dtv

Schulz-Schaeffer, Ingo (2002): Publikationen zählen – empirische Anmerkungen zum Publikations-Ranking und zur Reputationswelten-Lehre. Soziologie. Forum der Deutschen Gesellschaft für Soziologie 31, H. 4, 42-55.

Shils, Edward (1975): Geschichte der Soziologie: Tradition, Ökologie und Institutionalisierung. S. 69-146 in: Talcott Parsons/Edward Shils/Paul F. Lazarsfeld, Soziologie-autobiographisch. München: dtv.

Weingart, Peter (2001): Die Stunde der Wahrheit? Vom Verhältnis der Wissenschaft zu Politik, Wirtschaft und Medien in der Wissensgesellschaft. Weilerswist: Velbrück.

Weymann, Ansgar (1991): Orientierung durch sozialwissenschaftliches Rezensionswesen? Soziologische Revue 14, 275-279.

Wiggershaus, Rolf (1988): Die Frankfurter Schule. Geschichte, theoretische Entwicklung, politische Bedeutung. München: dtv.

Wippler, Reinhard (1992): Zeitschriften in der Diskussion. Die Deutsche Soziologie im Spiegel der Kölner Zeitschrift [1988]. Soziologische Revue 15, 13-20.

Dr. Elmar J. Koenen
Institut für Soziologie, Ludwigs-Maximilian-Universität München
Konradstraße 6, D-80801 München
ekoenen@soziologie.uni-muenchen.de

Soziale Systeme 11 (2005), Heft 1, S. 104-128   © Lucius & Lucius, Stuttgart

Jo Reichertz

# »Die Zeiten sind vorbei, in denen man nicht mehr laut sagen durfte, dass man besser ist als andere« – oder: Zur neuen Logik der (sozial-)wissenschaftlichen Mediennutzung[1]

*Zusammenfassung:* Wer heute Wissenschaft betreibt, muss seine Arbeit immer häufiger und immer öfter mit Hilfe der Medien vorstellen. Die Öffentlichkeit, mit der er dann kommuniziert, ist nicht mehr nur eine Fachöffentlichkeit, sondern immer öfter muss er auch den Erwartungen der Politik, der Medien und der Steuerzahler entsprechen. In Zeiten knapp bemessener Geldmittel werden öffentliche Präsenz und öffentliche Anerkennung bedeutender, da sie dem Aufbau von Reputation dienlich sein können. Deshalb kommt es nicht nur darauf an, viel in die Medien zu bringen, sondern dies auch verständlich und attraktiv zu tun. Honoriert werden dabei auch Persönlichkeit und Ausstrahlung. Der Artikel fragt auch nach den Folgen, die dieser Wandel für das berufliche Tun von Wissenschaftlern mit sich bringt.

> *Daß Wissenschaft heute ein fachlich betriebener ›Beruf‹ ist im Dienste der Selbstbesinnung und der Erkenntnis tatsächlicher Zusammenhänge, und nicht eine Heilgüter und Offenbarungen spendende Gnadengabe von Sehern und Propheten oder ein Bestandteil des Nachdenkens von Weisen und Philosophen über den Sinn der Welt, – das freilich ist eine unentrinnbare Gegebenheit unserer historischen Situation, aus der wir, wenn wir uns treu bleiben, nicht herauskommen können.*
>
> Max Weber (1973), Wissenschaft als Beruf, 609

## 1. Zeitenwende

Heute wird in der Wissenschaft gern von vielen geklagt. Ein Grund hierfür: das allgemeine *Publish-or-Perish-Gebot*. In den Klagen trauert man meist den guten alten Zeiten nach, als man noch unbehelligt forschen und lehren konnte (und sollte), ohne den Zwang zu verspüren, möglichst schnell, möglichst viel, möglichst Gutes und auch noch möglichst gut Geschriebenes zu

---

1 Ganz besonders möchte ich Christian Lüders und Andreas Ziemann für ihre zahlreichen kritischen wie konstruktiven Anregungen danken. Ihre Fragen und Hinweise haben die Abfassung dieses Textes begleitet und so geholfen, manches Unklare klarer zu fassen. In diesem Artikel greife ich erneut Fragen auf, denen ich bereits in Reichertz 1991 und 1992 nachgegangen bin. Überlegungen zu der wissenschaftspolitischen Seite der hier dargestellten Entwicklungen finden sich in Reichertz 2004.

veröffentlichen. Solche Klage über die neuen Zeiten und die neuen Zwänge innerhalb des Wissenschaftsbetriebs verdankt sich jedoch nicht der Larmoyanz von Schreibgehemmten oder Zu-Kurz-Gekommenen, sondern sie ist Reflex auf eine tief greifende Zeitenwende innerhalb wissenschaftlichen Arbeitens.

Kaum einer hat die Besonderheit dieser Zeitenwende so deutlich auf den Punkt gebracht wie Ernst-Ludwig Winnacker, seit 1998 Präsident der Deutschen Forschungsgemeinschaft (DFG), einer Institution mithin, zu deren Aufgaben unter anderem auch die Gestaltung der deutschen Wissenschaftsentwicklung gehört. In einem Interview mit der (einst liberalen) Wochenzeitung *Die Zeit* spricht er sich nicht nur für mehr Wettbewerb und eine stärkere Spezialisierung der deutschen Hochschulen aus, sondern auch für eine neue Form wissenschaftlicher Selbstanpreisung: »Der Druck«, so Winnacker, »Rechenschaft abzulegen und Qualität zu messen ist in der Tat wegen der Konkurrenzsituation knapper Mittel gestiegen. Ich finde diese Entwicklung genau richtig, weil in der Forschung nichts so sehr zählt wie der Wettbewerb. Um wissenschaftliche Exzellenz zu erreichen, müssen die besten miteinander wetteifern. Die Zeiten« – und wegen dieser Diagnose lasse ich den Präsidenten der DFG so lange zu Wort kommen, also: »Die Zeiten sind vorbei, in denen man nicht mehr laut sagen durfte, dass man besser ist als andere« (Spiewack/Schnabel 2003, 25).

An dieser Formulierung ist nun nicht nur vieles bemerkenswert. So z.B. die dieser Formulierung implizite und kaum haltbare Drei-Stadien-Theorie wissenschaftlicher Werbung in eigener Sache: Ganz früher (so die Behauptung) durfte man sich in der Wissenschaft laut selbst rühmen, dann im zweiten Stadium war dies verpönt bzw. wurde unterbunden (und das wird skandalisiert) und jetzt, also heute, darf man (endlich) wieder. Ich werde mir hier eine empirisch gesättigte Auseinandersetzung mit dieser Einschätzung der Geschichte wissenschaftlichen Publizierens verkneifen und im Weiteren nur auf einen, aus meiner Sicht besonders bemerkenswerten Punkt der Formulierung eingehen. Gemeint ist damit die Behauptung, heute dürfe man (endlich mal wieder) *laut* über die eigenen Verdienste sprechen.

Was bedeutet es nun, wenn Wissenschaftler heute *laut* sagen dürfen und (wenn es nach dem Präsidenten der DFG geht) auch sagen sollen, dass sie andere übertreffen? Überraschend ist eine solche Forderung, weil Wissenschaftler noch nie besonders zurückhaltend waren, wenn es darum ging, in Veröffentlichungen oder Vorträgen Konkurrenten zu kritisieren und die eigenen Qualitäten herauszustreichen.

Allerdings sprach man bislang *leise* darüber, die Kritik und das Lob waren den Ohren der Kollegen und Kolleginnen vorbehalten. Das Gebot des Laut-Sprechens (mittels den aktuellen Lautsprech-Medien) impliziert nicht nur, sondern fordert auch eine Erweiterung der Zuhörerschaft, dieses Gebot des Laut-

Sprechens weitet den Kreis der vom wissenschaftlichen Wort Angesprochenen aus. Auch andere Hörer oder genauer: möglichst viele Hörer sollen hören, dass ein bestimmter Wissenschaftler mehr zu bieten hat als sein Konkurrent. Und am besten erreicht der das Ziel der Werbung in eigener Sache, der sich dorthin begibt, wo die meisten Menschen anzutreffen sind: Früher war das der Marktplatz, heute sind es die Medien. Die Formulierung des DFG-Präsidenten erweist sich also bei näherer Betrachtung als Aufforderung an alle Wissenschaftler/innen, auch öffentlich miteinander zu konkurrieren und sich dabei auch (aber nicht nur) der laut-sprechenden Verbreitungsmedien zu bedienen. Da der DFG-Präsident mit seiner Forderung nicht alleine steht, sondern nur das pointiert formuliert, was sich seit Jahren innerhalb der scientific community beobachten lässt, erhält die wissenschaftliche Eigenwerbung ein beachtliches und auch neues Gewicht. Und die Frage stellt sich, was die Ursachen dieses Prozesses sind und welche Auswirkungen sich aus dieser Neugewichtung wissenschaftlichen Arbeitens ergeben.

## 2.   Wissenschaft betreiben in Zeiten des Wandels

Die Zeiten haben sich gewandelt. Dieser Befund ist so trivial wie zutreffend, weil die Zeiten sich stets wandeln. Aber im Moment scheinen sie sich besonders schnell und besonders tiefgreifend zu wandeln: Ein Ausdruck dieser Wandlungsprozesse ist (auch das ist nicht sehr überraschend), dass sich die Organisation und auch die Inhalte gesellschaftlicher Arbeit ändern. Diese Erfahrung müssen nun auch die Wissenschaft, die Universitäten und die, welche Wissenschaft als Beruf betreiben, nämlich die Wissenschaftler/innen, machen. Nun sind die neuen Herausforderungen, die sich der *Wissenschaft* (ganz allgemein, ohne Rücksicht auf die unterschiedlichen Disziplinen) stellen, andere als die, mit denen sich die deutschen *Universitäten* konfrontiert sehen, und deren Probleme unterscheiden sich noch einmal von denen, mit denen sich die etablierten und noch nicht etablierten *Wissenschaftler/innen* auseinandersetzen müssen. Nur auf letztere, also die Probleme der Wissenschaftler/innen, werde ich im Weiteren näher eingehen.

Wissenschaft als Beruf zu betreiben setzt oder besser: setzte sich bislang im Wesentlichen aus den Tätigkeitsbereichen Lehren, Forschen, Prüfen, Publizieren, Verwalten, Personalführung und neuerdings auch Haushaltsführung und PC-Beherrschung zusammen. Im Vordergrund standen je nach Trägerinstitution und Position mal das Lehren, mal das Forschen, mal das Verwalten oder bei manchen auch das Publizieren, was im Wesentlichen bislang ›Texte-Schreiben‹ bedeutete, heute jedoch auch immer mehr die kompetente Nutzung aller neuer Medien umfasst.

All dies ist weder neu noch originell, weil schon oft und ausgiebig von Wissenschaftssoziologie oder Wissenssoziologie gesagt und beschrieben. Die diversen Arbeiten aus diesen Bereichen zeigen (wenn auch in unterschiedlicher Schärfe und Ausprägung innerhalb von Natur- und Sozialwissenschaften),[2] dass Wissenschaft in vieler Hinsicht ein Beruf wie viele andere ist, der sich mit vielen offiziellen wie inoffiziellen Aufgaben hauptamtlich auseinandersetzt (weshalb in der Wissenschaft unterschiedliche Kapitalsorten erworben oder verloren werden können – vgl. Bourdieu 1997, 31ff.), aber der sich auch und vornehmlich mit dem Finden und Verbreiten von Überzeugungen beschäftigt.

Aber diese Studien zeigen auch, dass die Wissenschaftler vor allem ein ganz ›eigenes Völkchen mit zahlreichen Unterstämmen‹ (vgl. Campbell 1985) sind, und dass dort nicht unbedingt der ein König ist, der am meisten wahre Sätze produziert hat, dass dort neben Großmut und Weitblick auch Neid und Missgunst gedeihen, dass es in der Wissenschaft auch Stars und tragische Gestalten gibt, international agierende (manchmal schon geadelte) Persönlichkeiten, aber auch die auf immer Verstummten. Kurz: Auch im Feld der Wissenschaftler / innen gibt es (trotz der prinzipiellen Gleichheitsgebots) eine deutliche und machtvolle vertikale Gliederung – und wer in dem Feld oben und wer unten ist, das ergibt sich nicht nur (aber auch) aus der wissenschaftlichen Qualität des wissenschaftlichen Akteurs.

Allerdings haben sich in den letzten Jahrzehnten und insbesondere im letzten die Rahmenbedingungen für die vielfältigen Karrierepolitiken von Wissenschaftlern entscheidend geändert. Im Weiteren seien in aller Kürze nur sechs wesentliche Ursachen für diese Veränderungen genannt:[3]

a. die weiter fortschreitende Demokratisierung der westlichen Gesellschaften und die auch daraus folgende *Vergesellschaftung von Wissenschaft,*
b. die ebenfalls aus der Demokratisierung resultierende Bewertung der Leistung der Wissenschaft an *wissenschaftsexternen, vornehmlich ökonomischen* Standards,
c. der Wandel der Universitäten von einer umfassenden *Bildung* einer kleinen *Elite* zur *Berufsqualifikation* für möglichst *Viele,*

---

2 Aus der Fülle der Publikationen will ich hier nur kurz, und stellvertretend für andere, einige Arbeiten nennen, die speziell aus wissenssoziologischer, wissenschaftssoziologischer und wissenschaftsethnographischer Sicht das berufliche Feld von Wissenschaftlern ausgeleuchtet haben. Zweifellos haben in Deutschland die Arbeiten von Peter Weingart geholfen, das Feld der Wissenschaft besser abzustecken (Weingart 1974; 1976; 2001; 2003a), auch die Arbeiten von und in der Tradition von Karin Knorr-Cetina (1984) und Helga Nowotny (1996; Nowotny / Scott / Gibbons 2000 und Felt / Nowotny / Taschner 1995) waren hierfür wegweisend, nicht zu vergessen diverse Sammelbände zur Ortsbestimmung einer ›Entzauberten Wissenschaft‹ (Bonß / Hartmann 1985; Beck / Kieserling 2000).

3 Hier stütze ich mich zum Teil auf die Ausführungen von Weingart 2001; s.a. Felt / Nowotny / Taschner 1995, Ruhrmann 1997, Mittelstraß 1997 und Hornke 1997; ausführlicher dazu auch Reichertz 2003.

d. die durch Globalisierungsprozesse bedingte und zunehmend schärfer werdende *weltweite Konkurrenz* der Universitäten untereinander,

e. die gleichzeitige ebenfalls weltweite *Standardisierung* des Lehrangebots durch *Modularisierung*

f. und das zunehmende Interesse der *Medien* an der Arbeit und der Person des Wissenschaftlers bzw. der Wissenschaftlerin.

Diese neuen Rahmenbedingungen haben einigen Standards der Wissenschaft und auch einigen klassischen Praktiken der Karrierepolitik ihre Kraft genommen und das Wachsen und Aufblühen neuer Standards und Karrierepolitiken gefördert. Vor allem bei den neuen Strategien, die eigene Karriere voranzubringen, spielt die Nutzung der Medien eine besondere und immer wichtigere Rolle. Dieser tief greifende Umgestaltungsprozess der deutschen und europäischen Universitäten und Wissenschaften, der erst angefangen hat und dessen Dynamik sich noch weiter beschleunigen und der die gesamte Arbeit und die Karrierepolitiken aller Wissenschaftler/innen massiv verändern wird, lässt sich m.E. durch sechs spezifische Entwicklungstendenzen kennzeichnen (zu diesen Tendenzen siehe vor allem Weingart 2001 und 2003a, aber auch Franck 1998).

## 2.1   Die weitere Vergesellschaftung von Wissenschaft (bei gleichzeitiger weiterer Verwissenschaftlichung der Gesellschaft)

Die Gesellschaft, oder genauer: sehr viele Bürger und ebenfalls viele gesellschaftliche Gruppen sind an der Wissenschaft interessiert – sei es an ihren Ergebnissen, sei es an ihren Kosten und ihrer Nützlichkeit, sei es an ihren Angeboten oder Zugangswegen. Ein wichtiger Grund hierfür ist, dass die Wissenschaft bedeutsam für fast jedes Gesellschaftsmitglied geworden ist: Die Wissenschaft hat nicht nur Atombomben, sondern auch Atomkraftwerke ermöglicht, sie hat in den späten sechziger Jahren nicht nur Gesamtschulen herbei begutachtet, sondern auch die Pisa-Studie verantwortet, sie warnt seit langem vor Klimakatastrophen, Jugendgewalt, dem Kampf der Kulturen, der Vergreisung der Gesellschaft und dem Untergang des Sozialstaates – um nur einige wenige Beispiele zu nennen.

Wissenschaft gestaltet also Gesellschaft in nicht unerheblichem Maße mit, sie ist zu einer »semantischen Produktivkraft« (Lau/Beck 1998, 314) geworden. Dass sich also auch die Betroffenen für die interessieren, die für die Deutungen verantwortlich sind, versteht sich deshalb von selbst, oder anders formuliert: »Um die vielen wackligen Annahmen über unsere Existenz zu erhärten, benötigen wir viel mehr Kommunikation untereinander, nicht allein zwischen Wissenschaftlern, Politikern und Ökonomen, sondern das Gespräch muss insbesondere diejenigen einschließen, die mit ihren Steuern die Forschung finanzieren und die Nutznießer bzw. Opfer des wissenschaftlichen Fortschritts sind: die Bürger« (Goede 2003, 4).

Aber Wissenschaft gestaltet nicht nur mit. In diesem Gestaltungsprozess produziert sie vor allem immer wieder eines: Eine Vielfalt von teils sich ausschließenden Deutungen und Zukunftsszenarien – die einen sind in düsteren Farben gemalt, andere in hoffnungsvollen. Und da sich dabei immer wieder und immer intensiver die Begrenztheit wissenschaftlicher Arbeiten zeigt, kann sie immer weniger Sicherheitsgefühl und Beschwichtigung liefern. Diese Funktion »von Wissenschaft erschöpft sich (…) in dem Maße, in dem der politischen Öffentlichkeit zunehmend der Konstruktcharakter wissenschaftlicher Prognosen und Ursachenanalysen bewußt wird. Die Erosion sozialwissenschaftlicher Kredibilität, wie sie sich wissenschaftsintern im erkenntnistheoretischen Relativismus äußert, zwingt möglicherweise auch den anwendungsorientierten Sozialwissenschaftlern den Anspruch der Identität von Geltung einer Aussage und ›persönlicher Verantwortung‹ für diese Aussage auf, wie sie die Theorie praktischer Diskursive vorsieht« (Lau/Beck 1998, 181; vgl. dazu auch Lüders 2004). Weil und insofern die Wissenschaft sich seit der Aufklärung Schritt für Schritt einem konstruktivistischen Selbstverständnis genähert hat, spricht auch Luhmann vom »Autoritätsverlust, ja von einem Autoritätsverzicht der Wissenschaft« (Luhmann 1992, 627). Die Wissenschaft hat ihre Selbstverständlichkeit verloren.

Und da diese Wissenschaft (ohne Gewissheiten) immer mehr kostet und zugleich die öffentlichen Mittel knapper werden, fragt sich die Öffentlichkeit immer lauter, was ihr die Wissenschaft wert ist, was sie überhaupt leistet und was sie an die Gesellschaft zurückgibt. Manche wissenschaftlichen Disziplinen verfügen in dieser Debatte über eine gute Presse (Physik, Medizin, Informatik), manche über eine schlechte. Die Sozialwissenschaften haben in der Regel eine schlechte Presse.

Angesichts dieser durchaus bedrohlichen Lage sehen immer mehr Universitäten und Disziplinen die Notwendigkeit, der Gesellschaft die Bedeutung von Wissenschaft im Allgemeinen und der jeweiligen Disziplin im Besonderen plausibel zu machen, auch weil sie erkennt, dass sie sich mit anderen Konkurrenten auf einem ›Marktplatz‹ befindet (Nowotny/Scott/Gibbons 2002, 201-214). Und dafür ist es sinnvoll, mit den Medien zusammenzuarbeiten und Texte in verständlicher Sprache anzufertigen. Pointiert: Wer verständlich schreibt, der bleibt. Deshalb »stellt sich die Frage des ›Publish or Perish‹ für die Wissenschaft und die Wissenschaftler auf neue Art und Weise. Den Dialog mit der breiten Öffentlichkeit zu führen, gilt plötzlich als mindestens ebenso wichtig, wie den ohnehin gepflegten Diskurs mit den wissenschaftlichen Peers« (Gaus/Wildt 2001, 45). Hochschulen haben in dem Bestreben, sich der Öffentlichkeit gegenüber auszuweisen, nicht nur eigene Pressestellen und Stellen für Wissenstransfer geschaffen, sondern sie greifen zunehmend auch die seit 15 Jahren in England erfolgreiche Bewegung der ›*Public Understanding of Science*‹ (PUS) auf. Dies bedeutet: »Verständigung und Verständnis von und für Wissenschaft macht es erforderlich, sich auf Formate populärer Medien einzulassen und zu erlernen, wie sie zu gebrauchen sind« (Gaus/Wildt 2001, 13; s.a. Nelkin 1995, 124-158).

Zu diesem neuen Verhältnis von Wissenschaft, Politik, Wirtschaft und Öffentlichkeit gehören neben den diversen ›Science Centern‹, in denen (Natur-)Wissenschaftler Kindern und Jugendlichen spielerisch Einblick in die Wunder der Natur gewähren, auch solche Aktionen wie die mittlerweile an vielen Hochschulen mit viel Aufwand inszenierten ›Kinderunis‹. Mit breiter Unterstützung meist lokaler Sponsoren und mit lauten Medienechos werden dann Kinder (oder manchmal auch Schüler) in die heiligen Hallen eingeladen, und ausgewählte, didaktisch besonders begabte Hochschullehrer/innen zeigen dann (oft mit Hilfe von Inszenierungsprofis) dem jungen Publikum, dass entgegen aller Erwartungen die Profs und die Wissenschaft doch ganz unterhaltsam sein können. Zu diesem neuen Verhältnis gehört aber auch, dass Standesgesellschaften wie z.B. die ehrbare Deutsche Gesellschaft für Soziologie (DGS) ernsthaft erwägt, eine eigene Publikumszeitschrift herauszugeben (kritisch hierzu: Loer 2003).

Angesichts der vielen neuen außeruniversitären Konkurrenz in der Wissensproduktion und Wissensweitergabe rüstet die Wissenschaft also offensichtlich massiv auf, weshalb manche auch schon von den ›science wars‹ sprechen und schreiben (z.B. Stolzenberg 2001 und Bammé 2004).

## 2.2   Die weitere Ökonomisierung von Wissenschaft bei gleichzeitiger weiterer Verwissenschaftlichung der Ökonomie

In alten Zeiten galten die *Neugier* (ausführlich hierzu Blumenberg 1977; auch Marquard 1995) oder die *Krise* als die zentralen Beweggründe, Natur und Gesellschaft zu erforschen. Mittlerweile scheint in den Universitäten ein weiterer Faktor hinzugekommen zu sein und an Bedeutung gewonnen zu haben: das *Geld*. Kary Mullis, seines Zeichens Biochemiker und Nobelpreisträger, formuliert es sehr drastisch: »Geld hat die Neugier als Schrittmacher der Wissenschaft ersetzt« (zit. nach Goede 2003, 4).

So überspitzt diese Aussage auch erscheinen mag, sie trifft dennoch einen wichtigen Punkt. Denn heute, unter den Bedingungen knapper werdender öffentlicher Mittel und dem daraus sich ergebenden (lauten) ›Kampf der Besten‹ untereinander, haben sich alle Wissenschaftler (so sie denn forschen wollen) auf dem freien Markt der Wissenschaftsfinanzierung zu bewerben – und dieser Markt wird immer enger. Wer kein Geld aus Drittmitteln einwirbt, erhält weniger Mittel aus dem Hochschulhaushalt, kann also auch weniger Forschung betreiben.

Auch, aber nicht allein wegen des verschärften Wettbewerbs um ökonomisches Forschungskapital geht die Frage nach den Beurteilungskriterien wissenschaftlicher Arbeit in eine neue Runde (vgl. dazu den instruktiven Artikel von Lüders 2004 und auch Reichertz 2000). Ein weiterer Grund für den immens gewachsenen Druck zur ›öffentlichen Rechnungslegung‹ und Qualitätskontrolle ist, »dass das beispiellose Wachstum des Wissenschaftssystems in den letzten Jahren an eine kritische Schwelle gelangt ist. In der Forschungsfinanzierung ist in vielen Ländern ein stationärer Zustand eingetreten, der nach selektiven Allokationsmechanismen und strukturellen Umschichtungen verlangt« (Nowotny 1996, 377).

Die Forderung nach Qualitätsevaluation macht deshalb vor den Mauern der Alma Mater nicht mehr halt. Weshalb sollte sie auch? Es wird nach Möglichkeiten der Leistungskontrolle gefragt, nach der Prüfung des Verhältnisses von Aufwand und Ergebnis. Die Formel des neuen Erfolgkonzepts: Nicht mehr alles tun, sondern nur noch das am Markt Nachgefragte – und das bitte effektiv. *Profilbildung* lautet der ministeriale Euphemismus, und die setzt in den Hochschulen einen massiven »Verdrängungswettbewerb zwischen den Fächern und in ihnen« (Langewiesche 2003, 24) in Gang. Die Nischen, in denen Modelle und Experimente ihr (wenn auch kärgliches) Leben fristen konnten, schließen sich zunehmend. Bewährung im (zunehmend auch internationalen) Markt ist statt dessen das Gebot der Stunde.

Aber nicht nur die universitäre Forschung wird (wie oben beschrieben) zunehmend von der Suche nach Geld (Drittmittel) angetrieben, sondern auch die anderen Aufgaben von Wissenschaftlern und der Universität werden immer mehr unter dem Aspekt der Wirtschaftlichkeit betrachtet. Dass auch diese Bereiche der Arbeit an der Hochschule ins Visier der Kostenminimierer geraten ist, hat sehr viel mit der Öffnung der Universitäten für den internationalen Markt zu tun – also vor allem:

a. mit der *Konkurrenz* der Universitäten um die besten Studenten/innen, der *Internationalisierung,*
b. mit der damit einhergehenden *Modularisierung* und durch Akkreditierungsanstalten gesicherten *Standardisierung* gestufter Studiengänge (BA/MA),
c. mit der flächendeckenden Einführung eines international verbindlichen *Creditsystems* (ECTS) für Studienleistungen,
d. mit der Neuen Haushaltsführung an den einzelnen Hochschulen,
e. mit den zur paradoxen Kommunikation einladenden Zielvereinbarungen zwischen Hochschule und Hochschullehrern,
f. mit den diversen, auf einzelne Personen zurechenbaren Effektivitätsberechnungen von Forschung, Lehre, Prüfung und Verwaltung, dem neuen Wissenschaftsmanagement und der damit einhergehenden Wiederein-

führung hierarchischer Strukturen (nach dem Vorbild von Unternehmen) und

g. mit der (um es mit einer Formulierung von Peter Weingart (2001) auf einen Begriff zu bringen): weitgehenden *Externalisierung* der Validierung wissenschaftlicher Arbeit.

Vor allem die zuletzt genannten Maßnahmen – die ›in the long run‹ zu einer Ökonomisierung der Wissenschaft führen, also dazu, dass die aus der Privatwirtschaft bekannten Quality-Management-Praktiken und die darauf aufsitzenden Zertifizierungen (= Akkreditierung) und Rankings sich auch in den Universitäten durchsetzen – machen es möglich, ziemlich genau angeben können, wie teuer die Gesellschaft ein Studienabschluss bei einem bestimmten Hochschullehrer kommt, wenn der auch noch forscht, publiziert und regelmäßig auf Tagungen vorträgt. Und man wird fragen, ob es sich die Gesellschaft noch leisten kann, dass *alle* Wissenschaftler neben ihren Lehr-, Prüfungs- und Verwaltungsaufgaben auch noch forschen und publizieren – wenn letzteres doch vor allem dem einzelnen Wissenschaftler dient und nicht der Hochschule oder gar der Gesellschaft. Und alle Betroffenen werden sich (in und mit den Medien) an dieser Debatte beteiligen – was emsige und vor allem: *laute* Darstellungsarbeit auslösen wird.

### 2.3.  Das Bedeutsamwerden der Massenmedien für die Wissenschaft bei gleichzeitigem Bedeutsamwerden der Wissenschaft für die Massenmedien4

Nach einem (nicht mehr auf seinen Autor zurückzuführenden) Bonmot bedeutet auch für Wissenschaftler heute *Sein* zunehmend *in den neuen Massenmedien zu sein*. Nur auf den ersten Blick ist dieses Wort übertrieben oder gar bösartig, denn der gesellschaftlich getragene Wechsel der Leitmediums, nämlich die (von den meisten Intellektuellen beklagte) Ablösung des Buches durch die Bildmedien, hat für weite Teile der Gesellschaft schon längst stattgefunden.

---

4  Hier ist allein das soziale System der Massenmedien gemeint (TV, Radio, Zeitungen und Zeitschriften – online und offline), nicht die kaum in ihrer Bedeutung zu überschätzende zunehmende Medialisierung der wissenschaftlichen Forschung, Lehre und Verbreitung, also der sich beschleunigende Prozess, der zur Folge hat, dass immer mehr Medien bei der Erarbeitung von Forschungsergebnissen (Computer und spezifische Auswertungssoftware, z.B. SPSS oder Atlas/ti) und bei deren Verbreitung auf Tagungen, in Vorlesungen (PowerPoint, Excel, Seminargestaltung) eingesetzt werden. Auch der Umstand, dass Homepages sich auch in der Wissenschaft flächendeckend ausgebreitet haben, mit der Möglichkeit, gezielt für sich zu werben und auch eigenständig Texte als Downloads allen Interessierten zur Verfügung zu stellen, hat die Öffentlichkeitsarbeit von Wissenschaftlern entscheidend verändert. Die Untersuchung der auf die wissenschaftliche Arbeit zurückwirkenden Materialität all dieser Medien steckt noch in den Kinderschuhen. Hier wird in Zukunft viel zu tun sein.

Lange Zeit war das maschinell hergestellte *Buch* das Leitmedium der Gesellschaft, aber auch das der Wissenschaft. Mit dem Buch arbeiteten Generationen von Natur- und Geisteswissenschaftlern, sei es, dass sie daraus lernten,
was Wissenschaft ausmacht und wie man sich die Welt vorzustellen hat, sei es,
dass sie es nutzten, um möglichst alle relevanten Akteure ihres Handlungsfel-
des mit ihren neuesten Ideen bekannt zu machen und so für die Bedeutsam-
keit des Ideenerfinders zu *werben*. Für diese Art der Werbung unter Berufsan-
gehörigen hat die Profession im Hinblick auf das Medium *Buch* Formen und
Normen entwickelt, die der Novize im Zuge seiner Hochschulsozialisation
eher implizit denn explizit erlernte und meist auch mehr intuitiv denn strategisch anwendete. In den Naturwissenschaften ist das Buch seit dem Aufblühen der Fachzeitschriftenkultur und verstärkt durch das Internet durch den
kurzen Fachartikel verdrängt worden, während in den Geisteswissenschaften
zwar der Aufsatz an Bedeutung gewann, das Buch aber länger (immer noch?)
seine Stellung behaupten konnte. Dennoch hat sich auch hier Einiges getan.
War es also lange Zeit entscheidend (wollte man ein Geisteswissenschaftler
oder eine Geisteswissenschaftlerin werden), in dem Leitmedium *Buch* seine
Ansichten zu publizieren, so wird die Bedeutung von Wissenschaftlern/innen
zunehmend auch (also nicht ausschließlich) durch Präsenz in den audio-visu-
ellen Medien hergestellt und gefestigt. Und da die neuen Medien sehr stark
dem Bild und weniger dem Wort verpflichtet sind, resultieren daraus vollkommen andere Darstellungslogiken und Erfolgskriterien – was manche Wissenschaftler auch dazu bewegt, sich dem Fernsehauftritt und der damit einhergehenden Dramatisierungsnotwendigkeit und dem kurzatmigen *Fast-Thinking*
grundsätzlich zu verweigern (vgl. Bourdieu 1998). Denn die relevanten Selektionsfaktoren der Medien sind nur begrenzt mit denen der Wissenschaft kompatibel, zählt doch in den Medien vor allem das Punktuelle, Eindeutige, Sichtbare,
Bedeutsame, Wünschbare, Überraschende, Bedrohliche und das Bildhafte. Darüber hinaus bevorzugen die neuen Bildmedien Personen, die über Ausstrahlung und die Kunst der prägnanten Rede verfügen, Persönlichkeiten also, deren
Aura und deren Wort überzeugen.
In *Spiegel*-Interviews und Fernsehgesprächen langweilt das *Gerede* von der
Begründung wissenschaftlicher Erkenntnis und der Gültigkeit von Methoden.
Und wer den Fehler begeht, ungefragt solche zu äußern, wird in Zukunft nicht
mehr gefragt. Das gilt natürlich auch für Auftritte in den zahllosen Talk-Shows
und Wissenschaftsmagazinen, aber auch bei den beiden Formaten, in denen
vor allem Sozialwissenschaftler spätnachts über die Vergangenheit und
düstere Zukunft der Welt debattieren – also für das *philosophische Quartett*
unter der Leitung von Peter Sloterdijk und das von Volker Panzer am virtuellen
Lagerfeuer moderierte *Nachtstudio*.
Weil also (neben den Politikern zunehmend) auch die Wissenschaftler auf die
Medien der Zeit angewiesen sind, steht zu erwarten, dass auch die Arbeit der

Wissenschaftler zunehmend von den *Inhalten*, der *Materialität* (z.B. Oralität, Literalität oder Visualität) und der *sozialen Organisation* der jeweiligen Medien bzw. des jeweiligen Leitmediums (Zugang, Kosten, Verteilung etc.) beeinflusst werden wird, dass also Arbeitsschwerpunkte, Arbeitsweise und Darstellungsformen sich den Gegebenheiten der Medien anpassen.

Dass Wissenschaftler sich der Medien bedienen, ist die eine Seite, dass auch die Medien sich der Wissenschaftler bedienen, ist die andere. Denn die Medien haben erkannt, dass man mit wissenschaftlichen Themen oder Wissenschaftlern/innen Auflage machen kann. Immer häufiger erobern Wissenschaftsthemen die Seiten der Tages- und Wochenzeitungen. Und das ist (glaubt man Luhmann) nur konsequent. Denn: »Wenn und soweit funktionale Differenzierung sich durchsetzt, verlieren nicht nur autoritative Sprecherrollen ihre Position. Sie werden außerdem der Beobachtung durch jeweils andere Funktionssysteme ausgesetzt (…)« (Luhmann 1992, 631). Zu dieser Beobachtung gehört auch, dass die Medien zunehmend Wissenschaftler in die eigenen Zonen der Macht, also die Studios, einladen, auf dass sie sich nicht nur vielen zeigen, sondern auch von vielen beobachtet werden können. Auch deshalb sind in Magazinen, Talkshows, Hintergrundberichten und vielem anderen (manche) Wissenschaftler gern gesehene Gäste, die kommentieren, erläutern und das erklären, was manchen Zuschauern so unverständlich erscheint, und dabei zugleich auch etwas über sich selbst zeigen.

Zu dem neuen Verhältnis von Medien und Wissenschaft gehört auch das Interesse an der Arbeit und dem Leben der Wissenschaftler/innen. Beispielhaft für diese Art der medialen Thematisierung von Wissenschaft ist ein Artikel, der Anfang 2004 unter der Rubrik ›Wirtschaft‹ (sic!) im *Stern* erschienen ist. Hier wurden unter dem Titel ›*Die Besten hauen ab*‹ verschiedene deutsche Wissenschaftler (mit großflächigem Bild) vorgestellt und deren Gründe diskutiert, in Deutschland weiter zu arbeiten bzw. die zumindest für Spitzenwissenschaftler gesegneten Vereinigten Staaten von Amerika aufzusuchen. Unter anderem wird auch Andreas Heinrich, 34-jähriger Nanotechnologie-Forscher, vorgestellt, der zur Zeit noch in einem IBM-Labor in Kalifornien arbeitet und sich mit der Frage auseinandersetzt, ob er dort bleiben soll oder an eine amerikanische Universität wechseln oder gar zurück nach Deutschland gehen soll. Für den Spitzenforscher ist beides denkbar – wenn die Bedingungen stimmen: »Für meine Forschung«, so zitiert der *Stern* den jungen selbstbewussten Deutschen, »brauche ich mindestens eine Million Euro, um überhaupt anfangen zu können. Außerdem gute wissenschaftliche Mitarbeiter und dann kommt's aufs Gehalt an« (Der *Stern* 18/2004, 190). Hier hilft ohne Zweifel der *Stern* dabei, laut zu sagen, dass man besser ist als andere.

Aber die Medien leihen den Wissenschaftlern nicht nur ihre Reichweite. Zunehmend interessieren die Medien sich, und hier vornehmlich die Boulevardpresse, auch für das private Leben und die Lieben von Wissenschaftlern und Wissenschaftlerinnen. Politiker, Wirtschaftvertreter, die Öffentlichkeit und die Medien wollen (wenn auch aus unterschiedlichen Interessen) immer mehr und immer genauer wissen, was die gut besoldeten Hochschullehrer/innen leisten. Wissenschaftler sitzen schon lange nicht mehr in ihrem Elfenbeinturm hinter blickdichten Mauern. Statt dessen werden die Wände der Universitäten immer durchsichtiger und der einzelne Wissenschaftler immer sichtbarer – ob er das will oder nicht. Wissenschaftler verlieren zunehmend die Kontrolle über die Informationen, die ihre Arbeit oder ihre Person betreffen.

Ernst zu nehmende Hinweise auf eine solche Entwicklung, die ja die Politiker seit Jahren flächendeckend erfasst hat, gibt es durchaus. Hier ein eher zurückhaltender Hinweis eines Pressevertreters: »Fachjournalisten müssen viel mehr als fachlich versiert sein. Sie sind Pfadfinder, die ihre Klienten zu den Wundern des Lebens führen. Dazu gehört auch, die menschlichen und emotionalen Aspekte der Forschung zu entblößen und Kompliziertes in einfache Bilder zu kleiden« (Goede 2003, 6). Diese journalistische Neugier für das Leben von prominenten Denkern ist mehr als der durchaus bekannte Blick von der ›philosophischen Hintertreppe‹ (Weischedel 1982). Hier einige besonders markante und somit *nicht* verallgemeinerbare Beispiele journalistischer Neugier. Dass sich z.B. das keineswegs für jeden verständliche Buch von Stephen Hawkins, *Eine kurze Geschichte der Zeit*, weltweit 12 Millionen Mal verkaufte, verdankte sich auch der Bekanntmachung dieses Werkes in der Yellow Press, die nicht nur über die außergewöhnliche Krankheit seines Autors, sondern auch über dessen Ehe, seine Scheidung und die neue Liebe in Text und Bild berichtete. Als die deutsche medizinische Forschungsszene durch die Fälschungsvorwürfe gegen Friedhelm Herrmann und Marion Brach erschüttert wurde, brachte z.B. allein der *Focus* in der Zeit vom 17. 05. 1997 und 20. 12.1997 insgesamt 12 Artikel zu diesem Thema, in denen immer wieder die privaten Verstrickungen der beiden Wissenschaftler umfassend thematisiert wurden (vgl. *Focus* Online Archiv). Und als Werner Habermehl, Soziologe und Sexualwissenschaftler aus Hamburg, seine Liebe zu einer jüngeren Frau entdeckte, war dies für das RTL-Boulevardmagazin *Explosiv* so interessant, dass dort gleich mehrfach darüber berichtet und sogar ein Filmbeitrag gezeigt wurde, wie Habermehl seine Geliebte in einer Hamburger Edelboutique mit angemessener Garderobe ausstattete.

Manchmal können die Medien aber auch ganz anders: Dann rügen sie in selbst verordneter Stellvertreterschaft für den die Wissenschaft alimentierenden Steuerzahler nicht nur arbeitsscheue Wissenschaftler, sondern skandalisieren gerne und ausführlich in der Öffentlichkeit die großen und kleinen Fälschungen innerhalb des wissenschaftlichen Betriebs, die der Karriere dienlich sein sollten, letztlich jedoch (weil aufgedeckt) zum unwiderruflichen Ausschluss führen. Dies ist für Weingart Grund genug für folgenden Befund: Die Medien »haben die Funktion der öffentlichen Kontrolle betrügerischen

Verhaltens in der Wissenschaft schon längst übernommen« (Weingart 2003b, 39).

Zu der neueren Geschichte der Wissenschaft und den Medien gehört aber auch, dass es (lange Zeit vor der DFG) die (Print-)Medien waren, welche ausführliche Ranglisten der deutschen Universitäten nicht nur erstellten, sondern auch publizierten und gut verkauften. So erstellten und veröffentlichten *Focus*, der *Spiegel* und der *Stern* (gegen den anfänglichen und natürlich vergeblichen Widerstand vieler Hochschullehrer/innen) ausführliche Rankings, die vor allem den Studierenden bei der Auswahl ihres Studienortes behilflich sein sollten. Die Ergebnisse dieser Ranglisten brachten manche Hochschulleitung und auch einige Fachvertretungen in arge Bedrängnis, und es wurde trotz aller Rechtfertigungsversuche deutlich, dass weder die Lehre noch die Forschung an den deutschen Hochschulen gleich gut sind. Damit war auch öffentlich der (Verdrängungs-)Wettbewerb eröffnet.

Mittlerweile begleiten die Medien die Erneuerungswellen an den deutschen Hochschulen bereitwillig und ausgiebig: Vor allem in den Printmedien und hier vor allem in den Magazinen und Zeitschriften mit gehobenem Anspruch finden sich regelmäßig ausführliche Artikel zu den aktuellen Problemen der Wissenschaft, der Universitäten und auch der einzelnen Wissenschaftler bzw. Wissenschaftlerinnen. Der *Spiegel*, der *Focus*, der *Stern* und natürlich auch *Die Zeit* beteiligen sich sehr engagiert an der Debatte um die Vergangenheit, die Gegenwart und vor allem die (von diesen Medien meist düster gezeichnete) Zukunft deutscher Wissenschaft, deutscher Universitäten und deutscher Wissenschaftler/innen und gestalten auf diese Weise diese Zukunft mit.

## 2.4   Das allmähliche Reputierlichwerden von Prominenz in der Wissenschaft

Die Aufmerksamkeit ist zu Beginn des 3. Jahrtausends in den westlichen Gesellschaften ein knappes Gut geworden – und sie wird auch im wissenschaftlichen Feld jeden Tag knapper. Das hat (nicht nur) Georg Franck in seiner *Ökonomie der Aufmerksamkeit* hinreichend belegt (Franck 1998, 113-158, 181-212, aber auch Bourdieu 1998; kritisch hierzu: Hickethier/Bleicher 2002 und Schmidt 2000, 261ff.). Immer mehr Wissenschaftler produzieren (so das Argument) immer mehr Texte, mit denen sie die Aufmerksamkeit anderer erringen wollen (vgl. Weingart 2001, 99ff.). Die Zahl der wissenschaftlichen Schreiber und deshalb auch die Zahl der Publikationen haben immens zugenommen, während derweil die Zeit der wissenschaftlichen Leser immer knapper wurde – auch weil andere Aufgaben (z.B. das permanente Schreiben) für das Lesen von Texten immer weniger Zeit belassen.

Um im großen Strom der alten und neuen Publikationen wahrgenommen zu werden, gar die Aufmerksamkeit größerer Publika zu erringen, muss man sich schon viel und ständig etwas Neues einfallen lassen. Denn wo viele darum wetteifern, von möglichst vielen beachtet zu werden, findet leicht niemand mehr Beachtung. Viele lesen nämlich dann nur noch das, was viele lesen, bzw. nur noch das, von dem in den Fach- bzw. Massenmedien gesagt wird, dass es Aufmerksamkeit verdient, weil es viele lesen. Die öffentliche Kommunikation über das Feld der Wissenschaft lenkt auf diese Weise die Aufmerksamkeit auf einige wenige Wissenschaftler/innen. Diese werden verstärkt wahrgenommen und rezipiert. Die Medien werden auf diese Weise zunehmend zu dem Filter, durch den nicht nur die interessierte Öffentlichkeit, sondern auch Wissenschaftler ihre (wissenschaftliche) Umwelt wahrnehmen, um sich auch mit Hilfe der Mediendarstellung ein Urteil über Theorien und Kollegen/innen zu bilden. Welche Konsequenzen diese verstärkte Bedeutung der Medien hat, zeigt sich, wenn man das *alte* Belohnungssystem der Wissenschaft betrachtet. Auf den ersten Blick genügt es der Wissenschaft, wenn Wissenschaftler gute Ideen haben bzw. überzeugende Überzeugungen festigen oder stiften – und diese, professionseigenen Standards entsprechend, anderen zur Verfügung stellen. Der zweite Blick zeigt jedoch, dass ohne rechtes Motiv auch der Wissenschaftler nicht arbeitet. Weshalb sollte er gute Ideen haben? Die gängige Antwort auf diese Frage besteht (intern) in der Regel in dem Verweis auf eine inkorporierte und auf Dauer gestellte Neugier des Wissenschaftlers, welchen diesen von innen her unablässig nötigt, Neues in wissenschaftlich ver- und geordneten Bahnen zu produzieren.

Bekanntermaßen (wenn auch nicht immer in aller Deutlichkeit gesehen) gesellt diesem intrinsischen Beweggrund das wissenschaftsinterne Belohnungssystem einen weiteren (eher extrinsisch zu nennenden) Grund bei. Denn der Wissenschaftler, von dem *bekannt* ist, dass er gute Ideen hat, erlangt das Ansehen seiner Berufsgruppe (Reputation), und deshalb auch vermehrt Drittmittel und gute Plätze auf Berufungslisten – und damit auch mehr Einkommen. Weil das so ist, haben Wissenschaftler ein großes Interesse daran, mit den bekannt machenden *Medien* ihrer Zeit möglichst viele der Akteure zu erreichen, die Ansehen verleihen, Drittmittel und Listenplätze vergeben, um diese davon zu überzeugen, dass sie nicht nur immer wieder neue, sondern auch *gute* Ideen haben (vgl. auch Georg Franck 1998). Diese (Produktions-) Logik wissenschaftlichen Wissens hilft letztlich auch der Wissenschaft, weil wegen ihr viele Wissenschaftler bestrebt sind, neue und auch nach wissenschaftlichen Standards gute Ideen und Überzeugungen zu entwickeln.

Mit dem Aufkommen der *audiovisuellen* und *elektronischen Medien* (Radio, Fernsehen, Internet) haben sich die Möglichkeiten, aber auch die Notwendigkeiten der Werbung in eigener Sache entscheidend geändert. Zwar ist das Buch als *Publikationsmedium* für neue Ideen und Überzeugungen (in den Geisteswissenschaften) auch heute noch das wissenschaftliche Medium erster Wahl, doch scheint sich langsam sowohl das Feld der relevanten Akteure als auch das *prominenzerzeugende* und möglicherweise auch *reputationsgebende*

Medium gewandelt zu haben. Das Fernsehen und das Internet werden in diesem Prozess immer gewichtiger.

Prominenz ist das Eine, Reputation das Andere. *Reputation* wird hier verstanden als (immer noch) wichtiges Mittel und zugleich Ausdruck der Positionierung im Feld der Wissenschaftler. Wissenschaft betreiben heißt also auch (in Ergänzung des bereits Gesagten), sich an dem allgemeinen Kampf um Reputation zu beteiligen. Schlechte Zeiten also für die Unsichtbaren, die in Labors oder stillen Zimmern viel forschen und denken, aber wenig von dem Gewonnenen nach außen tragen.

Reputation ist nun eine seltsame Eigenschaft: Man erwirbt sie nicht mit der Geburt, sondern sie muss erarbeitet werden; und das Ausmaß an Reputation, das einem zugesprochen wird, kennzeichnet einen Wissenschaftler in wesentlicher Hinsicht. Reputation kann man nicht sein Eigen nennen, wie man andere Dinge sein Eigen nennen und darüber nach Gutdünken verfügen kann, sondern man ›besitzt‹ Reputation nur in den Augen der Anderen. Reputation hat einer, *wenn* die anderen sie einem zuschreiben und *solange* sie es tun. Reputation kann man mehren, aber auch verlieren. Weil dies so ist, kann und muss der einzelne Wissenschaftler immer und immer wieder daran arbeiten, dass die relevanten Anderen ihm Reputation zuschreiben.

Reputation gilt innerhalb der Wissenschaft mittlerweile als das zentrale Qualitätsmerkmal von Wissenschaftlern (vgl. auch Luhmann 1992, 244ff.), was Reputation zu einem außerordentlich guten Selektionskriterium macht. Reputation konstituierte deshalb lange Zeit die soziale Ordnung im Feld der Wissenschaft, weil sie jedem seinen Platz zuwies. Hört Reputation auf, im Felde etwas zu zählen, dann hört Wissenschaft gewiss nicht auf, aber sie hat sich deutlich gewandelt.

Dass diese besondere Bedeutung der Reputation in der Wissenschaft durchaus nicht unproblematisch ist, darauf hat Weingart bereits 1970 zu Recht hingewiesen. Der ›gute Ruf‹ eines Wissenschaftlers verhindere nämlich leicht kollegiale Kritik, und auf diese Weise verlagere sich die Güte wissenschaftlicher Forschung tendenziell auf die Person des Wissenschaftlers (Weingart 1970, 577ff.). Statt rücksichtsloser Kritik an der Forschungsarbeit kann im wissenschaftlichen Begutachtungsverfahren leicht die Rücksicht vor der Reputation des Kollegen bzw. der Kollegin stehen. Oder anders: Mit dem Aufstieg der ›Reputation‹ im wissenschaftlichen Feld begann der Aufstieg der *Personalisierung* von Wissenschaft (eine Entwicklung im Übrigen, die zur Zeit mit dem Bedeutsamwerden von ›Prominenz‹ ihre Fortsetzung findet). Seit geraumer Zeit gelten der Forscher selbst, seine Person und sein Name etwas in dem Feld (und nicht mehr nur sein Text, sein Werk, seine Entdeckung). Oder anders: Nunmehr wird das Systemgedächtnis »mehr über Namen als über Sachinhalte organisiert« (Luhmann 1992, 354).

Reputation wird in der Regel deutlich von der Prominenz geschieden – dies oft entlang zweier Merkmalsausprägungen: einmal entlang der sozialen *Gruppe*, die Aufmerksamkeit gibt, und zum anderen entlang des *Kriteriums* der Aufmerksamkeitszuwendung. Bei Reputation – so die übliche Grenzziehung – schenken Personen, die Ansehen haben oder Respekt genießen, anderen für eine bestimmte Leistung Aufmerksamkeit (vgl. auch Wenzel 2000, 461). Bei Prominenz, der ungeliebten, weil für die kulturellen Eliten nicht standesgemäßen, kleineren Schwester der Reputation, gibt ein Massenpublikum, also Menschen *ohne* Ansehen und Beachtung, anderen Menschen ihre Aufmerksamkeit. Weil Prominente in der Lage sind, Aufmerksamkeit auf sich zu ziehen, erbringen sie zumindest für die Medien eine dort hoch gehandelte Leistung.

Aber diese Grenzziehung scheint sich zu verschieben: Waren es bislang nur die relevanten Anderen, die Reputation verleihen konnten, so sind immer öfter auch Nichtwissenschaftler (Medien, Politiker, Zuschauer, Betroffene etc.) für das Ansehen eines Wissenschaftlers mitverantwortlich, und immer mehr speist sich das Ansehen (und das Einkommen) eines Wissenschaftlers nicht nur aus der Anzahl der von ihm veröffentlichten Bücher und Artikel. Gerade auch Naturwissenschaftler, und hier gerne die Nobelpreisträger, werden als regelrechte Stars dargestellt und gefeiert – und sie scheinen auch bereitwillig an diesem Bild mitzuarbeiten (vgl. Nelkin 1995, 14ff., auch: Finetti/Himmelrath 1999, 170ff.). Prominenz scheint neuerdings also in Reputation konvertierbar zu sein.

## 2.5 Die Relativierung des Fachurteils und das allmähliche Bedeutsamwerden des Medienurteils

Für die Berechnung des klassischen symbolischen Einkommens von Wissenschaftlern/innen, also der Reputation, ist für die Naturwissenschaften seit Jahren der internationale Scientific Citation Index (SCI), und für die Sozialwissenschaften der Social Science Citation Index (SSCI) maßgeblich. Vor allem, wenn in Berufungskommissionen oder in Senatssitzungen das ›internationale Gewicht‹ oder die ›Exzellenz‹ beurteilt werden soll, spielt der Citation Index eine wichtige Rolle. Der Social Science Citation Index, der das Ergebnis der systematischen Auswertung von über 1.725 Journals aus 50 Disziplinen durch das amerikanische Institute for Scientific Information (ISI) ist, weist aus, wie oft die Arbeiten eines bestimmten Autors von wem in welchen Medien (mit welchem Impact-Faktor) zitiert wurden (vgl. Bammé 2004, 46ff.).

Weil SCI und SSCI bei Berufungsverfahren so wichtig geworden sind (vor allem dann, wenn Fachfremde an dem Verfahren beteiligt sind), versuchen viele Wissenschaftler/innen, möglichst viel und möglichst oft in den ISI-gerankten Journals zu publizieren. Manches Forschungsergebnis wird zu die-

sem Zwecke aufgebauscht, manches gestückelt und vieles in Variationen
angeboten (ausführlich dazu: Finetti/Himmelrath 1999, 159-165). Alfred Kieser, ein angesehener Organisationssoziologe, sieht deswegen sogar die Profession in Gefahr: »Nicht mehr die Aufhellung ungeklärter Phänomene und
erst recht nicht die Lösung praktischer Probleme ist das zentrale Anliegen, im
Vordergrund steht vielmehr die Herstellung von Aufsätzen, deren Chancen, in
Zeitschriften mit hohem *impact factor* veröffentlicht zu werden, sehr gut sind.
Forschungseinrichtungen degenerieren zu Fabriken zur Produktion hoch
standardisierter Aufsätze« (Kieser 2003, 31).

Aber auch die Berufsverbände der einzelnen Wissenschaftsdisziplinen möchten mitspielen und nehmen Einfluss darauf, dass die ihnen nahe stehenden
nationalen Zeitschriften ebenfalls in das Ranking des ISI miteinbezogen werden. So nahm z.B. der Vorsitzende der Deutschen Gesellschaft für Publizistik
und Kommunikationswissenschaft (DGPuK), Hans-Bernd Brosius, offensichtlich die Untersuchung *Lauf* (Lauf 2001) zum Anlass für einen offenen Brief an
die Herausgeber der deutschen Zeitschriften ›Publizistik‹ und ›Medien und
Kommunikationswissenschaft‹. Da Lauf bei der Auswertung des SSCI festgestellt hatte, dass in der Kommunikationswissenschaft nur englischsprachige
Journals von dem ISI berücksichtigt werden und dass (deshalb) nur 13 % aller
Beitrag von wenigen deutschen Wissenschaftlern/innen stammen, forderte
Brosius im Juli 2002 die Herausgeber dieser Zeitschriften ›nachdrücklich‹ auf,
»alles zu unternehmen, dass die Zeitschriften internationale Standards ein-
führen und so in den Social Science Citation Index aufgenommen werden«
(Brosius 2002).[5]

Übrigens (und das sei nur am Rande erwähnt) ist zu erwarten, dass die standardisierten Bewertungskriterien der ISI-gerankten Journals die (schon jetzt
zu beobachtende) *Formatierung* der Beiträge für wissenschaftliche Zeitschriften weiter vorantreiben und beschleunigen wird. Alle Beiträge werden dann
– in Erfüllung vermeintlich einheitlicher Standards – in ähnlicher Weise verfasst werden, was zur Folge hat, dass originelle und innovative Beiträge seltener eingereicht werden. Und selbst gering abweichende Beiträge werden
weniger Chancen haben, die trotz aller Standardisierung oft völlig unbere-
chenbaren Peers Reviews unbeschadet zu überstehen (aus der umfangreichen
Literatur zu der ›Qualität‹ der Peer Review siehe beispielhaft Fröhlich 2002).
Und dies wird vor allem die etablierten Wissenschaftler dazu bewegen, ihre
Forschungsergebnisse andernorts zu publizieren (z.B. Klüver 2003).

Manche Arbeiten werden nun (und das ist für den Erfolg wissenschaftlichen
Publizierens von erheblicher Bedeutung) in der Scientific Community häufig
zitiert, andere sehr selten und einige werden vollkommen übersehen. Will

---

5 Auch in der Betriebswirtschaft ist man mit dem SSCI nicht so recht zufrieden, weil dort nur
   eine deutsche BWL-Zeitschrift berücksichtigt wird. Also diskutiert man heftig andere Formen
   des Zeitschriftenrankings (vgl. Henning-Thurau/Walsh/Schrader 2003).

man die Wahrnehmungsintensität der sozialwissenschaftlichen Kollegen einschätzen, ist es auch hier recht hilfreich, zum Vergleich das Verhalten innerhalb der Gemeinde der Naturwissenschaftler zu betrachten. Wie uns der Anonymus Siegfried Bär (dem ersten Anschein nach ein erfolgreicher Naturwissenschaftler) berichtet, vereinigt in den Biowissenschaften ein gut zitiertes Papier innerhalb von mehreren Jahren zwischen 40 und achtzig Zitaten auf sich, klassische Texte werden oft Hunderte von Malen von den Kollegen erwähnt, manchmal geht die Menge der Zitate in die Zehntausende (vgl. Bär 2002, 21). Relativ selten, nämlich nur in 20 % der Fälle, kommt es nun innerhalb der biochemischen scientific community vor, dass bestimmte Aufsätze weder von Kollegen noch von den eigenen Autoren zitiert werden. Innerhalb der Sozial- und Politikwissenschaften ist der Prozentsatz der völlige übersehenen Beiträge erheblich höher: Glaubt man erneut dem anonymen Gewährsmann Bär, dann werden innerhalb der Sozialwissenschaften 75 % und innerhalb der Politikwissenschaften 90 % aller Veröffentlichten völlig ignoriert (vgl. Bär 2002, 22). Vielleicht werden diese Artikel dennoch gelesen (obwohl man auch daran zweifeln kann), aber niemand scheint sie auch für Wert zu halten, zitiert zu werden. Kurz: 3/4 aller sozialwissenschaftlichen Artikel bringen den Autoren nicht die kleinste Einheit symbolischen Kapitals ein. Die Investition von Arbeit und Zeit hat sich also für den Wissenschaftler nicht gelohnt – vielleicht weil der Darstellungsstil die Kollegen nicht zum Weiterlesen bewegte und damit zu der Einsicht, dass durchaus auch Bemerkenswertes und Neues in der Forschung des Autors zu Tage gekommen ist. Alles in allem: Grund genug, sich darüber Gedanken zu machen, wie man durch ›bessere‹ Publikationsstrategien mehr Gewinn erzielen kann.

Umso wichtiger ist dann oft (als Ausgleich oder Ersatz) die *Medienpräsenz* (Auftauchen des Wissenschaftlers) und *Medienresonanz* (Diskussion seiner Aussagen) in Presse und Fernsehen. Wer oft in den richtigen Medien (Wissenschaftsformate im Fernsehen, *Spiegel, ZEIT, FAZ* etc.) und den *richtigen* Formaten erscheint, der erlangt nicht nur Medienprominenz, sondern diese kann durchaus eine Vermehrung der Reputation im wissenschaftlichen Feld zur Folge haben. Noch sehr viel mehr gilt das für den, der große Resonanz in den Medien findet, über dessen Überzeugungen in den richtigen Medien auf die *richtige* Art und Weise häufig berichtet wird. »Die Entwicklung in bestimmten Wissenschaftsfeldern (…) hat in der letzten Jahren dazu geführt, dass hier der Kontakt mit Medien und der Öffentlichkeit sogar weit mehr als eine Reputationschance, nämlich ein konstitutives Element der Arbeit geworden ist« (Streier 2001, 58). Medienprominenz kann also durchaus in Reputationsgewinne umgemünzt werden – und das zunehmend leichter. Wer allerdings in den *falschen* Medien (*Bunte*, Talkshows, Persönlichkeitsmagazine etc.) auf *falsche* Weise prominent wird, der muss mit massiven Reputationsverlusten rechnen.

## 2.6   Das allmähliche Umstellen von wissenschaftlicher Methode auf Charisma und Populismus (zumindest in den sich immer internationaler gebenden Sozialwissenschaften)

Aber nicht nur die Medien interessieren sich für schnelle, kurze, neue Deutungen dieser Welt. Vor allem die Wirtschaft, die Politik und die interessierte Öffentlichkeit suchen nach eingängigen, klar formulierten und Orientierung bietenden Deutungen der Welt, nach den sozialwissenschaftlich fundierten Befunden zum Zustand der Gesellschaft im Speziellen und der Welt im Allgemeinen, nach dem Neuen im Alten und nach dem Alten im Neuen.

Wissenschaftler/innen äußern sich immer öfter in Ausübung ihres Berufs und mit der Autorität der Wissenschaft zu dem allgemeinen Zustand der Gesellschaft als Ganzes, deuten Einzelphänomene als Zeichen der Zeit und wagen sogar gelegentlich einen Blick in die Zukunft der Gesellschaft. Und: Sie geben aufgrund ihrer Zeitdiagnose sogar gelegentlich Ratschläge an Politik, Unternehmen und Bürger oder erheben mahnend ihre Stimme. »Zeitdiagnosen streben über den Bereich wissenschaftlicher Zirkel hinaus, und die meisten von ihnen lösen damit jene Forderung ein, die in zunehmendem Maße an die Wissenschaft insgesamt gerichtet wird: sie habe sich selbst attraktiv darzustellen. Sie habe ihre Erkenntnisse der wissenschaftsfinanzierenden Öffentlichkeit zu ›verkaufen‹. Zeitdiagnosen richten sich in der Tat meist an eine breitere Öffentlichkeit, nicht nur an die peer groups aus der wissenschaftlich Disziplin, und ihr Erfolg auf dem Publikationsmarkt ist nicht zuletzt auf ihre Verständlichkeit zurückzuführen. Sie sind lesbar. Ihre Autoren sind üblicherweise sprachgewaltig. Sie bringen die Dinge auf den Punkt. Sie verirren sich nicht in einem semantischen Dschungel, durch den kein Sonnenlicht mehr dringt« (Prisching 2003a, 18). Autoren/innen von Zeitdiagnosen sprechen viel und gern in den Medien; und was sie dort äußern, zeichnet sich oft durch empirische Enthaltsamkeit aus, die oft mit persönlicher Selbstauratisierung verbunden wird.

Diese Art sozialwissenschaftlicher Arbeit (und auch ihr Darstellungsstil) haben sich in den letzten Jahren als so erfolgreich erwiesen, dass es mittlerweile eine wahre Flut von Zeitbefunden gibt. Wohl deshalb ist die Welt jetzt schon so voll mit Zeitdiagnosen, dass Bücher und Artikel auf dem Markt sehr erfolgreich sind, die leicht verständliche Sammlungen solcher Zeitbefunde bieten und versuchen, Ordnung in deren Dickicht zu bringen (Ederer/Prisching 2003; Pongs 1999 und 2000; Prisching 2003a und 2003b; Lange 2002).

Aber was hier speziell nur für Zeitdiagnosen gesagt wurde, kann (wenn auch mit Abstrichen) auch in anderen Bereichen der Sozialwissenschaft angetroffen werden. So haben selbst auf innerwissenschaftlichen Fachtagungen z.B. allgemeine Methodendebatten an Bedeutung verloren (um es einmal vorsichtig zu sagen). Beiträge über methodische Probleme werden selten nachgefragt, wohl auch, weil immer weniger Fachkollegen dazu neigen, nach den Methoden zu fragen. Honoriert werden zunehmend exotische Themen, verblüffende

Erkenntnisse, ein (auch ästhetisch) ansprechender Stil und: *Persönlichkeit* und *Ausstrahlung*. Vom großen Publikum (und zu diesem schauen immer mehr) belohnt werden weniger die Vorträge, welche eine Askese des aufmerksamen Zuhörens erforderlich machen, sondern solche, welche es ermöglichen, den Ausführungen gerne zu folgen. Oft gilt die Devise: lieber einen (teuren) Prominenten als einen (kostengünstigen) Unbekannten als Vortragenden und lieber einen Vortrag in schönen, denn in sperrigen Worten. Denn wo die Prominenz ist, da ist die Aufmerksamkeit vieler und da sind meist auch die Medien. Dieser neue wissenschaftliche Stil, der nicht mehr die Unterwerfung des Lesers unter den Text und seinen Autor fordert, kommuniziert in seinem Werben um den Leser unüberhörbar (und das ist der entscheidende Punkt), dass er den Leser und seine Relevanzen ernst nimmt. Diese *Aufwertung des Lesers* ist der Entwicklung geschuldet, dass Wissenschaftler sich zunehmend (und völlig zu Recht) der Gesellschaft zuwenden (müssen), für die und in deren Auftrag sie arbeiten. Mit diesem neuen Verhältnis von Öffentlichkeit und Wissenschaft ist allerdings auch ein relativer Niedergang der Wissenschaft und der wissenschaftlichen Eliten verbunden bzw. dieses neue Verhältnis ist Ausdruck eben dieses Niedergangs (vgl. auch Notwotny 1996, 376).

## 3.   Vom Monotheismus zum Polytheismus?

Wissenschaftler haben wie die Menschen im normalen Alltag, also zuhause, auf der Straße und im Beruf unentwegt Darstellungsarbeit zu leisten: also *face-work* und *impression management* (vgl. Goffman 1983). Ein Jenseits der Darstellung gibt es in einem sozialen Feld nicht. Das ist jedoch nicht das Neue. Neu sind das *Ausmaß* und die *Qualität*, also auch die Komplexität und die Bedeutung der Darstellungsarbeit. Deshalb werden auch immer mehr Wissenschaftler/innen immer öfter auf der Straße und im Beruf, auf Kongressen und Arbeitssitzungen aller Art Öffentlichkeitsarbeit betreiben müssen – die einen mehr, die anderen weniger, die einen eher urwüchsig, die anderen in Kenntnis der Logik der öffentlichen Darstellung in den Medien.
Diese Kompetenz, dafür zu sorgen, dass möglichst viele davon erfahren, dass man viel Gutes getan hat, die bislang innerhalb der Wissenschaft als eher überflüssig und ehrenrührig galt, wird bei dem *Kampf um Anerkennung* (Honneth 1992) in Zukunft eine Schlüsselstellung einnehmen. Da auch in der Wissenschaft eine *Ausweitung der Kampfzone* (Houllebecque 2000 – um einen weiteren Buchtitel zu verwenden) zu verzeichnen ist, wird es immer wichtiger werden, die Informationen über die eigene Arbeit und ihre Ergebnisse gezielt zu verteilen, oder anders: Es wird immer mehr darauf ankommen, die Kontrolle über die Informationen zu behalten bzw. nur solche Informationen in Umlauf zu bringen, die den eigenen positiven Ruf festigen bzw. mehren.

Das Fachgebiet, das für eine systematische Informationskontrolle zuständig ist, heißt Public Relations; und die Fachleute, die dafür sorgen sollen, dass bestimmte Personen oder Institutionen in ein gutes oder besseres Licht gerückt werden, werden seit etwa Mitte der 90er Jahre Spin Doctors genannt. Aufgabe des Spin Doctors ist es, Informationen über Personen und Institutionen so aufzubereiten und zu verbreiten, dass sie das Ansehen dieser Personen und Institutionen mehren. Kurz: Der Spin Doctor soll Kommunikationsstrategien entwickeln und umsetzen, welche in der Lage sind, die jeweils angesprochenen Öffentlichkeiten bzw. Adressaten zugunsten seines Auftraggebers mit dem Ziel einzunehmen, von der Öffentlichkeit bzw. dem Adressaten erhöhte Aufmerksamkeit, Anerkennung, Zustimmung und letztlich auch Ressourcen zu erhalten.

Nimmt man diese Begriffsumgrenzung ernst, dann waren Wissenschaftler schon immer auch Spin Doctors in eigener Sache. Was die Situation maßgeblich verändert hat, ist also nicht der Umstand, dass Wissenschaftler strategische PR betreiben. Was die Sache komplizierter macht und die Aufgabe völlig verändert, ist der Sachverhalt, dass Wissenschaftler, wollen sie heute Aufmerksamkeit, Anerkennung, Zustimmung und letztlich auch Ressourcen erhalten, (a) mit sehr viel mehr Öffentlichkeiten, (b) in den Medien, (c) strategisch so kommunizieren müssen, dass man (d) der Kommunikation das Strategische nicht ansieht. Genügte es noch vor zwei Jahrzehnten, vor allem und fast ausschließlich die Fachkollegen im In- und Ausland von der eigenen Bedeutung zu überzeugen, so ist man zunehmend dazu genötigt, auch die Wirtschaft, die Politik, die Bürger, die Kollegen im Hause und die eigene Hochschulleitung, die Studenten/innen sowie deren Eltern und natürlich auch die Medien glauben zu lassen, man sei es wert, viel Aufmerksamkeit, Anerkennung und natürlich auch Drittmittel zu erhalten.

Allerdings ist für die Aufmerksamkeit (in den Medien) auch ein Preis zu zahlen. Denn wer in den Medien seine Kompetenz zeigen oder dort gar Prominenz erwerben will, muss dies nach den Regeln und den Geboten der Medien tun (vgl. auch Schmidt 2000, 261ff.). Und da die wesentlichen Leitmedien dieser Zeit nur das erfassen und übermitteln können, was zu *sehen*, zu *hören* und zu *beschreiben* ist, wird Kompetenz schnell zu dem, was von *Medienkäufern* gesehen, gehört und gelesen werden kann. In den Medien übermittelte wissenschaftliche Kompetenz muss am Äußeren erkennbar sein bzw. sichtbar gemacht werden. Das Ergebnis wissenschaftlichen Arbeitens und der Auftritt des Wissenschaftlers soll zudem vor allem »flashy« sein. Denn es »gilt zuallererst, flanierende Aufmerksamkeit zu fesseln: Passanten zum Stehenbleiben zu veranlassen« (Prisching 2003a, 20). Folgt man dieser Einschätzung der Lage, dann ist jeder Wissenschaftler bzw. jede Wissenschaftlerin gefordert, darüber nachzudenken, ob und wie man dieser Entwicklung begegnen kann oder wie man sie nutzen will, ob man sich gegen sie stemmen oder sich von ihr tragen lassen will (anregend für ein solches Re-thinking von Wissenschaft: Nowotny/ Scott/Gibbons 2002 und Rößler 2002).

Und natürlich werden Wissenschafts- und Wissenssoziologen beobachten und auch ausspähen müssen, was es mittel- und langfristig für die Leistung und Leistungsfähigkeit der Wissenschaft, der Universitäten und der Wissenschaftler/innen bedeutet, wenn die (neuen) Medien und die alte Ökonomie bei dem Kampf um Reputation und die Ressourcen eine so gewichtige Rolle spielen. Und sie werden untersuchen müssen, welche Konsequenzen der zunehmende Einfluss nichtwissenschaftlicher Akteure mit unterschiedlichen Interessen für das wissenschaftliche Feld hat – für ein Handlungsfeld also, das bislang auf die Entwicklung, Bewertung und Verbreitung neuer Ideen allein nach profession*seigenen* Standards spezialisiert war und dessen zentrale und offiziell: einzige Bezugsgröße der Erkenntnisforschritt, also letztlich der Zuwachs an ›Wahrheit‹ darstellte. Dass eine solche Orientierung an der Erkenntnis allein nicht die ganze Wahrheit war, das wusste man in der scientific community durchaus schon einige Zeit. Es war bekannt, dass bei der täglichen Arbeit neben dem offiziellen Wahrheitscode auch andere Werte eine Rolle spielten. Doch alle diese anderen Werte und Orientierungen waren nicht gesellschaftsfähig, sie mussten auf der Hinterbühne aufgeführt werden, und man bestand füreinander vehement darauf, »dass das, was dort geschieht, sich stets in das auf der Vorderbühne gespielte Stück einfügen muß« (Schimank 1995, 49). Auch dies ist im Wandel.

Vieles scheint mir für den Befund zu sprechen, dass innerhalb des wissenschaftlichen Feldes der von Max Weber festgestellte, aber auch geforderte Monotheismus, nämlich nur dem Gott *Klarheit* verpflichtet zu sein (vgl. Weber 1973, 608), von einem *Polytheismus mit einer Zentralgottheit* abgelöst wurde (oder doch bald werden wird). Neben dem alten Gott ›Wahrheit‹, vor dem sich jeder Wissenschaftler und jede Wissenschaftlerin zu verneigen hatte, und dessen Gebot allein die Auswahl des Forschungsgegenstandes, die Legitimation der Methoden und die Form der Darstellung rechtfertigte, haben sich andere Gottheiten (aus anderen Feldern) gesellt, die (wie einst im Olymp) in wechselnden Koalitionen auch gegen den Zentralgott antreten können, und dabei mal gewinnen und ein anderes Mal den Kürzeren ziehen. Fast uneingeschränkt herrscht die Orientierung an der Wahrheit anscheinend nur noch dort, wo es um die öffentliche *Legitimation* von Forschung geht. Ökonomische Erwägungen (was ist gerade förderwürdig, was bringt Gewinn?) spielen jedoch seit einiger Zeit bei der *Auswahl des Untersuchungsgegenstandes* eine nicht zu unterschätzende Rolle, und die *Logik der wirkungsvollen Präsentation* greift immer öfter dann, wenn die neuen Medien bedient werden sollen.

Diese Entwicklung wird auch Auswirkungen auf den personalen Typus von Wissenschaftlern/innen haben – zugespitzt: Es wird abzuwarten sein, ob man die Gelehrten alten Stils auch in Zukunft in den Universitäten antreffen wird oder ob nur noch die dort ihrem Beruf nachgehen (können), die dem Rat des DFG-Präsidenten Winnacker gefolgt sind und immer wieder laut gesagt haben, dass sie besser sind als andere.

## Literatur

Bär, Siegfried (2002): Forschen auf Deutsch: Der Machiavelli für Forscher und solche, die es noch werden wollen. Frankfurt a.M.: Harri Deutsch.

Bammé, Arno (2004): Science Wars. Von der akademischen zur postakademischen Wissenschaft. Frankfurt a.M.: Campus.

Beck, Ulrich/Kieserling, André (Hrsg.) (2000): Ortsbestimmung der Soziologie. Baden-Baden: Nomos.

Blumenberg, Hans (1977): Der Prozeß der theoretischen Neugierde. Frankfurt a.M.: Suhrkamp.

Bonß, Wolfgang/Hartmann, Heinz (Hrsg.) (1985): Entzauberte Wissenschaft. Göttingen: Otto Schwartz.

Bourdieu, Pierre (1997): Vom Gebrauch der Wissenschaft. Konstanz: UVK.

Bourdieu, Pierre (1998): Über das Fernsehen. Frankfurt a.M.: Suhrkamp.

Brosius, Hans-Bernd (2002): Offener Brief an die Herausgeber vom 17.07.2002. MS. München.

Campbell, Donald (1985): Das Sozialsystem der Wissenschaft als Stammesorganisation. S. 257-274 in: W. Bonß/H. Hartmann, H. (Hrsg.) (1985), Entzauberte Wissenschaft. Göttingen: Otto Schwartz.

Ederer, Othmar/Prisching, Manfred (Hrsg.) (2003): Die unsichere Gesellschaft. Graz: Passagen.

Felt, Ulrike/Nowotny, Helga/Taschwer, Klaus (1995): Wissenschaftsforschung. Frankfurt a.M.: Campus.

Finetti, Marco/Himmelrath, Armin (1999): Der Sündenfall. Stuttgart: Raabe.

Franck, Georg (1998): Ökonomie der Aufmerksamkeit. München: Carl Hanser.

Fröhlich, Gerhard (2002): Anonyme Kritik. Peer Review auf dem Prüfstand der Wissenschaftsforschung. S. 129-146 in: E. Pipp (Hrsg.), Drehscheibe E-Mitteleuropa. Wien: Passagen.

Gaus, Olaf/Wildt, Johannes (2001): In populären Medien kommunizieren. Über ein erweitertes Berufsbild von Wissenschaftlern. S. 13-46 in: J. Wildt/O. Gaus (Hrsg.), Journalistisches Schreiben für Wissenschaftler. Neuwied: Luchterhand.

Goede, Wolfgang (2003): Fachjournalismus von den Menschen, mit dem Menschen und für die Menschen. Fachjournalismus 3, H. 7, 3-6.

Goffman, Erving (1983): Wir alle spielen Theater. München: Piper.

Henning-Thurau, Thorsten/Walsh, Gianfranco/Schrader, Ulf (2003): VHB-Journal: Ein Ranking von betriebswirtschaftlichen Zeitschriften auf der Grundlage von Expertenurteilen. MS. Weimar.

Hickethier Knut/Bleicher, Joan Kristin (Hrsg.) (2002): Aufmerksamkeit, Medien und Ökonomie. Münster: Lit Verlag.

Honneth, Axel (1992): Kampf um Anerkennung. Frankfurt a.M.: Suhrkamp.

Hornke, Lutz (1997): Personalprofil Professor. S. 111-124 in: H. Hoebink (Hrsg.), Perspektiven für die Universität 2000. Neuwied: Luchterhand.

Houllebecque, Michel (2000): Ausweitung der Kampfzone. Reinbek: Rowohlt.

Kieser, Alfred (2003): Forschung vom Fließband. Die Zeit, Nr. 30, 31.

Klüver, Jürgen (2003): Gutachter hier, Gutachter da. Soziologie 32, H. 1, 112-117.

Knorr-Cetina, Karin (1984): Die Fabrikation von Erkenntnis. Frankfurt a.M.: Suhrkamp.

Lange, Stefan (2002): Diagnosen der Entstaatlichung. Leviathan 30, 455-481.

Langewiesche, Dieter (2003): Lehren muss sich wieder lohnen. Die Zeit, Nr. 32, 24.

Lau, Christoph/Beck, Ulrich (1998): Definitionsmacht und Grenzen angewandter Sozialwissenschaft. Opladen: Westdeutscher Verlag.

Lauf, Edmund (2001): »Publish or Perish?« Deutsche Kommunikationsforschung in internationalen Fachzeitschriften. Publizistik 46, 369-382.

Loer, Thomas (2003): Zur Möglichkeit einer soziologischen Publikumszeitschrift. In: Soziologie 32, H. 1, 106-110.

Lüders, Christian (2004): Qualitative Daten als Grundlage der Politikberatung. MS. München.

Luhmann, Niklas (1992): Die Wissenschaft der Gesellschaft. Frankfurt a.M.: Suhrkamp.

Marquard, Odo (1995): Neugier als Wissenschaftsantrieb oder die Entlastung von der Unfehlbarkeitspflicht. S. 75-91 in: Ders., Glück im Unglück. München: Fink.

Mittelstraß, Jürgen (1997): Universität und Effizienz? S. 47-62 in: H. Hoebink (Hrsg.), Perspektiven für die Universität 2000. Neuwied: Luchterhand.

Nelkin, Dorothy (1995): Selling Science. How the Press covers Science and Technology. New York: Freeman.

Nowotny, Helga (1996): Zur gegenwärtigen Umstrukturierung des Wissenschaftssystems: Mögliche Beiträge der Wissenschaftsforschung. S. 359-380 in: C. Honneger et al. (Hrsg.), Gesellschaften im Umbau. Bern: Seismo.

Nowotny, Helga/Scott, Peter/Gibbons, Michael (2002): Re-Thinking Science. Cambridge: Polity Press.

Pongs, Armin (1999): In welcher Gesellschaft leben wir eigentlich? Bd. 1. Berlin: Dilemma.

Pongs, Armin (2000): In welcher Gesellschaft leben wir eigentlich? Bd. 2. Berlin: Dilemma.

Prisching, Manfred (2003a): Die Etikettengesellschaft. S. 13-32 in: Ders. (Hrsg.), Modelle der Gegenwartsgesellschaft. Wien: Passagen.

Prisching, Manfred (2003b): Zeitdiagnostik als humanwissenschaftliche Aufgabe. S. 153-195 in: Ders. (Hrsg.), Modelle der Gegenwartsgesellschaft. Wien: Passagen.

Reichertz, Jo (1991): Der Hermeneut als Autor – Das Problem der Darstellbarkeit hermeneutischer Fallrekonstruktionen. Österreichische Zeitschrift für Soziologie 16, H. 4, 3-16.

Reichertz, Jo (1992): Beschreiben oder Zeigen. Über das Verfassen ethnographischer Berichte. Soziale Welt 43, 331-350.

Reichertz, Jo (2000): Zur Gültigkeit qualitativer Sozialforschung. Forum Qualitative Sozialforschung; Vol. 1, Online Journal. http://www.qualitative-research.net/fqs-texte/2-00/2-00reichertz-d.htm

Reichertz, Jo (2003): Erfolgreich Sozialwissenschaft betreiben. S. 355-370 in: R. Hitzler/M. Pfadenhauer (Hrsg.), Karrierepolitik. Opladen: Leske+Budrich.

Reichertz, Jo (2004): An die Spitze. Neue Mikropolitiken der universitären Karriereplanung von Sozialwissenschaftlern/innen. Forum Qualitative Sozialforschung; Vol. 5, Online Journal: http://www.qualitative-research.net/fqs-texte/2-04/2-04reichertz-d.htm.

Rößler, Ernst (2002): Das Ende der letzten Großen Erzählung. S. 93-106 in: H.-J. Fischbeck/J.C. Schmidt (Hrsg.), Wertorientierte Wissenschaft. Berlin: edition sigma.

Ruhrmann, Georg (1997): Wissenschaft, Medien und öffentliche Meinung. S. 145-158 in: H. Hoebink (Hrsg.), Perspektiven für die Universität 2000. Neuwied: Luchterhand.

Schimank, Uwe (1995): Für eine Erneuerung der institutionellen Wissenschaftssoziologie. Zeitschrift für Soziologie 24, 42-57.

Schmidt, Siegfried J. (2000): Kalte Faszination. Medien, Kultur, Wissenschaft in der Mediengesellschaft. Weilerswist: Velbrück.

Spiewak, Martin/Schnabel, Ulrich (2003): »Wer hat, dem wird gegeben«. Interview mit Ernst-Ludwig Winnacker. Die Zeit, Nr. 28, 25.

Stolzenberg, Gabriel (2001): Reading and relativism. An introduction to the science wars. S. 33-65 in: K.M. Ashman/P.S. Baringer (Eds.), After the Science Wars. London/New York: Routlegde.

Streier, Eva-Maria (2001): Reputationsrisiko und -chance der Präsentation wissenschaftlichen Wissens in populären Medien. S. 56-62 in: J. Wildt/O. Gaus (Hrsg.), Journalistisches Schreiben für Wissenschaftler. Neuwied: Luchterhand.

Weber, Max (1973): Wissenschaft als Beruf. S. 582-613 in: Ders., Gesammelte Aufsätze zur Wissenschaftslehre. Tübingen: Niemeyer.

Weingart, Peter (1970): Selbststeuerung der Wissenschaft und staatliche Wissenschaftspolitik. Kölner Zeitschrift für Soziologie und Sozialpsychologie 22, 567-591.

Weingart, Peter (Hrsg.) (1974): Wissenschaftssoziologie, 2 Bde. Frankfurt a.M.: Suhrkamp.

Weingart, Peter (1976): Wissensproduktion und soziale Struktur. Frankfurt a.M.: Suhrkamp.

Weingart, Peter (2001): Die Stunde der Wahrheit. Weilerswist: Velbrück.

Weingart, Peter (2003a): Wissenschaftssoziologie. Bielefeld: transcript.

Weingart, Peter (2003b): Der alltägliche Betrug. Die Zeit, Nr. 21, 39.

Weischedel, Wilhelm (1982): Die philosophische Hintertreppe. München: dtv.

Wenzel, Harald (2000): Obertanen. Zur soziologischen Bedeutung von Prominenz. Leviathan 28, 452-476.

Prof. Dr. Jo Reichertz
Universität Duisburg-Essen, FB 1 – Kommunikationswissenschaft
D-45117 Essen
Jo.Reichertz@uni-essen.de
http//www/uni-essen.de/kowi/

Soziale Systeme 11 (2005), Heft 1, S. 129-150      © Lucius & Lucius, Stuttgart

Wolff-Michael Roth

# Publish or Stay Behind and Perhaps Perish: Stability of Publication Practices in (Some) Social Sciences

*Zusammenfassung:* Obwohl neue technische Entwicklungen das schnelle und hinsichtlich der Länge problemlose Veröffentlichen ermöglichen, werden elektronische Medien in manchen Wissenschaften nur langsam – wenn überhaupt – akzeptiert und benutzt. Auf der Grundlage eines kulturhistorischen Ansatzes der dritten Generation argumentiere ich, dass sich die Stabilität von Veröffentlichungspraktiken (in Nordamerika) aus der Rolle der Publikationen in der akademischen Laufbahn ergibt. Entscheidungen in so unterschiedlichen Zusammenhängen wie Dauereinstellung, Beförderung, Gehalt, Gehaltserhöhung, und Drittmittelerwerb hängen von der Veröffentlichungsliste ab, die als eine Form der Objektivierung der Leistung eines Individuums verstanden wird. Die Stabilität der Veröffentlichungspraktiken kann man daher als das Produkt von der hoch vernetzten Natur akademischer Praktiken und Tätigkeitssystemen und der dialektischen Natur der Wissenschaftsgemeinden (communities of practice) verstehen, die sich sowohl identisch reproduzieren (Stasis), als auch in neuen Formen produzieren. Dieses Phänomen kann man zum Teil verstehen als das Bedürfnis eines Akademikers (einer Akademikerin), zur Erhaltung der Wissensgemeinde durch Dienste beizutragen, die den Entscheidungen über Dauereinstellung, Beförderung, und Gehalt Rechnung tragen.

## I.   Introduction

A colleague working as science educator recently asked me about my tenure as one of the co-editors of *FQS: Forum Qualitative Sozialforschung/Forum Qualitative Social Research*, a refereed online journal for qualitative research methods. He asked me in particular about the number of hits per month we received to which I responded that in March 2004, for example, we have had 2,889,834 hits, 47,476 pdf file downloads, and 178,481 html file accesses and that our newsletter goes out to over 4,000 subscribers (Mey/Mruck 2004). My colleague then asked me what we had done to get these tremendously high numbers. In our subsequent conversation, he articulated the concern that his own discipline, science education, has seen only two electronic journals since the Internet has made new forms of publishing possible, and both journals (*Electronic Journal of Science Education* [http://unr.edu/homepage/jcannon/ejse/], *Electronic Journal of Literacy Through Science* [http://sweeneyhall.sjsu.edu/ejlts/]) are struggling, with respect to readership, contributions, and recognition.[1] That is, although other journals in the field such as *Science Education* or the *Journal of Research in Science Teaching* continue to attract authors, despite, for example, their rejection rates of about 75 percent, other journals in the field, and in particular the electronic journals are not doing well. My colleague wanted to know whether I knew the reasons or had a hunch for this phenomenon, to which I responded with a hypothesis: The stability of publication practices can be understood to arise from the highly interconnected nature of practices (and activity systems) in the academy, and the dialectical nature of any communities of practice, which reproduces itself in (nearly) identical ways (stasis) as much as it produces itself in new forms. In this contribution, I articulate a theoretical framework based on networks of activity systems to discuss concrete circumstances in which the stability of publication practices is continuously produced and reproduced. That is, I do not take stability for granted but consider it as an *achievement* of networks of interacting activity systems. Taking such a stance forces the analyst to articulate the processes that continuously operate to stabilize the publication practices of a field, here, those that lead to the virtual rejection of new forms of publication opportunities in fields such as science education.

## II.   Agency|Structure Dialectic

Many if not most social and psychological theories are deterministic and therefore stand little chance to explain the variability of human (social) actions. For example, socioeconomic factors are often cited as a cause of family violence (e.g., Martin/Tsui/Maitra/Marinshaw 1999) or as substantial and independent determinants of low school achievement (e.g., Payne/Biddle 1999). Such theories, however valuable to policy makers they may be, fail to account for all those concrete cases in which people living in poverty do not enact violence toward spouses, and where children living in poverty do in fact show high achievement. Similarly, school achievement is frequently explained in terms of causation: more intelligent individuals do better than less intelligent ones. However, I am not aware of nor could I find studies that correlate measures of intelligence and other variables with scholarly productivity. Even if such studies existed, they would not be able to explain every case of more or less productive university faculty. In my research, generative theories based on an agency|structure dialectic, and one of its particular realizations, third-generation activity theory have allowed me to understand and explain a wide variety of social and psychological phenomena without putting individual actors

---

1   As of April 30, 2004, the latter journal is listed in the Directory of Open Access Journals (http://www.doaj.org/), but not the former.

into deterministic straightjackets of social or psychological factors (e.g., Roth 2003). In the following, I sketch these two aspects of my approach drawing on examples pertinent to this special issue, that is, patterns of publication in the social sciences.

Generative theories in cultural sociology and social psychology are grounded in an agency|structure dialectic (e.g., Sewell 1992). Structure has two aspects that bear on social action. On the one hand, there are the objectively experienced sociomaterial[2] structures that are resources on which human beings draw in their concrete actions – authors use »the literature« or a »word processor« as material resources for composing a research article and may interact with journal editors in particular ways, »because« of the latters' positions in the scientific community. On the other hand, schemas are embodied (»mental«) structures that allow social actors to perceive and act toward material structures – authors at different points in their careers and with different levels of experience view the same literature, materially embodied in journals and books, in different ways. In a generative model of human social action, the two forms of structure (resources, schemas) stand in a dialectic relation rather than constituting a perfect homology, for the later leads to a deterministic model in which no change and (individual and cultural) development is possible.[3] From both cultural-historical and ontogenetic perspectives, sociomaterial resources (in the way they are perceived) and schemas (structures that generate perception and outward action) emerge together as human beings act(ed) in the world (Roth 2003). Thus new aspects of sociomaterial practices, resources, and schemas are always produced at the same time that other aspects are reproduced – even in the most mundane job at the assembly line, patterned actions (i.e., social practices) change both at the individual and collective levels in the course of praxis.

To articulate and theorize the structural aspects of human activities, some theorists (e.g., Engeström 1999) use a heuristic (Figure 1) that highlights the

2  I use the notion of »sociomaterial« structure, because, with Durkheim (1895, 45), I hold that the concreteness of social facts – always encountered in their concrete material detail of human interaction—is sociology's fundamental phenomenon; at the same time, the way in which material structures are apparent to the individual social agent is the result of social mediation (e.g., Mikhailov 1980). The social and material mutually presuppose one another, captured in the binding of the two adjectives into one.

3  Bourdieu frequently has been critiqued for the duality of his habitus-field pair of structures, which leads to the exact reproduction of existing structures, so that a system and its social actors is captured in stasis. Such criticisms cite passages such as, »As an acquired system of generative schemes objectively adjusted to the particular conditions in which it is constituted, the habitus engenders all the thoughts, all the perceptions, and all the actions consistent with those conditions and no others« (Bourdieu 1977, 95). Bourdieu, however, repeatedly rejected deterministic interpretations of his model and emphasized instead the generative nature of his model: »The notion of habitus accounts for the fact that social agents are neither particles of matter determined by external causes, nor little monads guided solely by internal reasons, executing a sort of perfectly rational internal program of action« (Bourdieu/Wacquant 1992, 136).

mediational role of production means, rules, community, and division of labor that operate within activity, the irreducible analytic unit of analysis. This heuristic was developed presupposing an agency|structure dialectic though articulated in terms of a subject|object dialectic. I explain the difference drawing on an example. *Researching* is a pervasive and archetypical activity in academe: Its results, published papers, are so crucial to academic careers that all new scholars are told by their elder peers, »publish or perish.« After identifying the nature of the activity to be researched, in my case *researching and publishing*, social scientists proceed to identify possible structures – the most obvious ones being the human subject and its object of activity, two mutually presupposing (dialectic) entities. What the object of activity is can be established only with respect to the subject of activity, and the nature of the subject can only be established with respect to the object of activity. It is not surprising, therefore, that the object has been conceived of as appearing twice, as both material entity and (the subject's) vision (Leont'ev 1978), a formulation that reproduces the dialectic nature of structure. For the same reason, though hardly ever articulated, the subject appears twice, as material body (»flesh«) and person (Roth in press).

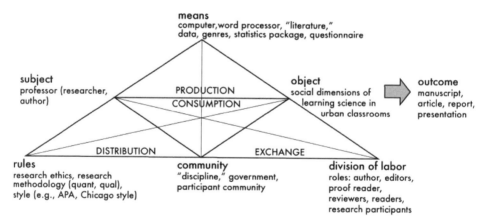

*Figure 1. Heuristic for finding structure in human activities – treated as irreducible units of analysis – using researching in social science as an example.*

The *community* defines the nature of the *object* (sometimes also motive«) in activity and is itself defined by the object: object and community arise together in the course of history and as a consequence of a *division of labor*. Thus, theoretician and researcher communities in education (Roth 2002a) or architecture (Turnbull 1993) emerged only after the relevant professional (practitioner) communities of practice had established and as the result of a split from these communities of practice. In the same way that the *tools* available to researchers mediate the shape observed activities take (a researcher who knows only ANOVA will unlikely conduct an ethnographic study), *rules* mediate the processes and products of research and writing (research methodology describes, for example, the level of involvement between researcher and researched).[4] Most important to a dialectical activity theory is its cultural historical dimension, which is not captured in the static heuristic of Figure 1. Activities continuously unfold, entraining changes in their constitutive elements, so that neither activity systems as wholes nor their constitutive aspects can be understood outside the cultural-historical context in which they take place and which they shape in return. Recent articulations of the theory therefore refer to this approach as cultural-historical activity theory (CHAT). In doing research in the ways that other members recognize and accept it, the individual subject not only reproduces practices and the community they constitute, but also produces and reproduces itself as an, in its concrete practices recognizable member of this community. The individual subject and its collective culture, expressed in but not entirely represented by the community, stand in a dialectical relationship. The individual always concretely realizes possible actions that exist at the collective level, and in concretely realizing culture both reproduce it and produce new variants of it, which leads to the development of cultural possibilities.

Although activities constitute the unit of analysis, there are two further levels of events that need to be distinguished, or, in other words, lead to structure: actions, which are directed toward goals formulated by individual subjects and operations, which are unconscious and occur in response to current conditions. Thus, whereas *researching* has a collective motive, *writing an introductory paragraph* for an article about the stability of publication practices were clearly enacted and pursued goals articulated by this author. Activities and the concrete actions that constitute them presuppose one another: activities are concretely realized by embodied actions in the pursuit of specific goals, but these goals and actions are brought forth only for realizing a specific activity. The sense of individual actions arises from their relations to specific activities: *asking* a question has a different sense when it is done to realize a research project then when it realizes a contribution to the nightly news. Actions themselves are constituted by unconscious operations: in the process of writing an introductory paragraph for this research article, specific words arise in response to the current state of a sentence but I do not control the emergence of the words

---

4  I do not conceive of rules as determinants of action, but as resources to situated action. What the relationship of established rules and situated actions is an empirical matter that can be established only a posteriori (Suchman 1987).

themselves. My fingers on the keyboard produce these sentences, but I do not consciously control their movement – apparent in my consciousness are shape and content of the sentences that appear on the screen. Actions and the operations that constitute them also presuppose one another: properly sequenced operations concretely realize an action, but the current state of the action conditions their emergence – I write sentences before having composed them in my head, but the words that appear on the screen are not arbitrary and stand in more or less ordered relationships to what is already there. Because actions draw on embodied operations, which take considerable time periods to become established, (cognitive) practices are durable simply because of the investments involved in changing them.

## III. Third-Generation Cultural Historical Activity Theory

Generative agency|structure dialectic and cultural historical activity theory are not yet sufficient to explain phenomena at the collective (societal) level: activity systems do not exist in a vacuum, as they were treated in second-generation activity theory.[5] They interact with, and are constitutive elements of, networks of activity systems. For example, the activity system as concretely realized by the professor in Figure 1 receives rules and instruments from other activity systems (e.g., American Psychological Association, tests, computers, software), and produces outcomes for certain other activity systems (e.g., research participants, such as school districts) (see Figure 2). Thus, people and artifacts (instruments, tools, reports) move from activity systems into other activity system. This flow constitutes a heterogeneous network of otherwise often independently functioning activity systems – professors doing their research and publish are seldom conscious of the activities in the offices of the American Psychological Association. The stability of networks of activity results from this flow as well as from the durability of concrete people and material things (Latour 1987), because they are now constitutive elements not merely of one but in fact of multiple activity systems.

The movements of people and things from one activity system into another are not a sufficient explanation for surprising events and changes in the activity of interest. The foreign entities are first appropriated by the activity system, are modified, and made integral and in-dissociable part of it. At the same time, this introduction can give rise to tensions, antinomies, contradictions, and

---

5  First-generation activity theory (e.g., Vygotsky 1978) focused almost exclusively on the tool-mediated nature of activity, but did not theorize the dialectical relation that co-constitutes individual and collective; second-generation activity theory focused on how a collectivity mediates the object of activity, but did not concern itself with the interrelation of multiple activity systems.

breakdowns: identifying, dealing with, and working through these, the activity inhibiting situations leads to change. If we were interested in changing an activity system, we would attempt to locate the contradictions, antinomies, breakdowns, or tensions and, in a collective fashion involving other members of the system, remove the problematic aspects. Because human subjects are constitutive part of their activities, they have the power to produce change all the while reproducing other aspects of the system.

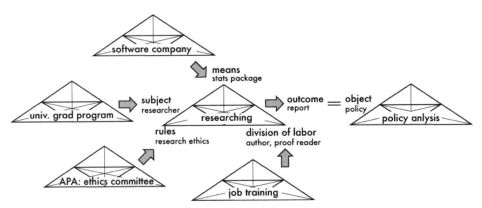

*Figure 2. Social phenomena are best explained in terms of the interaction of multiple activity systems, which occurs by means of a flow of people and things. The stability of the resulting networks is proportional to the investments and consequences to the entire network when the flow is stopped.*

Using cultural-historical activity theory in its third-generation form allows us to demystify processes hidden from many researchers, and articulate the concrete actions that bring about the outcomes that the researchers actually come to see, for instance, the decision letter from the editor to the author. In my experience, many young scholars who receive rejection letters see these as objective reflections of their work rather than as the results of processes in which real people are involved, those with whom they interact, for example, at conferences, and whose work they judge as reviewers. The third-generation CHAT approach no longer articulates activities one at a time, but as simultaneous and interdependent activities that form a network. Second, third-generation CHAT encourages us to study the *processes* (always accomplished in *concrete* human actions) that bring about, for example, the entire review of a submitted manuscript leading the production of a rejection or acceptance letter. In the following, I use third-generation cultural-historical activity theory to articulate some aspects of scholarly activity that contributes to the stability of publication practices in the social sciences, supported with evidence from the discipline of science education.

## IV. Publish or Perish

»Why,« to return to my colleague's question, »do new (electronic) journals have such a hard time to establish themselves [in some disciplines]?« The diction »publish or perish« encourages us to study two potential sites that contribute to the stability of publication practices: (a) the research-writing-submission-publication axis of a faculty member's work, the results of which are inscribed in and represented by the cumulative curriculum vitae (CVs); and (b) the – in North American universities pervasive – evaluation of the faculty member by salary, tenure and promotion committees or deans of faculty based on submitted CVs (Figure 3). At least in the Canadian situation, the research record as inscribed in a CV is also an important element in the evaluation of research grant applications to the major research funding source, the *Social Sciences and Humanities Research Council of Canada*, where, for a regular scholar, 60 percent of a proposal evaluation pertains to the CV and 40 percent to the project itself. The publication record as embodied in a CV therefore constitutes an important resource in garnering funding for future research. Investments in the resulting history and network of activities – existing in the form of people, materials, and

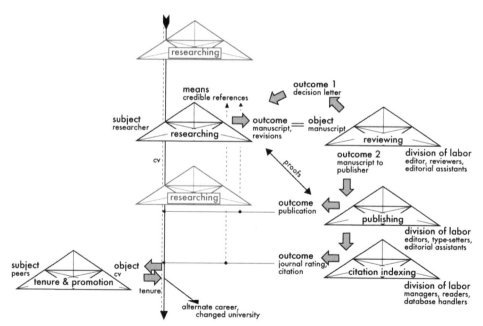

*Figure 3. A temporal look at an untenured faculty member's recurrent research activities, which, ideally, result in relevant publications that are subsequently represented as entries in the researcher's curriculum vitae (CV). During tenure and promotion decisions, the CV stands in for (represents) the researcher.*

practices – contribute to stabilizing particular genres and journals and make it difficult for change to occur. Because of the linkage between researching-publishing, on the one hand, and career progress (survive or perish), on the other, the motive (object) for engaging in research may actually be the building of a CV to jump the tenure and promotion hurdle rather than the generation of new knowledge.

## IV.1 On the Perils of Not-Publishing

As a general rule across North America and across disciplines, »one or two articles published in highly prestigious journals might win the author tenure or a healthy pay raise, more articles published in less prestigious journals might be needed to secure the same rewards« (Korobkin 1999, 858). »Producing enough« to make the tenure hurdle is the principal motive for much research in North American universities, and is associated with considerable anxiety on the part of new scholars. That is, the evaluation of productivity is not *pro forma*, a done deal, but a serious activity with consequences for the individual involved – requests for tenure, promotion, salary increases, or research funding *are* rejected rather than automatically granted. Over the past dozen years, I frequently participated on committees that evaluated faculty members using their curriculum vitae as the main source of evidence. These committees make decisions about tenure, promotion, salary increases, or awards. Each of these situations can be considered as a concrete realization of a form of activity, with the committee as the (collective) *subject*, the particular CVs as the *object* (motive), and the production of a (written) evaluation as the *outcome* (Figures 1, 3). In all of these committees, the value of contributions a researcher has made to the scholarly literature and community is, to a great extent, established in terms of the number, length, and quality of articles published.[6] Whereas the number and length of articles – very short ones, editorials, or comments and criticisms count less than regular »full-length« articles – can easily be established by inspecting the CV, the quality of journals is less readily established, the outcomes depending on the committee composition. Here, committees draw on a variety of *means* to assist them, including journal rankings, impact, usefulness, and qualitative »tiers,« in the production of an evaluation and decision, which is formalized in a letter that goes back to the applicant.[7] Cultural-historical activity theory allows us to articulate the various elements that enter the decision-making process, and therefore they are integral to the outcomes. The evaluation articulated in the letter to the candidate

---

6   Elsewhere I provided a detailed analysis and modeling of the inner workings of committees in funding agencies, and the vagaries that these may lead to (Roth 2002c).
7   This letter is another material entity that constitutes or contributes to constituting the flowing matter that makes and stabilizes networks of different activity systems (Roth 2002b).

and dean is as much a reflection of the committee process as it is a reflection of the candidates and their CVs.

In all of the committee meetings I attended, publications that appear in »flagship journals« have been rated considerably higher and counted positively in the evaluation, whereas »second [third] tier journals« not only may count less but also, in some cases, may count against the person. Thus, to a North American researcher in science education the *Journal of Research in Science Teaching* and *Science Education* constitute first tier journals, whereas the *International Journal of Science Education* and *Research in Science Education* might constitute tier two journals, and so forth. To establish the quality of the journals, that is, to attribute them to »first tier,« »second tier,« or »third tier,« committee members may draw on and articulate different forms of evidence. For example, many members and external evaluators draw on their own sense and experience to establish the impact a journal has on the field. Such evidence is very personal, and some individuals, as I could ascertain on two committees in the months prior to writing this article, may therefore value journals with a regional or national orientation as highly as those journals – unknown to them – that truly have an international orientation and readership. Other members, on the other hand, may use »objective measures« such as rejection rates (obtained from editors), journal impact (as provided by *Journal Citation Reports®*), journal rankings (as a result of ranking using impact ratings), or relative journal rank within discipline[8] as indicators. Judgments based on influence, significance, or importance of research publications could be used, but they require qualitative analysis by experts in the field, a process often too time-consuming and expense to be feasible (Garfield/Welljams-Doroof 1992). Tracking how often papers are cited, citation databases constitute tools for indicating impact of primary research papers and, after aggregation, can indicate the relative impact of individuals and journals as well as larger units such as departments, disciplines, fields, and the science as a whole.

Committees consider the extent to which the applicants contributed to the community of which they are constitutive members. Service as reviewer, member of editorial board, associate editor, or editor are considered to be legitimate contributions to the field, increasing in value in the order listed here. Researchers seeking tenure or new jobs therefore ought to participate in the discipline by serving as a reviewer and, during later stages of their career, as members of editorial boards, associate editors or editors. The value of the

---

8   Relative journal ranking in the discipline *r* can be calculated according to the equation $r = 1 - (n - 1)/N$, where n is the descending rank number and N the total number of journals in the discipline (Popescu/Ganciu/Penache/Penache 1998). That is, the *Journal of Research in Science Teaching* (JRST) was ranked 8th of 102 journals, it would have a value of $r = 1 - (8 - 1)/102 = 0.93$, which means that 93 percent of journals in the field have a rank and corresponding impact factor lower than *JRST*.

service, as considered by the committee, again depends on the journal with which the person associates itself, which can, in disciplines such as law, be critical to obtaining coveted jobs in one of the major law faculties (Korobkin 1999). It may therefore come as little surprise that a substantial number of the editorial board members of the *Journal of Research in Science Teaching* are untenured assistant professors and recently appointed associate professors. To review and even more so to be a member of an editorial board, one needs to have published in the journal.

Funding records also contribute *as means* to committee engaged in the evaluation of scholars, and deans of faculty impress upon new members the importance of getting grants to their careers. However, getting grants heavily depends, at least in Canada, on publication records. In the *Social Sciences and Humanities Research Council of Canada*, the proposals of new scholars (first 5 years) are judged according to a 40:60 or 60:40 percent split for record and quality of project (whichever gives a higher score), whereas regular scholars are judged according to the mentioned 60:40 record-project weighting. Thus, although it is desirable to be able to list research grants, getting them is itself a function of prior research publications as represented in CVs. A frequent advice to new scholars therefore consists in statements such as »Getting on the funding train early or missing it for the entirety of a career.« Furthermore, national impact is valued higher than a regional one, and international impact higher than national, each distinction defining a ten-percent cluster. This, in turn, favors publications in international and high-impact journals, which receive higher evaluations than national or regional journals and higher evaluations than journals that are not ranked at all.

As a result of their activities related to researching, publishing, doing service to journals, and getting grants, faculty members increase the numbers and weightiness of lines in their CVs.[9] The CVs not only are representations of researchers' accomplishments, but also becomes their representatives (spokesperson) that are interrogated by and provide answers to the respective committees.[10] In decisions that affect the careers of researchers, members of the relevant committees draw on a variety of data, all of which are the outcomes of activity systems directly or indirectly linked to *doing* research (Figure 3). Researching contributes to publishing, which itself contributes to being cited,

---

9 An Australian colleague takes an entirely pragmatic perspective on research activity, counting all returns in terms of their value to the CV. Thus, he greets every publication with the comment, »Another line on my CV.« Everything he does seems to be connected to adding lines to his CV, and I only hear from him when another line is at stake. As the editor of a journal, he even regards »weaker« articles as counting against not only the journal but against him and his record.

10 This articulation of a representation as a spokesperson for the person it represents is consistent with an actor network approach, which treats human and non-human actors symmetrically (Roth/McGinn 1998).

serving in different functions in journal operations, and getting grants. That is, publication records weigh heavily in direct and indirect ways on scholarly careers. To make it through the various decision processes where they have to submit their CVs to represent themselves, faculty members at all stages of their career orient towards (are motivated by) the various elements that enter the considerations. That is, the motives concretely realized in the researching and publishing activities (Figures 1-3) are mediated by the means that enter decision making in other activity systems, which, in turn, draw on objects, people, outcomes of networks of activities that have formed around publishing.

In this mix of activities publishing and participating in maintaining new journals is therefore a risky business for new faculty members, who, in science education for example, do much of the publishing, reviewing, and editorial board service. Publishing in one of the new electronic journals or doing service to maintain it alive may not only count little but even count against the faculty member.

## IV.2  On Citing and Being Cited

Authors and the journals in which they (aspire to) publish are part of self-reproducing and self-stabilizing networks of activity systems. Journals exist in a network of activities that involve materials, people, and practices that contribute to stabilizing the networks (Figure 3): as soon as the relation between one activity system and another is held for an amount of time, it generates effects of stability within and across systems as well as the conditions of power (Law 1991). The flow of objects between systems links different activities (authoring, editing, reviewing, and publishing) and thereby contributes to the performance of relationships, such as editor-author (acknowledgment of receipt, decision letter, letter of acceptance), reviewer-author (review), editor-reviewer (request to review, manuscript, review), editor-publisher (manuscripts), publisher-author (proofs), and so forth. People are involved in all of these relations, not only those already listed, but also support personnel within the different activity systems including secretaries (making copies), editorial assistants (managing manuscripts and databases), type-setters, managing editors, printers, and web administrators (for electronic publishing).

Peer review involves the creation and movement of many documents, only some of which the authors get to see. In addition to the manuscript, there may be reviewer rating forms, letters from the editor to the reviewers, reviews with comments to the editor and comments to the authors, editorial decision letters, electronic or paper databases for tracking documents, statistical information about manuscript flow, cover letters specifying changes in revisions, acceptance letters, marked up manuscripts, galley proofs, and reprints. All of these documents constitute durable material objects; the flow of such durable objects stabilizes networks of activity systems by reproducing and therefore confirming and reifying existing relations (Roth 2002b).

This stability arises from the flow of these intermediaries, a current that continues even if some of the actors disappear from the network because they opt out or are removed (e.g., when tenure is denied). Manuscripts, reviews, decision letters, and CVs are intermediaries that function like any other intermediaries (currencies) that become the lifeblood of a system, seemingly indispensable; this fluid constitutes the social topology of a discipline. This fluid produces a level of stability that makes any change effort difficult. All of these events and processes contribute to the stability of form and content of publications even in the apparently most solitary form of scholarly pursuits, doing and writing philosophy (Cronin 2004).

Journals also face the potential of perishing; they have to contribute to staying in the field, which they do by contributing to the stability of the networks in which they are involved. Journals are not things that stand on their own but have their own context, that is, they are judged in the context of other journals in terms of comparison of readership, distribution, importance to the field, quality of the articles published, nature of the articles published, and so forth. There is a network within which journals operate and are caught up, one that is established by the ranking procedures of such institutions as the Social Sciences Citation Index. A criterion often invoked for tenure and promotion purposes is the impact of the author on the field. One measure of impact is the citation statistic, which to a large extend depends on the spread of the journal rather than the quality of the article. An article published in the *Educational Researcher*, which is automatically mailed to more than 10,000 members of the American Educational Research Association, has a higher spread and therefore likelihood to be cited than an article by the same author published in the *Journal of Research in Science Teaching*, also sent automatically to the roughly 1,500 members of the National Association for Research in Science Teaching (despite its name, an international organization). An article in *Review of Educational Research* with a large subscription base has a higher potential to be cited than if it was published in the *Journal of Research in Science Teaching* with a smaller distribution. At the same time, journals with a small number of citable articles and issues per year, such as *Review of Educational Research* (1998-2002, $N_{av}$ = 14) or *Journal of the Learning Sciences* (1998-2002, $N_{av}$ = 11), tend to be found among the highest ranked journals in the field. Given the way citation rankings are calculated, one or two well-published authors can significantly affect the citation index and therefore the rankings of these journals.

Citation studies are often undertaken to evaluate faculty members and institutions in addition to studying structure and development of a field or cited motivation (Rousseau/Zuccala 2004). Such studies show how different social actors operating in the same or different activity systems generate resources that tend to produce and reproduce stability of publication practices. These social actors – that is, constituents of the subject|object dialectic in various activity systems – include authors, journals, institutes, countries, scientific journals, and combinations thereof as factors.

Authors contribute to the stability of publication activities by producing and reproducing citation networks and collective interests. To get their work accepted in the »flagship« journals, authors have to show that their research object is of collective interest – pursues a collective motive – that their research methods conforms with standard methodologies (rules), draw on the well-known papers and authors as resources (tools) to support their arguments, and that they use standard formats (genres) as means to communicate their ideas. They combine these with »original data,« to create research narratives that are, in some ways, reflective of the setting in which the protagonists (and authors) have lived. They draw on other actors such as previously published reports, common knowledge, and established scientific processes and experimental procedures to construct the reasonableness of their research question and experimental design. Common knowledge and widely accepted facts, concepts, and theories are more powerful supporters in an author's scheme than other yet-unconfirmed research findings; articles by »authorities« are more powerful allies than articles by largely unknown researchers. Leading authorities and »more important« articles are those published in flagship journals. Thus, my experience serving as associate editor or editorial board member shows that citing an author in a second- or third-tier journal (e.g., *School Science and Mathematics*) or an online publication (e.g., *Electronic Journal of Science Education*) is taken as weak support to the statement a science education author makes than if the citation is to a leading author and journal. The authors have to anticipate the possible ways in which editors and reviewers might read their manuscript, and they use these anticipations in shaping their manuscript. That is, a manuscript inherently becomes a cultural object not only because the language used »exists asymmetrically, always for *the other*, from the other, kept by the other. Coming from the other, remaining with the other, and returning to the other« (Derrida 1998, 40) but also because genre, citations, referencing, and other aspects of the text as a whole can be recognized by other members of the discipline as a concrete realization of discipline-specific cultural possibilities. In producing manuscripts that are recognized by others in this way, authors mainly reproduce cultural possibilities and shy away from producing new texts and possibilities.

Citing the work of others constructs links between authors and journals. Thus, each time authors cite articles that have been published in a leading journal, they also contribute to stabilizing the network of journals within which they exists and to reaffirming and reifying the status of the journal and the power of the editor. Each citation – which is a material sign that points to and has been occasioned by an article, and therefore part of the material flow – contributes to the maintenance of the existing network. Each citation even contributes to the maintenance of journals to which authors do not submit their work (Roth 2002b). In the same way, each citation of an author's work by other authors contributes to the calculation of the citation index and impact rating. Again, they thereby contribut to stabilizing the journal and its editor – as citing author and as cited author.

Many authors – in part depending on the type of institution, college, teaching university, research university (»Research I«) or comprehensive university – attempt to publish in the »flagship journals« of their field, in fact, they have to publish in these journals if they want to make the tenure barrier. However, one might ask, »What constitutes a flagship journal, and why do others belong to the ›second tier‹, ›third tier‹, and so on?«[11]

Journals that are already ranked high, on subjective-qualitative or quantitative basis, receive more submissions and are more desirable outlets for scholarly activity than others that are ranked lower. In science education, the two »leading« journals *Journal of Research in Science Teaching* (JRST) and *Science Education* are also those that rank highest in the ISI citation index according to the journal impact factor – often making it among the top ten of the more than 100 education journals ranked.[12] Both journals reject 75 percent or more of submitted articles (for *JRST*, between 220 and 250), and therefore tend to feature articles of only a small fraction of authors in the worldwide community of science education. These rejected articles are frequently submitted with little change to the next journal on the list of rankings.[13] But now, there are many print journals to which an author in science education may submit. It may therefore come as little surprise that (a) the journals in the field publish the same kind of articles and (b) the third journal in the rankings, the *International Journal of Science Education*, has increased its numbers from six per year to 12,

---

11 In the field of law, for example, five tiers of authors and journals have been identified (Korobkin 1999).

12 The journal impact factor is a measure of the average citation frequency for a specific citable item (article, review, letter, discovery account, note, and abstract) in a specific journal during a specific year or period (Garfield 1979). Thus, the impact factor for a specific journal in 2004 is calculated (total citations in 2002 and 2003)/(total citable articles in 2002 and 2003). This means that journals with a limited number of articles may easily become those with the highest impact factor. The »leading« journal in education in terms of cumulative rankings over 10-year spans, *Review of Educational Research*, publishes less than 15 articles a year and has an impact factor of about 3. That is, a small number of authors may be responsible for pushing the journal to the top.

13 Having served on many journals concurrently, I have been asked repeatedly to review the same manuscript for different journals. Old-timers in science education provide newcomers with the advice of sending a manuscript first to the top journal, *Journal of Research in Science Teaching*, and then, if it is rejected, to »go down the list,« where it is implied that the list is rank-ordered from most-desirable (»best«) to least-desirable journal.

and most recently to 15. At the same time, the *Electronic Journal of Science Education* has had insufficient submissions and therefore not published a single issue between December 2002 and the time of this writing (its home page provides as reason, »EJSE is experiencing a major backlog in its publication schedule. Efforts are underway to bring the journal up to date.«); the *Electronic Journal of Literacy through Science* has not received a substantial number of manuscript and published only 8 articles over its two years of existence.

Citations are an important means of producing and reproducing scholarly communities and sub-communities networks, and they can be used to map the intellectual content of field and demarcate their (porous) boundaries (Hummon«Doreian 1989). But there is more to citations. Authors want to publish in flagship journals, but publishers want to maintain their advantage (sales, readership): they have to maintain their staff to be able to publish their palette of journals. Both are interested in keeping the journal rankings and perceived importance high. Publishers actively contribute to the role of citation indices and journal rankings by using them in their advertisements and in the construction of team spirit in editorial board meetings. Thus *SAGE Publications* feature the rankings of several journal on top of the journal home page; the *Wiley Publishers* representative begins the editorial board meeting of the *Journal of Research in Science Teaching* with the citation information from the past several years; and an editor of *Science Education* pointed out in an editorial board meeting out how far the journal has climbed in the ranking, a fact that he attributes to the editorial board and his own editorship (»I wanted to let you know that most recent Journal Citation Report showed that out of 101 journals published in educational research, *Science Education* ranks #10. Everyone affiliated with the journal should be proud of this accomplishment« [email July 3, 2001]). It is therefore of interest to companies to provide editors with support (e.g., paying for a [graduate] editorial assistant); and editors want to maintain the edge of their journal to warrant and perhaps increase the support they receive, which allows them to increase the number of issues that they publish per year. Thus, over the past 15 years, the three major journals in the science education discipline have increased the number of issues or pages published (Table 1). This support, »hard currency,« constitutes another material object that stabilizes the relationship between editors and publisher. By increasing space, science education journals have attracted authors and readers, but the manuscript rejection rates have stayed constant.

Journal rankings may mediate the nature of scholarship published, the stabilization of journal rankings. Thus, rankings can create incentives for journal editors to select certain types of manuscripts and the selection of certain types of manuscripts can create incentives for authors seeking publication in those journals to produce those types of manuscripts (Korobkin 1999). The practice of ranking journals constitutes a form of feedback by increasing perceived importance. Thus, four of the five leading journals in clinical medicine increased their relative citation impact on the field (Garfield/Welljams-Doroof 1992), stabilizing these journals against the potential impact of other publication outlets.

Table 1. Number of issues and pages published in three science education journals in 1989 and 2003

| Year | 1989 | | 2003 | |
|---|---|---|---|---|
| Journal | Number of Issues | Number of Pages | Number of Issues | Number of Pages |
| Journal of Research in Science Teaching | 9 | 784 | 10 | 1114 |
| Science Education[1] | 5 | 593 | 6 | 918 |
| International Journal of Science Education[2] | 3 | 362 | 12 | 1544 |

Note 1: There were 6 issues, but at the time one issue was entirely devoted to a summary of the literature. In 1989, there were 141 pages in the summary issue.
Note 2: Starting 2004, this journal publishes 15 issues/year

Journals tend to support particular formats, genres, and research methods. Perceived tendencies for formats, genres, and research methods become resources for authors to shape their own articles. If journal editors adjust their article selection criteria in an attempt to increase their relative prestige, authors will adjust the content, format, and genre of their articles because they wish to place their articles in the highly ranked journals. As the leading authors, editors, and editorial board members all have emerged from the same community of practice, the currently leading journals in science education differ very little from one another. This point is part of the argument for a new journal made in a recent proposal for a new and different journal in the field:

> Of concern to the editors of the proposed journal is that those reviewers and journal editors who tend to reify methodologies grounded in positivism and conceptual change theory harshly treat articles seeking to break the mold, such as the ones we would be soliciting. Articles that do not conform to these methodological and epistemological underpinnings are frequently rejected in the other journals (Submission to Kluwer Academic Publishers).

This certainly contributes to the fact that most journal articles in the field are not only highly uniform but also that the journals differ very little in the content and format of the articles they publish, though they differ in terms of the quality standards that the field sets. Thus, the proposal suggested:

Although there are numerous journals in science education at the moment, most are almost identical in what they publish and encourage for submission. Leading journals such as *Journal of Research in Science Teaching, Science Education, International Journal of Science Education, Research in Science Education,* and *Journal of Science and Technological Education* are virtually indistinguishable. Editors, editorial boards and reviewers are selected to produce forms of scholarly activity that are primarily grounded in traditional psychology and inattentive to theories from cultural studies. There is a focus on production with each journal seeking more pages per year and a press on authors to write shorter articles (Submission to Kluwer Academic Publishers).

These common formats are resources of limited range to new authors, who come to produce manuscripts of a similar type and thereby reproduce the field as it is. An author can begin submitting a manuscript to the most highly ranked journal, and then, if necessary, move down the list without making any changes in the text, until a journal actually accepts it. In summary, then, the developments over the past two decades have seen an expansion of the traditionally dominant journals in science education and the few additions that use the traditional print format are reproducing the practices of the existing ones. On the other hand, despite the promises of open access and potential for wide distribution made possible by online journals (e.g., Mey/Mruck 2004), this new form of publishing has made extremely marginal inroads in science education.

## IV.3  Where are the Others?

Against the domination of the three major journals in the discipline, other print journals in science education find it difficult to exist, and the electronic journals tend to have very little appeal. Among the journals, only *Research in Science Education* has recently been entered in the ISI listing, after the Australasian Science Education Research Association sold it to Kluwer Academic Publishers. Other journals have a more limited appeal, are listed in fewer abstracting systems, and fail to attract manuscripts by the leading scholars in the field. Among these journals feature the *Journal of Science Teacher Education, International Journal of Science and Mathematics Education, Science & Education,* and *Journal of Science Education and Technology, Research in Science & Technological Education, School Science Review,* or *Studies in Science Education.* Though often aspiring and publishing international authors, other science education journals have even more marginal existence, including the *Journal of the Korean Science Education,* and journals published in a language other than English are virtually not cited at all, including *Didaskalia* (France), *Zeitschrift für Didaktik der Naturwissenschaften* (Germany), or *Enseñanza de las Ciencias* (Spain). All of these journals constitute outlets for scholarly productivity, but, because they do not contribute to the citation network, do not significantly enhance (North American) authors' credibility within the field nor do citations in these journals add to journals and authors in the »flagship journals.« Currently, electronic journals are considered to be »even lower on the totem pole« (Larry Yore, personal communication, January 2004) in part because of perceptions that it is easier to get published, that the review processes are not as rigorous as in the leading journals, that it is not desirable to publish in the journals given that the leading scholars do not publish there and likely do not read these journals, and so forth. A number of leading scholars also suggest that there are »too many journals in the field.« That is, the »flagship journals« are part of a self-stabilizing network, which excludes others, an exclusion that is co-produced by the failure to contribute to the stabilization of citation networks – a reverse statement of the function cited-citing pairs in constituting and stabilizing scientific communities (Leydesdorff 1998). To make inroads, electronic publications need to link with established networks, such as being part of catalogues of abstracts and secondary distribution means such as EBSCO Publishing (Mey/Mruck 2004). Established scholars do not or little contribute to lower ranked journals; they also sit on tenure, promotion, salary, and funding committees using journal rankings and qualitative indicators as measures of productivity for their more junior colleagues. Senior scholars hold editor and associate editor positions, making decisions about what kind of articles to include or exclude – directly, by not entering an article in the review process, or indirectly, by sending it to reviewers that will certainly reject the piece.[14] They contribute to producing the stability of the network by reproducing the existing status quo, making it difficult to impossible for new formats (e-journals) and genres to establish themselves.

---

14 An example excerpt of such a letter states: »I have elected not to place this manuscript into the review process because after a careful reading I find that 1) it does not explicitly deal with issues of science education; 2) it does not extend our knowledge about teaching practices - e.g., your theory of practice does not report new and novel perspectives that inform preservice or inservice teacher education; and 3) it employs a format for the reporting of ethnographic research which does not make obvious to the reader how you move from the evidence to the results and conclusions reported« (Letter from the editor, MAR 01, 1996). As an example of the second case, the then editor of *Science Education* sent an article entitled »Towards an Anthropology of Graphing« to a cognitive psychologist, who stated that he did not understand anthropology, that there was too much anthropology in the article, and that it should be rejected.

## V. Conclusion

In this article, I articulated a framework for analyzing the apparent stability of publication practices, drawing in particular on example from one discipline, science education. The dialectical agency|structure framework allows us to understand and explain, why and how each author, even those who try but do not get published in flagship journals, contribute resources to the networks that tend to stabilize them. That is, with each failure to get a research manuscript through the review process, an author actively contributes to producing the collective interest in writing for these journals and to the rejection statistics, both of which tend to stabilize these journals. The third-generation activity theory contributes to understanding how the movement of material objects contributes to the production and reproduction of networks of activity systems, each of which requires exchanges with other systems to stabilize simultaneously the network and itself. Although the tenure, promotion, and salary decisions, which contribute to the stability of the flagship journals, do not exist in other countries, funding decisions are made on similar grounds, leading to the stabilization of research and publication practices in these countries as well. Although restricted in their influence on the literature in the lingua franca language English, publications and grant proposals tend to lead to characteristic stabilities by drawing on particular citation practices that produce and reproduce the status of journals, editors, and scholars.

Because of the interconnected nature of the activities and activity systems relative to publishing, service (journals), grantsmanship, and being successful in getting research published reaps additional rewards, which accumulate to make curriculum vitae that will stand scrutiny during subsequent evaluation processes. That is, success breeds success not in a linear but in an exponential fashion. Success, however, crucially depends on the journals in which a scholar's work gets published, which tends to stabilize existing rank orders, making it difficult for new journals to establish themselves. This stabilizes existing journals and journal hierarchies at the expense of new journals, even those that provide opportunities for changing the field. In the field of science education, however, there is an interesting development that future analyses might elucidate. Despite their international appeal, the *Journal of Research in Science Teaching* and *Science Education* tended to be more nationalist, because review processes disfavor non-English speaking authors, both because of linguistic problems with the pieces and with cultural differences in format and genre.[15] The *International Journal of Science Education*, on the other hand, seemed to have made a particular effort in attracting scholars from around the

---

15 Reviewing more than 50 manuscripts per year, for 30 or more journals in several discipline, I have learned to identify the country or continent of origin of a manuscript based on type of research, genre of writing, format of the manuscript, and language.

world. The *International Journal of Science and Mathematics Education* has been provided with funds to support non-English speaking authors in the editing stages of their manuscripts. Whether publication practices in the discipline will change as a result, and whether there are similar or different trends for the two journals (the former listed in ISI, the latter not listed) would allow for additional refinements in models concerning the stability (or instability) of publication practices, will be an empirical matter for future analyses.

Citation is an emerging (reflexive) practice, in that citations stabilize journals and authors and keep others out of existing citation networks. As decisions about authors are made with respect to their impact on the field, reflexively determined by their ability to publish in the »flagship journals,« there is little motivation to bring about and support forms of publication (i.e., e-journals) that for a variety of reasons discussed here fail to contribute to citation networks. Citation analysis implies a reflexive theory. While such a theory has not (yet) been articulated, the present article provides a glimpse at some of the processes that stabilize journals, citations, and authors, in part because of the role they play with respect to tenure, promotion, salary, and funding decisions.

# References

Bourdieu, Pierre (1977): Outline of a Theory of Structure. Cambridge: Cambridge University Press.

Bourdieu, Pierre/Wacquant, Loïc J.D. (1992): The Purpose of Reflexive Sociology (The Chicago Workshop). Pp. 60-215 in: Pierre Bourdieu/Loïc J.D. Wacquant, An Invitation to Reflexive Sociology. Chicago: University of Chicago Press.

Cronin, Blaise (2004): Bowling Alone Together: Academic Writing as Distributed Cognition. Journal of the American Society for Information Science and Technology, 55, 557-560.

Derrida, Jacques (1998): Monolingualism of the Other; or, The Prosthesis of Origin. Stanford, CA: Stanford University Press.

Durkheim, Emile (1895): The Rules of the Sociological Method. New York: Free Press.

Engeström, Yrjö (1999): Activity Theory and Individual and Social Transformation. Pp. 19-38 in: Yrjö Engeström/Reijo Miettinen/Raija-Leena Punamäki (Eds.), Perspectives on Activity Theory. Cambridge: Cambridge University Press.

Garfield, Eugene (1979): Citation Indexing – Its Theory and Application in Science, Technology, and Humanities. Philadelphia: Institute for Scientific Information Press.

Garfield, Eugene/Welljams-Dorof, Alfred (1979): Citation Data: Their Use as Quantitative Indicators for Science and Technology Evaluation and Policy-Making. Science and Public Policy, 19, 321-327.

Hummon, Norman P./Doreian, Patrick (1989): Connectivity in a Citation Network: The Development of DNA Theory. Social Networks, 11, 39-63.

Korobkin, Russell (1999): Ranking Journals: Some Thoughts on Theory and Methodology. Florida State University Law Review, 26, 851-876.

Latour, Bruno (1987): Science in Action: How to Follow Scientists and Engineers through Society. Milton Keynes: Open University Press.

Law, John (1991): Power, Discretion and Strategy. Pp. 165-191 in: John Law (Ed.), A Sociology of Monsters: Essays on Power, Technology and Domination. London: Routledge.

Leont'ev, Alexei N. (1978): Activity, Consciousness and Personality. Englewood Cliffs, CA: Prentice Hall.

Leydesdorff, Loet (1998): Theories of Citation? Scientometrics 43, 5-25.

Martin, Sandra/Tsui, Amy/Maitra, Kuhu/Marinshaw, Ruth (1999): Domestic Violence in Northern India. American Journal of Epidemiology 150, 416-427.

Mikhailov, Felix (1980): The Riddle of Self. Moscow: Progress.

Mey, Guenter/Mruck, Katja (2004). Open Access und elektronisches Publizieren: Das Beispiel der Online-Zeitschrift *FQS*. In (Ed.), *dvs*. Hamburg: Edition Czwalina.

Payne, Kevin. J./Biddle, Bruce J. (1999): Poor School Funding, Child Poverty, and Mathematics Achievement. Educational Researcher 28 (6), 4-13.

Popescu, Ioan-Iovitz/Ganciu, Mihai/Penache, M. Cristina/Penache, Dan (1997): On the Lavalette Ranking Law. Romanian Reports in Physics, 49, 3-27.

Roth, Wolff-Michael (2002a): Being and Becoming in the Classroom. Westport, CT: Ablex.

Roth, Wolff-Michael (2002b): Editorial Power/Authorial Suffering. Research in Science Education, 32, 215-240.

Roth, Wolff-Michael (2002c). Evaluation and Adjudication of Research Proposals: Vagaries and Politics of Funding (92 paragraphs). Forum Qualitative Sozialforschung/Forum: Qualitative Social Research, 3(4). http://www.qualitative-research.net/fqs-texte/3-02/3-02roth-e.htm

Roth, Wolff-Michael (2003): From Environmental Determination to Cultural-Historical Mediation: Toward Biological Plausible Social Theories. Cybernetics & Human Knowing, 10 (2), 8-28.

Roth, Wolff-Michael (in press): Identity as Dialectic: Re/Making Self in Urban Schooling. In Joe Kincheloe/Phil Anderson/Karel Rose/Derrick Griffith/Kecia Hayes (eds.), Urban Education: An Encyclopedia. Westport, CT: Greenwood.

Roth, Wolff-Michael/McGinn, Michelle K. (1998): >unDELETE Science Education:/lives/work/voices. Journal of Research in Science Teaching, 35, 399-421.

Rousseau, Ronald/Zuccala, Alesia (2004): A Classification of Author Co-Citations: Definitions and Search Strategies. Journal of the American Society for Information Science and Technology, 55, 513-529.

Sewell, William H. (1992): A Theory of Structure: Duality, Agency and Transformation. American Journal of Sociology, 98, 1-29.

Suchman, Lucy A. (1987): Plans and Situated actions: The Problem of Human-Machine Communication. Cambridge: Cambridge University Press.

Turnbull, David (1993): The ad hoc collective work of building gothic cathedrals with templates, string, and geometry. Science, Technology, & Human Values, 18, 315-340.

Vygotsky, Lev S. (1978): Mind in Society: The Development of Higher Psychological Processes. Cambridge: Harvard University Press.

Prof. Dr. Wolff-Michael Roth
Lansdowne Professor Applied Cognitive Science
MacLaurin Building A548, University of Victoria
Victoria, BC V8W 3N4, Canada
mroth@uvic.ca

Soziale Systeme 11 (2005), Heft 1, S. 151-165    © Lucius & Lucius, Stuttgart

Maja Malik/Siegfried Weischenberg

## Journalismus und Wissenschaft: Gemeinsame Sinnhorizonte trotz funktionaler Autonomie?

*Zusammenfassung:* Journalismus und Wissenschaft sind verschiedene Funktionssysteme, die eine Reihe von Gemeinsamkeiten aufweisen. Beide generieren Informationsangebote als Fremdbeobachtung, stützen sich in organisierten Handlungskontexten auf professionelle Methoden und orientieren sich vermeintlich an denselben Maßstäben (›Wahrheit‹, ›Objektivität‹). Am Beispiel ihrer Schnittstelle Wissenschaftsjournalismus wird jedoch deutlich, dass es sich dabei nur scheinbar um gemeinsame Sinnhorizonte handelt. Entscheidend sind die funktionalen Differenzen, welche sich anhand von ›Wahrheit‹ und ›Objektivität‹ sowie den Temporalstrukturen und den Themenrelevanzen beschreiben lassen. Im Fall des Wissenschaftsjournalismus führt die Unterstellung gleicher Beobachtungskriterien regelmäßig zu enttäuschten Erwartungen. Und das ist auch gut so. Denn nur durch funktionale Autonomie bleibt die jeweils spezifische Leistungsfähigkeit beider Systeme erhalten.

»High Huhn in Viersen. Wie die Geflügelpest einen Bauernhof in der niederrheinischen Provinz traf und die Katastrophe mit viel Glück noch abgewendet werden konnte.« So beginnt auf der Wissenschaftseite der ZEIT (vom 22.5.2003) ein Bericht über Vogelgrippe. Zu demselben Thema meldet das Bundesforschungsinstitut für Tiergesundheit: »Bei der Untersuchung von Organproben von Hühnern, die mit dem aktuellen Seuchenvirus H5N1 infiziert waren, wurden alle drei genannten RT-PCR-Teste erfolgreich eingesetzt. Darüber hinaus wurden 1480 bp des Hämagglutinin-Gens sequenziert.« (www.bfav.de vom 29.3.2004)

Mit Blick auf diese Beispiele scheint die Differenz zwischen Journalismus und Wissenschaft sehr deutlich zu sein: Journalismus beschreibt die Katastrophe, fokussiert auf das aktuelle Ereignis und illustriert Zusammenhänge am Beispiel einzelner Personen. Dabei muss es schnell gehen, denn bekanntermaßen ist nichts so alt wie die Zeitung von gestern. Ganz anders die Wissenschaft: Sie sucht nach Regelmäßigkeiten und Problemlösungen. Dazu benötigt sie mehr Zeit, Geld und institutionelle Freiheiten als der Journalismus.

Doch mit einem zweiten Blick auf die Operationsmodi der beiden Systeme kristallisiert sich auch eine Reihe von Gemeinsamkeiten heraus, welche die Grenze zwischen Journalismus und Wissenschaft unscharf werden lassen:

- Beide Systeme produzieren Informationsangebote, wollen ›Wissen vermitteln‹.
- Beide Systeme geben ihre Informationen »als Leistungen an andere Funktionssysteme oder auch an das Alltagsleben ihrer gesellschaftlichen Umwelt ab« (Luhmann 1990a, 271).
- Sowohl Journalismus als auch Wissenschaft generieren ihre Informationsangebote durch Fremdbeobachtung. Sie beobachten andere gesellschaftliche Teilsysteme mit einer professionellen Außensicht, wodurch ihren Informationen eine spezifische Glaubwürdigkeit zugeschrieben wird.
- Journalisten und Wissenschaftler stützen sich bei der Informationssammlung auf professionelle Methoden und prüfen ihre Informationsangebote mit speziellen Kontrollmechanismen.
- Die Wirklichkeitsentwürfe von Journalismus und Wissenschaft sind – jedenfalls in pluralistischen Demokratien – ›der Wahrheit verpflichtet‹ und um ›Objektivität‹ bemüht.
- Im Journalismus wie in der Wissenschaft wird heute organisiert gehandelt, nachdem beide Systeme zunächst von Individuen dominiert wurden (den ›publizistischen Persönlichkeiten‹ und den ›klassischen Gelehrten‹).

Gibt es also gemeinsame Sinnhorizonte von Journalismus und Wissenschaft? Dieser Frage wollen wir nachgehen, indem wir zunächst die Funktionen und Kommunikationsmechanismen der beiden Systeme analysieren, um dann ihre Gemeinsamkeiten und Differenzen genauer zu beleuchten. Mit einem Blick auf eine besondere Schnittstelle zwischen Wissenschaft und Journalismus, den Wissenschaftsjournalismus, kann schließlich gezeigt werden, dass die scheinbar sehr ähnlich gelagerten Sinnorientierungen im Zusammenspiel der beiden Systeme Probleme aufwerfen.

## 1.   Funktionale Spezialisierung

Die funktionale Differenzierung moderner Gesellschaften führt zu speziellen gesellschaftlichen Problemen, die von verschiedenen Funktionssystemen arbeitsteilig und jeweils exklusiv bearbeitet werden, um damit die jeweils anderen funktional spezialisierten Gesellschaftsbereiche (Umwelt) zu entlasten (vgl. Luhmann 1984).

### Journalismus

Die Emergenz eines journalistischen Systems resultiert aus dem Problem, dass die verschiedenen Subsysteme einer ausdifferenzierten und arbeitsteiligen Gesellschaft in zunehmendem Maße zeitlich, sachlich und sozial spezialisiert und unabhängig voneinander operieren (vgl. Rühl 1980, 338; Marcinkowski 1993, 37ff.; Blöbaum 1994, 261; Kohring 1997, 243f.; Görke 1999, 291ff.). Gesellschaftliche Kommunikation ist folglich durch eine Vielfalt und Vielzahl von gleichrangigen, aber unterschiedlichen Beobachtungsperspektiven und Zeitstrukturen gekennzeichnet. Zugleich sind die autonom operierenden Funktionssysteme jedoch maßgeblich auf ihre Umwelt angewiesen und stehen mit ihr in komplizierten wechselseitigen Abhängigkeits- und Ergänzungsverhältnissen. Aus diesem Grund müssen alle gesellschaftlichen Teilsysteme trotz ihrer Autonomie ihre Umwelt beobachten und sich an ihr orientieren, um ihre Operationen gegebenenfalls an sich verändernde Umwelterwartungen anpassen zu können.[1] Allerdings können sie solche Gesellschaftsbeobachtung nicht selbst kontinuierlich und umfassend erstellen. Dies »würde nämlich einen derart hohen Aufwand in zeitlicher (ständige Aktualisierung), sozialer (›manpower‹) und sachlicher (Themenvielfalt) Hinsicht erfordern, daß die Systeme erhebliche Ressourcen von ihrer eigentlichen Problemorientierung abziehen müßten« (Kohring/Hug 1997, 21).

Durch den »Verlust gesellschaftlicher Einheit« (1997, 17) in funktionaler wie in temporaler Hinsicht und die gleichzeitige Notwendigkeit einer fortwährenden Umweltorientierung der autonomen sozialen Akteure entsteht daher ein gesellschaftlicher Bedarf für einen Gesellschaftsbereich, der sich eigenständig, kontinuierlich und umfassend mit der Beobachtung und Beschreibung aktueller gesellschaftlicher Ereignisse befasst.

Dieser Bedarf führt zur Ausdifferenzierung des Journalismus. Er ermöglicht die sachliche, soziale und zeitliche Synchronisation der ausdifferenzierten Gesellschaftssysteme, indem er aktuelle Umweltbeobachtungen öffentlich thematisiert. Dies geschieht, indem er seine Umwelt kontinuierlich mit Hilfe der Unterscheidung ›aktuell/nicht aktuell‹ beobachtet und über diejenigen Themen berichtet, in denen er Neuigkeiten und Auffälligkeiten erkennt, die auf Tatsachen beruhen und von denen er Interesse und Irritationskraft in möglichst vielen Gesellschaftsbereichen erwartet (vgl. Scholl/Weischenberg 1998, 78).

Aktualität ist mithin die spezifische ›Leitwährung‹ seiner Kommunikation, die drei Sinndimensionen umfasst: den Neuigkeitswert (zeitlicher Aspekt), die Faktizität (sachlicher Aspekt) und die Relevanz (sozialer Aspekt) journalistischer Kommunikationen (1998, 78). Dabei bleibt Aktualität stets ein relationaler Begriff: Sie ist nicht an Ereignisse als solche, sondern an deren Wahrnehmung geknüpft. Journalismus konstruiert Aktualität folglich durch seine

---

1   Wenn den gesellschaftlichen Akteuren Informationen über ihr Gegenüber fehlen, wenn sie dessen Handlungsalternativen und -motivationen nicht kennen, können sie ihre Handlungsoptionen nicht strukturieren und riskieren bei jeder Handlung eine Enttäuschung (vgl. Kohring 2002, 93ff.). Diese *Kontingenz* ist das Grundproblem ausdifferenzierter Gesellschaften, das eine Ausbildung gemeinsamer Erwartungsstrukturen gesellschaftlich notwendig macht.

spezifischen Beobachtungsoperationen. Nicht ein Ereignis an sich ist neu, faktisch und relevant, »vielmehr wird etwas in den Zustand der Aktualität erst
dadurch erhoben, daß es vom Journalismus beobachtet« und thematisiert wird
(Blöbaum 1994, 263; vgl. Ruhrmann/Kohring/Görke 1997, 14). Die Aktualität
eines Ereignisses ist damit prinzipiell auch unabhängig von der Zeitspanne
zwischen Ereignis und Berichterstattung (vgl. Merten 1973, 221).
Heute umfasst aktuelle Medienkommunikation ein immer breiter werdendes
Themenspektrum unterschiedlicher Informationswerte und Relevanzen, für
die der Journalismus funktional zuständig ist oder sich zuständig fühlt. Im
Nachrichtenjournalismus von Tageszeitungen, Hörfunk und Fernsehen wird
Aktualität in erster Linie als Zeitgröße verstanden. Andere Medien orientieren
sich an der (vermeintlichen) Relevanz von Themen für ihre Rezipienten, erzielen Aufmerksamkeit häufig also auch ohne besonderen Neuigkeitswert ihres
Angebots oder wirken sogar bei der künstlichen Schaffung von Berichterstat-
tungsanlässen mit.
Vom Journalismus werden daher vielfältige Angebote gemacht, die weit über
die Produktion von Nachrichten hinausreichen. Dies hat sich aus den allgemeinen gesellschaftlichen Rahmenbedingungen, aus historischen und rechtli-
chen Grundlagen, professionellen und ethischen Standards sowie als Folge
einer Art Arbeitsteilung innerhalb des Journalismussystems ergeben.

## Wissenschaft

Wissenschaft entsteht mit der Ausdifferenzierung von Gesellschaften aus
einer ähnlichen Problemlage wie der Journalismus: Die gesellschaftlichen Teilsysteme sind auf Grund ihrer funktionalen Spezialisierung nicht in der Lage,
allzu komplexe und verlässliche Gesellschaftsbeobachtungen selbst zu erstellen, die zur (Selbst-)Analyse und Kritik, zur Reflexion und Transformation von
Gesellschaften notwendig sind (vgl. Weingart 2001, 24ff.). Aus diesem Bedarf
entwickelt sich Wissenschaft als ein Sozialsystem, das auf den »Aufbau und
Gewinn neuer Erkenntnisse« (Luhmann 1990a, 271) spezialisiert ist. Die Spezifik wissenschaftlicher Kommunikation besteht in ihrer Sinnorientierung an
Wahrheit, das heißt: Wissenschaft produziert und reproduziert ihre Erkenntnisse mit Hilfe der Unterscheidung ›wahr/unwahr‹ (vgl. Luhmann 1990a). Auf
diese Weise stellt sie ein spezifisch verlässliches Wissen zur Verfügung, das als
Basis für gesellschaftliche Orientierung und Innovation nutzbar wird.
Dabei bezeichnet die Wahrheit wissenschaftlichen Wissens nicht die Entdeckung der realen Welt durch den Wissenschaftler. Sie beschreibt vielmehr die
spezifische Art und Weise, mit der Wissenschaft neue, bislang unbekannte
Erkenntnisse hervorbringt: Wahrheit wird mit Hilfe von systematischen, kon-
trollierten Verfahren generiert, die der wissenschaftlichen Beobachtung eine
möglichst große Freiheit von Werturteilen, Willkür, eigenen Interessen, Zielset-

zungen und Zurechnungen wie Status und Macht ermöglichen sollen. Die im Lauf der Zeit entstandenen Programme des Wissenschaftssystems fungieren somit als Verfahren der Selbstdisziplinierung, oder, wie Siegfried J. Schmidt (1998) es formuliert, als »Zähmung des Blicks«, da sie spezifische Regeln für wissenschaftliches Beobachten (Methoden), für wissenschaftliche Sprache (z.B. eindeutige Definition von Begriffen, lückenlose Argumentation) und Ergebnispräsentation (z.B. transparente Darstellung, Publikation in Fachzeitschriften) sowie spezifische Kontrollmechanismen (z.B. »peer review« und Kritik) als zentrale Kommunikationsstrukturen der Wissenschaft etablieren. Wissenschaftliche Wahrheit wird mit Hilfe dieser Programme als Intersubjektivität der Wissensbildung operationalisiert.

## 2.  Der Eigensinn der Beobachter

Anhand der skizzierten Sinnstrukturen von Wissenschaft und Journalismus lässt sich nun zeigen, dass die scheinbar gemeinsamen Sinnhorizonte der beiden Systeme doch deutlich unterschiedliche Ausprägungen aufweisen – und zwar in der Sach-, der Zeit- und der Sozialdimension. Das wird in ihrer Operationalisierung von Wahrheit, in ihren Zeitstrukturen sowie ihrer Bewertung von Relevanz offensichtlich.

### Wahrheit und Objektivität

Auf der sachlichen Ebene beschreibt die journalistische Orientierung an Aktuellem den Bezug des Journalismus auf „die Wirklichkeit" und auf Tatsachen(erfahrungen). Damit unterscheidet sich journalistische von fiktionaler Publizistik, etwa Fortsetzungsromanen, Rätselheften oder Soap Operas. Auch die Wissenschaft orientiert ihre Beobachtungen ausschließlich an Tatsachen, an Fakten anstelle von Fiktionen. (Dass in beiden Systemen Fälschungen mit gravierenden Sanktionen geahndet werden, zeigt, in welchem Maß die Funktionsfähigkeit der Systeme auf dem Tatsachenbezug basiert.)

Doch die Unterschiede zwischen Journalismus und Wissenschaft werden gerade da deutlich, wo die Systeme scheinbar nach denselben Rezepten handeln: bei der ›Wahrheit‹. In diesem Zusammenhang ist zunächst zu klären, worauf sich ihre Wahrheitssuche und Erkenntnis jeweils beziehen. Rühl (1981, 249) hebt hervor, für Journalismus wie Wissenschaft sei »die Welt in ihrer Ereignishaftigkeit letzter Bezugspunkt. In den lexikalischen Grundbedeutungen ›sich begeben‹, ›wirklich (nicht bloß erdichtet) geschehen‹, ›in die Augen fallen‹ oder ›sich vor Augen stellen‹, hat Ereignis (eventum) Basischarakter für menschliches Erleben und Handeln. Wissenschaft und Journalismus sind seit Anbeginn ihrer gesellschaftlichen Existenz bemüht, die Ereignishaftigkeit der Welt raumzeitlich zu vereinfachen.«

Dabei ist jedoch zu berücksichtigen, dass Journalismus und Wissenschaft offenbar ein ganz unterschiedliches Verständnis von ›Ereignis‹ besitzen. Im Journalismus wird ›Ereignis‹ primär durch die lexikalische Grundbedeutung ›in die Augen fallen‹ definiert. Das heißt, aktuelle, punktuelle Vorgänge werden von den Medien – nach deren eigenen Maßstäben und Methoden – aufgegriffen; längerfristige soziale Prozesse fallen eher durch das Sieb. Meistens hat das, was ›Ereignis-Berichterstattung‹ genannt wird, keinen langen Atem. Hier geht es also keineswegs nur um die Frage einer werturteilsfreien Perspektive bei der Berichterstattung, sondern um die Merkmale der Wirklichkeitsentwürfe, welche durch die aktuelle Berichterstattung in den Medien zustande kommen. Dabei werden Strukturen wirksam, die den Spielraum des Berichterstatters außerordentlich einschränken können. Dies wiederum reduziert – im Unterschied zur Wissenschaft – ›Wahrheit‹ im Journalismus ohnehin oft auf das, was sich auf 30 Zeilen oder in ›Einsdreißig‹, was sich in einer halben Stunde vor Redaktionsschluss, was sich unter Nutzung möglichst kostensparender Quellen darstellen lässt.

Auch der Objektivitätsanspruch, den Journalisten wie Wissenschaftler erheben, deutet zunächst auf einen gemeinsamen Sinnhorizont der Systeme hin. Diese Gemeinsamkeit ist aber nur eine scheinbare. Journalismus und Wissenschaft sind autonome, funktional spezialisierte Sozialsysteme, die auch ›Objektivität‹ nach ihren jeweils spezifischen Regeln operationalisieren.

Im Journalismus findet das Bemühen um Objektivität einen quasi technischen Ausdruck (vgl. Tuchman 1972): als Verzicht auf eigene Meinungsäußerungen in Nachrichten, als professionelle Regel, zu einem Problem beide Seiten (also z.B. Regierung und Opposition) zu hören oder Meinungsäußerungen von Quellen durch Anführungsstriche kenntlich zu machen. ›Objektivität‹ wird somit interpretiert im Sinne von ›Neutralität‹, ›Ausgewogenheit‹ oder ›Fairness‹.

Wissenschaft muss funktional an anderem interessiert sein: Ihr Objektivitätsbegriff bezieht sich auf die erkenntnistheoretische Frage, ob und wie eine Trennung von Subjekt und Objekt und somit werturteilsfreie Erkenntnis möglich ist. Forderungen nach wissenschaftlicher Objektivität gehen hier von der Unterstellung aus, dass eine spezifische wissenschaftliche Methodik ›objektive Forschung‹ und damit Annäherungen an die Wirklichkeit möglich macht.

Gemeinsam ist Journalismus und Wissenschaft auf jeden Fall, dass beider Objektivität in den letzten Jahren zunehmend in die Krise geraten und ihr Wahrheitsanspruch dadurch immer umstrittener geworden ist. Dies kann man als ›Aufklärungskrise‹ bezeichnen. Man glaubt nicht mehr so ohne Weiteres, was Journalisten und Wissenschaftler als Weltbilder anbieten; man verlässt sich nicht mehr ohne Weiteres auf die Experten.

## Zeit und Neuigkeitswert

Die journalistische Orientierung an Aktuellem bezieht sich in ihrer zeitlichen Dimension auf den Neuigkeitswert von Informationen. »Neuheit hat immer Priorität, was nichts Neues an sich hat, oder zumindest behaupten kann, findet als Mitteilung keinen Zugang zur publizistischen Kommunikation.« (Marcinkowski 1993, 50) Die Orientierung des Journalismus an Neuem institutionalisiert sich in der Periodizität seiner Kommunikationsangebote, die kontinuierlich erneuert werden und sich damit von anderen Publikationen, etwa von Sachbüchern und auch von wissenschaftlicher Kommunikation, unterscheiden. Sie verleiht der aktuellen Medienkommunikation außerdem eine besondere Schnelligkeit; die ›Reaktionszeit‹ des Journalismus, der zeitliche Abstand zwischen Ereignissen und Berichterstattung, verringert sich sogar immer mehr. Der tägliche Erscheinungsrhythmus von Tageszeitungen wirkt spätestens seit der ständigen Aktualisierung von Nachrichten im Internet sehr geruhsam.

Mit der kontinuierlichen Erneuerung journalistischer Themen geht eine kurze Aufmerksamkeitsspanne für einzelne Ereignisse einher: »Eine Nachricht, die ein zweites Mal gebracht wird, behält zwar ihren Sinn, verliert aber ihren Informationswert.« (Luhmann 1996, 41) Journalismus ist daher durch schnelle Themenwechsel und Themenfolgen charakterisiert. In zeitlicher Nähe zu Schlüsselereignissen sind Intensität und Umfang der Berichterstattung hoch, im Zeitverlauf aber flachen sie – im Vergleich zur Wissenschaft – sehr schnell wieder ab.

Dass sich die Temporalstrukturen von Journalismus und Wissenschaft deutlich unterscheiden, veranschaulicht Peter Weingart (2001, 254ff.) am Beispiel der Zeitungsberichterstattung und wissenschaftlichen Publikationen zum Thema der ›kalten Kernfusion‹ im Jahr 1989. Nachdem amerikanische Wissenschaftler das Gelingen einer solchen Fusion auf einer Pressekonferenz bekannt gegeben hatten, berichteten journalistische Medien sofort, intensiv und über einen (im Vergleich mit der Wissenschaft) sehr kurzen Zeitraum. Nach etwas mehr als zwei Monaten fand das Thema nur noch am Rande Beachtung. Zu diesem Zeitpunkt wurde in wissenschaftlichen Publikationen erstmalig zu dem Ereignis publiziert. Die Anzahl der Artikel blieb in der Wissenschaft wesentlich geringer als im Journalismus, allerdings hielt sich das Thema über viele Monate auf der Agenda (2001, 257). Die wissenschaftliche Leitorientierung an Wahrem impliziert den Kontrollmechanismus des »peer review«. Neues ist in der Wissenschaft nur dann von Interesse, wenn es durch intersubjektive Nachvollziehbarkeit als ›wahr‹ bezeichnet werden kann – und das braucht seine Zeit.

Entsprechend spielt die Komponente ›Zeit‹ für die gesellschaftliche Funktion des Journalismus' eine weitaus größere Rolle als für die der Wissenschaft. »Die Massenmedien garantieren allen Funktionssystemen eine gesellschaftsweit akzeptierte, auch den Individuen bekannte Gegenwart, von der sie ausgehen können, wenn es um die Festlegung von für das System wichtigen Zukunftserwartungen geht.« (Luhmann 1996, 176) Mit anderen Worten: Medien und Journalismus wird ein besonderer Einfluss auf gesellschaftliche Temporalstrukturen zugesprochen.

## Relevanz

Die soziale Dimension der journalistischen Orientierung an Aktualität beschreibt die Ausrichtung von Medienangeboten an den vermuteten Interessen ihres Publikums. Dies impliziert zwei Ebenen: Zum einen versucht der Journalismus, die Interessen möglichst vieler gesellschaftlicher Teilbereiche anzusprechen. Nur so kann er seine Funktion erfüllen und den verschiedenen Gesellschaftsbereichen die Ausbildung gegenseitiger Umwelterwartungen, die punktuelle Abstimmung systemspezifischer Zeitstrukturen und damit Umweltorientierung ermöglichen.[2]

Zum anderen bezieht sich die soziale Dimension journalistischer Aktualität auf die Irritationskraft seiner Kommunikationen, die darauf abzielt, durch Unerwartbarkeit die Routinen der Umweltsysteme zu unterbrechen (vgl. Görke 1999, 313f.). Die Kriterien der journalistischen Themenselektion entstehen in Abstimmungsprozessen mit der Umwelt des Journalismus und kondensieren sich in Nachrichtenfaktoren wie etwa Überraschung, Prominenz, Negativität, räumliche und kulturelle Nähe (vgl. Marcinkowski 1993, 101; Blöbaum 1994, 282). Sie leiten als Selektionsprogramm nicht nur die Themenauswahl des Journalismus an, sie bilden darüber hinaus einen reflexiven Bezug zu den gesellschaftlich konsentierten Wahrnehmungsmustern des Publikums, das bestimmten Themen vor allem dann seine Aufmerksamkeit schenkt, wenn es sie als überraschend, skandalös, prominent, gesellschaftlich bedeutend und dem eigenen Lebensumfeld nah empfindet (vgl. Eilders 1997).

Journalismus selektiert und bearbeitet seine Beobachtungen also immer dann für die Berichterstattung, wenn er ihnen ein möglichst großes Interesse in der Umwelt unterstellt und je eher die Thematisierung durch Unerwartbarkeit Routinen durchbrechen kann. Görke (1999, 313) beschreibt die journalistische Interpretation von Relevanz daher als »enthemmte Relevanz«. Die distanzierte Beobachtungsposition des Journalismus ermöglicht es ihm, gesellschaftliche Relevanz unabhängig von Umwelterwartungen und -beziehungen nach seinen eigenen Kriterien zu bestimmen. Daher erwartet man vom Jour-

---

2  Dementsprechend weisen Kohring (1997, 250f.) und Hug (1997, 327) dem Journalismus den Code ›mehrsystemzugehörig/nicht mehrsystemzugehörig‹ bzw. ›umweltrelevant/nicht umweltrelevant‹ zu. Allerdings erfassen sie damit die zeitliche und sachliche Dimension journalistischer Aktualität nur am Rande.

nalismus prinzipiell, dass er alles Skandalöse, Aufsehen erregende und Überraschende ›aufdeckt‹ (– außer wenn man selbst davon betroffen ist).

Wie der Journalismus nimmt auch die Wissenschaft eine distanzierte Beobachtungsposition zu ihren Forschungsgegenständen ein, die sie zudem durch kontrollierte Methoden zu sichern sucht. Auch Wissenschaft kann also die Relevanz ihrer Themen zumeist unabhängig von fremden Interessen und Erwartungen bestimmen. Dennoch kommt sie in der Regel zu vollkommen anderen Relevanzzuweisungen als der Journalismus. Weder die vermeintliche Magersucht der schwedischen Kronprinzessin oder das Baby eines Fotomodells noch die Haarfarbe des Bundeskanzlers werden zum Thema der Forschung. Denn Relevanz entsteht in der Wissenschaft nicht durch das vermutete Publikumsinteresse an einzelnen, spektakulären Ereignissen, sondern durch die Beobachtung von Regelmäßigkeiten. Indem sie solche Regelmäßigkeiten mittels wissenschaftlicher Methoden nachweist, generiert sie spezifisch verlässliches Wissen als Basis für gesellschaftliche Orientierung und Innovation.

## 3. Schnittstelle Wissenschaftsjournalismus

Besonders deutlich zeigen sich die unterschiedlichen Funktionsmechanismen von Journalismus und Wissenschaft, wenn man eine besondere Schnittstelle der beiden Systeme betrachtet: den Wissenschaftsjournalismus. Dieser bezeichnet die journalistische Berichterstattung über Wissenschaft, genauer: über alle tatsächlichen und möglichen Wechselwirkungen zwischen Wissenschaft und Gesellschaft (vgl. Kohring 1997, 272ff.).

Bei der Beurteilung des Wissenschaftsjournalismus sind die Rollen und Erwartungen sowohl in der (Journalismus-)Forschung als auch im (Wissenschafts-)Journalismus zunächst scheinbar klar verteilt: Wissenschaft *produziert* Wissen, Journalismus *vermittelt* Wissen – unter anderem wissenschaftliche Erkenntnisse (vgl. Weingart 2001, 233). Dem Journalismus wird damit die Rolle des Vermittlers zugewiesen, mit der Aufgabe, wissenschaftlichen Erkenntnissen öffentliche Resonanz und Akzeptanz zu verschaffen.

Die Begründung für diese Aufgabenverteilung basiert auf der These, dass die Wissenschaft eine stetig steigende Bedeutung in der Gesellschaft habe, da ihre Erkenntnisse und Orientierungsleistungen wesentliche Auswirkungen auf das Leben und Zusammenleben der Menschen nehmen könnten. Zudem sei die Wissenschaft gegenüber dem Steuerzahler zur Rechenschaft verpflichtet. Entsprechend sollten Wissenschaft und Technologie demokratischen Steuerungs- und Kontrollmechanismen unterliegen, indem ihre Erkenntnisse und Entwicklungen, deren Nutzen und Gefahren transparent und öffentlich gemacht werden (vgl. Kohring 1997, 65ff.).

Als schwierig erweise sich dabei, dass die wissenschaftliche Produktivität geradezu explosionsartig wächst (vgl. Weingart 2001, 87ff.), während sich das Wissenschaftssystem zugleich immer weiter ausdifferenziert und spezialisiert. Durch die von der Wissenschaft produzierte Informationsflut entstünden Kommunikationsprobleme bzw. eine Vermittlungskrise zwischen Wissenschaft und Gesellschaft; daraus wiederum resultierten Akzeptanzprobleme der Wissenschaft. Technikfeindlichkeit und Technikangst könnten die Folge einer unzureichenden Wissenschaftsvermittlung sein, wodurch sowohl die Orientierungsfähigkeit und Fortschrittlichkeit einer Gesellschaft als auch die Konkurrenzfähigkeit des ökonomisch wichtigen Technologie- und Wissenstransfers gefährdet werde (vgl. Kohring 1997, 65ff.).

Der Wissenschaftsjournalismus könne da Abhilfe verschaffen, indem er Wissenschaft popularisiert und ihr eine bessere Akzeptanz in der Öffentlichkeit verschafft. »Als Dolmetscher der Wissenschaft übersetzt er [der Wissenschaftsjournalist] Forschungsergebnisse, stellt ihren Kontext, ihre Voraussetzungen und Bedingungen und – gegebenenfalls – ihre lebenspraktische Bedeutung dar. [...] Seine Ausbildung und seine fachliche Kompetenz setzen ihn in die Lage, an der wissenschaftsinternen Kommunikation zu partizipieren und eine Transmissionsfunktion zwischen dem inneren und äußeren Kommunikationskreis zu übernehmen.« (Hömberg 1980, 46)

Dies geschieht allerdings nicht in dem erhofften Maß und in der erwünschten Weise. Vielmehr werden, vor allem in der Wissenschaft, die Defizite des Wissenschaftsjournalismus beklagt. Spektakuläre Erkenntnisse würden in der Berichterstattung skeptisch bewertet, negative Folgen von Innovationen dramatisiert, Technikfeindlichkeit und Technikangst provoziert. Kurzum: »Die Journalisten berichteten weder objektiv noch wahrheitsgemäß.« (Ruhrmann 1996, 7) Für Wissenschaftler kann das kaum verständlich sein, denn: »Wissenschaft sei wertfrei, und daher könne es bei der Wissenschaftsvermittlung nur um Fakten, nur um Informationen gehen, die korrekt wiederzugeben seien.« (Flöhl 1987, 133)

Erwartet wird also nicht Berichterstattung *über* Wissenschaft, sondern Berichterstattung *aus* der Wissenschaft (vgl. Kohring 1997, 78). Dem Journalismus ist dabei die Rolle zugedacht, wissenschaftliche Informationen zu transportieren (aus der Wissenschaft in die Öffentlichkeit), wodurch die Vermittlungsprobleme, die eigentlich die Wissenschaft hat, an den Journalismus abgeschoben werden (1997, 77). »Die Kontrolle über die Angemessenheit der Vermittlung liegt bei der Wissenschaft. Aus ihrer Sicht ist popularisiertes Wissenschaft im besten Fall Vereinfachung, im schlimmsten Fall Verunreinigung.« (Weingart 2001, 233; vgl. Kohring 1997, 78)

Umgekehrt erwartet der Journalismus eine schnellere, zugänglichere, verständlichere, das heißt: journalistischere Darstellung wissenschaftlicher Erkenntnisse. Sehr deutlich werden die journalistischen Enttäuschungen gegenüber der Wissenschaft in den Ergebnissen einer Studie von Kreitling (1997, 132), der Journalisten nach ihrer Berichterstattung über kommunikationswissenschaftliche Forschungergebnisse befragt hat: »Fachliteratur wird nicht rezipiert. Nahezu alle Befragten äußerten sich in bezug auf die angesprochenen Felder harsch ablehnend. Oftmalige Irrelvanz von publizistikwissenschaftlichen Ergebnissen werden ebenso gegeißelt wie die Wissenschaftssprache und das Unvermögen oder die nicht vorhandene Bereitschaft vieler Professoren, journalistisch zu schreiben. Zudem würden durchaus interessante Ergebnisse viel zu spät publiziert, um noch verwertet werden zu können.«

Von beiden Seiten, in der Wissenschaft wie im Journalismus, wird also scheinbar die Unterstellung gepflegt, dass die Kriterien ihrer Beobachtung eigentlich übereinstimmen und mit ein bisschen gutem Willen doch auch zu denselben Kommunikationsangeboten führen könnten.

Deutlich wird jedoch: Wissenschaft und Journalismus stellen autonome Kommunikations- und Handlungsbereiche dar. Sie produzieren und reproduzieren ihre Kommunikation mit Hilfe ihrer jeweils spezifischen Leitunterscheidung ›Wahrheit‹ bzw. ›Aktualität‹, wodurch in der Wissenschaft methodisch kontrollierte, intersubjektiv geprüfte Informationen generiert werden, im Journalismus hingegen Aufsehen erregende und überraschende Ereignisse zum Thema werden, die in möglichst vielen Gesellschaftsbereichen Interesse finden. Der Wissenschaftsjournalismus funktioniert daher prinzipiell wie jede andere journalistische Kommunikation: Er beschreibt die Wissenschaft nicht, um politische Intentionen zu unterstützen oder wissenschaftliche Ziele umzusetzen, sondern berichtet nach eigensinnigen Kriterien, die im Journalismus selbst entwickelt werden, um aktuelle Gesellschaftsbeschreibungen herzustellen (vgl. Kohring 1997, 270ff.).

## 4. Enttäuschte Erwartungen und funktionale Autonomie

Am Beispiel des Wissenschaftsjournalismus wird nicht nur deutlich, dass sich die vermeintlich ähnlichen Sinnhorizonte von Journalismus und Wissenschaft in vollkommen unterschiedlichen Funktionsmechanismen ausprägen. Es zeigt sich auch, dass die Erwartungen an das jeweils andere System stets allein aus der jeweils eigenen Beobachtungsperspektive formuliert werden (können):

- Ausgehend von spezifisch wissenschaftlichen Vorstellungen darüber, wie guter und richtiger Journalismus sein sollte, prüft die Wissenschaft, inwiefern die Berichterstattung ihren Anforderungen standhält. Der Maßstab, der an den Journalismus angelegt wird, besteht aus wissenschaftlichen Maßeinheiten, welche die wünschenswerten Aufgaben und Wirkungen des

Journalismus festlegen, nämlich Transparenz und Akzeptanz für wissenschaftliche Erkenntnisse herzustellen, Wissen zu vermitteln und damit Wissenschaft zu popularisieren.

• Der Journalismus erwartet ganz im Sinne seiner eigenen Arbeitsroutinen auch von der Wissenschaft spektakuläre Neuigkeiten, Konflikte, Überraschungen, Verständlichkeit und Erkenntnisse, die für seine jeweiligen Publika von Interesse sind. Sofern er dies nicht beobachten kann, wird er nicht über Wissenschaft berichten – und dies mit den langsamen, langweiligen und komplizierten Operationen der Wissenschaft begründen.

Dass die gegenseitigen Erwartungen von Wissenschaft und Journalismus meistens enttäuscht werden, weist auf die Autonomie der beiden Systeme hin – zumindest in ihrer Zweierbeziehung. Und das ist auch gut so. Denn würden Journalismus oder Wissenschaft nach den Gesetzmäßigkeiten des jeweils fremden Systems operieren, würden sie ihre Funktionsfähigkeit und Glaubwürdigkeit aufs Spiel setzen. Immerhin bezieht sich das Vertrauen, das Journalismus und Wissenschaft (noch) entgegengebracht wird, auf die Funktionalität ihrer Kommunikation. Um sich an wissenschaftlichen und journalistischen Informationen orientieren zu können, müssen sich die sozialen Akteure darauf verlassen, dass Wissenschaft und Journalismus im Allgemeinen sowie ihre Organisationen im Speziellen die an sie delegierte Funktion erfüllen. »Auf die Erfüllung dieser spezifischen Erwartung(en) richtet sich das jeweilige Systemvertrauen.« (Kohring 2002, 98)[3]

Wenn also Journalismus die Themen seiner Berichterstattung nicht hinsichtlich des vermuteten Publikumsinteresses, sondern mit Bezug auf wissenschaftliche Anschlussfähigkeit selektiert, werden seine Medienangebote wohl bald nicht mehr außerhalb der Wissenschaft rezipiert. Seine Funktion, den Gesellschaftssystemen die Ausbildung gegenseitiger Erwartungen und gemeinsamer Zeitstrukturen zu ermöglichen, könnte er dann nicht mehr erfüllen. Entsprechend werden wissenschaftsjournalistische Medienangebote nach dem vermuteten Publikumsinteresse der Journalisten konzipiert, was insbesondere im Fernsehen häufig zu Service- und Ratgeber-orientierten Wissenschaftssendungen führt (vgl. Lublinski 2004, 124ff.).

Auch für die Wissenschaft selbst kann der Journalismus keine besonderen Leistungen erbringen, wenn er seine Berichterstattung vor allem an wissenschaftlichen Präferenzen ausrichtet. Dann würde er nämlich nur noch Selbstbeobachtungen des Wissenschaftssystems reproduzieren. Um aber ihre Umweltbeziehungen regulieren zu können, eigene Fehler zu erkennen und

---

3  Die Notwendigkeit, sich auf die Funktionalität eines gesellschaftlichen Teilsystems zu verlassen, besteht in arbeitsteiligen Gesellschaften gegenüber allen Funktionssystemen. Erst Vertrauen ermöglicht es, das Risiko bzw. die Kontingenz sozialen Handelns in komplexen Gesellschaften zu handhaben (vgl. Luhmann 1989, 12ff.).

gegebenenfalls Strukturveränderungen anzuregen, muss sich Wissenschaft – wie jedes andere System – mit den Fremdbeobachtungen anderer Systeme auseinandersetzen (vgl. Malik 2004, 118ff.). Solche Irritationen und Unterbrechungen der Selbstreferenz liefert insbesondere der Journalismus durch seine kontinuierliche und ereignisbezogene Kommunikation von Aktuellem.

Die Erwartung, dass die Wissenschaftsberichterstattung nach wissenschaftlichen Kriterien erstellt werden solle, ist schließlich auch deshalb problematisch, weil sie implizit oder explizit von einer Überlegenheit der wissenschaftlichen Wirklichkeitskonstruktionen ausgeht (vgl. Kohring 1997, 75; Weingart 2001, 233). Journalismus soll Wissenschaft zwar thematisieren, popularisieren und legitimieren, aber dabei nicht vereinfachen oder gar verfälschen. Wenn man aber bedenkt, dass jede Erkenntnis zwangsläufig nur eine Beobachtung sein kann und immer relativ ist zu den Kategorien des Beobachters (vgl. Luhmann 1990b), ist eine Überlegenheit der wissenschaftlichen gegenüber journalistischen Informationsangeboten nicht zu begründen. »Mit der gleichen Berechtigung könnte auch das Religionssystem fordern, daß Journalismus für die christliche Missionierung einer vermeintlich gottlosen Gesellschaft zuständig sei.« (Kohring 1997, 278) Die Konsequenz ist: Solange Journalismus als eigensinnige, autonome Instanz gesellschaftlicher Kommunikation agiert, können zwar externe, etwa wissenschaftliche Erwartungen an ihn herangetragen werden. Sie werden vom Journalismus selbst jedoch nur insoweit berücksichtigt, wie es im System selbst als sinnvoll und funktional bewertet wird.

Gleiches gilt für die Wissenschaft. Sie kann ihre gesellschaftliche Funktion, ihre spezifische Identität und damit ihren Selbsterhalt nur solange sicherstellen, wie sie ihre Erkenntnisse in erster Linie über die Beobachtung von ›Wahrheit‹ generiert. Die spezifische Problemlösungskompetenz der Wissenschaft und das Vertrauen, dass ihre Umwelt in sie setzt, sind daher auch an ihre Autonomie und Distanz zu anderen Gesellschaftssystemen gekoppelt. Entsprechend wird etwa die finanzielle Unterstützung von Forschungsprojekten durch die Industrie gelegentlich mit Skepsis betrachtet, genauso wie auch das Bemühen von Wissenschaftlern um öffentliche Aufmerksamkeit innerhalb der Wissenschaft immer wieder auf Misstrauen stößt.

Allerdings ist Wissenschaft – wie jedes andere Gesellschaftssystem – in vielfacher Weise auf Leistungen ihrer Umwelt angewiesen: Sie benötigt öffentliche und zunehmend private Zahlungen, politische Absicherung ihrer Selbstkontrolle und Sonderrechte, eine allgemeine Akzeptanz für ihre Erkenntnisse usw. (vgl. Weingart 2001, 240ff.) Dadurch entsteht der Legitimationsdruck, der unter anderem durch die journalistische Berichterstattung über Wissenschaft abgeholfen werden soll. Wenn dann also Wissenschaftler den Erwartungen des Journalismus nachkommen und ihre Erkenntnisse nach journalistischen Kriterien kommunizieren, ist dies einerseits als die notwendige Anpassung eines autonomen Systems an Umwelterwartungen zu interpretieren. Andererseits besteht aber die Gefahr, dadurch die Funktionsmechanismen der Wissenschaft langfristig außer Kraft zu setzen. Peter Weigart (2001, 254ff.) illustriert dies erneut am Beispiel der Verkündung einer ›kalten Kernfusion‹ durch zwei US-amerikanische Wissenschaftler im Jahr 1989. Ihre Erkenntnisse wurden auf einer Pressekonferenz publiziert, bevor sie einem wissenschaftsinternen Begutachtungsprozess unterzogen worden waren. Die Forschungsergebnisse sowie die Forscher selbst erhielten große Aufmerksamkeit, öffentliche Unterstützung und in der Folge eben auch: Geld.[4]

Ob die Anpassung an journalistische Funktionsmechanismen nun dazu dient, Disziplingrenzen innerhalb der Wissenschaft zu stabilisieren, die Forscher oder ihr Fach von der wissenschaftlichen Konkurrenz abzusetzen oder Ressourcen aus der wissenschaftlichen Umwelt zu mobilisieren (vgl. Weingart 2001, 244ff.): Sie kann Rückwirkungen bis in den Kern der spezifisch wissenschaftlichen Wissensproduktion zeitigen. Wenn beispielsweise die Popularität von Wissenschaftlern im Wissenschaftssystem wichtiger wird als ihre Reputation und die Geschwindigkeit ihrer Informationsproduktion bedeutsamer wird als die Kontrolle und Reflexion ihrer Befunde, dann orientiert sich Wissenschaft nicht mehr an Kriterien ihrer ›Wahrheit‹, sondern an journalistischen Aufmerksamkeitsregeln. Wissenschaft wäre dann nicht mehr Wissenschaft, sondern: Journalismus.

## Literatur

Blöbaum, Bernd (1994): Journalismus als soziales System: Geschichte, Ausdifferenzierung und Verselbständigung. Opladen.

Eilders, Christiane (1997): Nachrichtenfaktoren und Rezeption. Eine empirische Analyse zur Auswahl und Verarbeitung politischer Information. Opladen.

Flöhl, Rainer (1987): Der Konflikt zwischen Wissenschaft und Journalismus – Interessenkollision oder Machtfrage? S. 131-143 in: Ders./Jürgen Fricke (Hrsg.), Moral und Verantwortung in der Wissenschaftsvermittlung. Die Aufgabe von Wissenschaftler und Journalist. Mainz.

Franck, Georg (1998): Ökonomie der Aufmerksamkeit. Ein Entwurf. München, Wien.

Görke, Alexander (1999): Risikojournalismus und Risikogesellschaft. Sondierung und Theorieentwurf. Opladen, Wiesbaden.

Hug, Detlef Matthias (1997): Konflikte und Öffentlichkeit. Zur Rolle des Journalismus in sozialen Konflikten. Opladen.

Kohring, Matthias (1997): Die Funktion des Wissenschaftsjournalismus. Ein systemtheoretischer Entwurf. Opladen.

Kohring, Matthias (2002): Vertrauen in Journalismus: S. 91-110 in: Armin Scholl (Hrsg.), Systemtheorie und Konstruktivismus in der Kommunikationswissenschaft. Konstanz.

Kohring, Matthias/Detlef Matthias Hug (1997): Öffentlichkeit und Journalismus. Zur Notwendigkeit der Beobachtung gesellschaftlicher Interdependenz – Ein systemtheoretischer Entwurf. Medien Journal 1, 15-33.

Kreitling, Holger (1997): Das neue Ressort. Medienberichterstattung im bundesdeutschen

---

4 Zum Zusammenhang von Aufmerksamkeit und Geld vgl. Franck 1998.

Vergleich – ein Überblick. S. 123-134 in: Hartmut Weßler/Christiane Matzen/Otfried Jarren/Uwe Hasebrink (Hrsg.), Perspektiven der Medienkritik. Die gesellschaftliche Auseinandersetzung mit öffentlicher Kommunikation in der Mediengesellschaft. Opladen.

Lublinski, Jan (2004): Wissenschaftsjournalismus im Hörfunk. Redaktionsorganisation und Thematisierungsprozesse. Konstanz.

Luhmann, Niklas (1984): Soziale Systeme. Grundriß einer allgemeinen Theorie. Frankfurt a.M.

Luhmann, Niklas (1989): Vertrauen. Ein Mechanismus der Reduktion sozialer Komplexität. 3. Aufl. Stuttgart.

Luhmann, Niklas (1990a): Die Wissenschaft der Gesellschaft. Frankfurt a.M.

Luhmann, Niklas (1990b): Das Erkenntnisprogramm des Konstruktivismus und die unbekannt bleibende Realität. S. 31-58 in: Ders., Soziologische Aufklärung, Bd. 5: Konstruktivistische Perspektiven. Opladen.

Luhmann, Niklas (1996): Die Realität der Massenmedien. 2., überarb. Aufl. Opladen.

Malik, Maja (2004): Journalismusjournalismus. Funktion, Strukturen und Strategien der journalistischen Selbstthematisierung. Wiesbaden.

Marcinkowski, Frank (1993): Publizistik als autopoietisches System. Politik und Massenmedien. Eine systemtheoretische Analyse. Opladen.

Merten, Klaus (1973): Aktualität und Publizität. Zur Kritik der Publizistikwissenschaft. Publizistik 3, 216-235.

Rühl, Manfred (1980): Journalismus und Gesellschaft. Bestandsaufnahme und Theorieentwurf. Mainz.

Rühl, Manfred (1981): Journalismus und Wissenschaft – Anmerkungen zu ihrem Wirklichkeitsverständnis. Rundfunk + Fernsehen 29, 211-222.

Ruhrmann, Georg (1996): Öffentlichkeit, Medien und Wissenschaft. Was leistet Risikokommunikation? Bonn.

Ruhrmann, Georg/Matthias Kohring/Alexander Görke (1997): Medienberichterstattung über Umweltthemen. Medien Journal 3, 11-19.

Schmidt, Siegfried J. (1998): Die Zähmung des Blicks. Konstruktivismus, Empirie, Wissenschaft. Frankfurt am Main.

Scholl, Armin/Siegfried Weischenberg (1998): Journalismus in der Gesellschaft. Theorie, Methodologie und Empirie. Opladen, Wiesbaden.

Tuchman, Gaye (1972): Objectivity as Strategic Ritual: An Examination of Newsmen's Notions of Objectivity. American Journal of Sociology 77, 660-679.

Weingart, Peter (2001): Die Stunde der Wahrheit? Zum Verhältnis der Wissenschaft zu Politik, Wirtschaft und Medien in der Wissensgesellschaft. Weilerswist.

Weischenberg, Siegfried (1983): Investigativer Journalismus und ›kapitalistischer Realismus‹. Zu den Strukturbedingungen eines anderen Paradigmas der Berichterstattung. Rundfunk + Fernsehen 31, 349-369.

Dr. Maja Malik / Prof. Dr. Siegfried Weischenberg
Institut für Journalistik und Kommunikationswissenschaft
Fakultät für Wirtschafts- und Sozialwissenschaften, Universität Hamburg
Allende-Platz 1, D-20146 Hamburg
maja.malik@uni-hamburg.de/siegfried.weischenberg@uni-hamburg.de

Soziale Systeme 11 (2005), Heft 1, S. 166-175   © Lucius & Lucius, Stuttgart

Elena Esposito

# Die Darstellung der Wahrheit und ihre Probleme

*Zusammenfassung:* Die moderne Wissenschaft zeigt ein Ungleichgewicht zwischen der Produktion von Wahrheiten, welche von den Theorien und Methoden des Systems streng geregelt wird, und der Darstellung dieser Wahrheiten, welche praktisch durch Wissenschaft unkontrolliert bleibt und externen Kriterien überlassen wird. Diese Lage ist besonders überraschend in Anbetracht der grundlegenden Rolle der Verbreitung der wissenschaftlichen Wahrheit durch Publikation gerade für die moderne, an die ständigen Produktion neues Wissens gebundene Wissenschaft. Für die Darstellung gelten Kriterien wie Reputation oder die Bedürfnisse formeller Organisationen, die nur dann wirksam funktionieren können, wenn sie unabhängig von den Kriterien der Wahrheit sind. In dieser Hinsicht scheint die aktuelle Soziologie nicht so sehr unter fehlender Koordination mit den Massenmedien oder den formellen Organisationen zu leiden, sondern eher unter dem Fehlen einer ausreichend scharfen und eindeutigen Trennung, um den Kriterien beider Systeme Geltung zu verschaffen.

## I.

Die vorliegende Zeitschrift fühlt sich der Systemtheorie verpflichtet, und die Systemtheorie formuliert bekanntlich sehr genaue Hypothesen zur Rolle und zum Funktionieren der Wissenschaft innerhalb der modernen Gesellschaft wie auch zu den Publikationsbedingungen – also zur Verbreitung der wissen-schaftlichen Kommunikationen durch die Massenmedien. In diesem Beitrag möchte ich die Praxis und die Bedingungen wissenschaftlicher Kommunika-tionen mit den Mitteln der Systemtheorie betrachten, um mich dann auf die spezifischen Eigenschaften der soziologischen Kommunikation zu konzen-trieren: Welche Rolle kommt gemäß systemtheoretischer Prämissen in der modernen Wissenschaft Publikationen zu?

Die Funktion der Wissenschaft wird in den meisten theoretischen Ansätzen weitgehend übereinstimmend in der Erzeugung von Wissen gesehen, die sich in der Produktion von Wahrheiten ausdrückt – wobei Wahrheiten entweder aus empirischer Arbeit oder aus theoretischer Reflexion, ursprünglich jedoch unabhängig von ihrer Publikation gewonnen werden. Später werden die For-schungsergebnisse durch Veröffentlichung verbreitet. Dabei kann man von einer zweiten, der Wahrheitsgewinnung untergeordneten Phase ausgehen. Worauf es wirklich ankommt, ist (so meint man zumindest) die von Theorien und Methoden geregelte wissenschaftliche Praxis; die Publikation ist eher ein äußerlicher, organisatorischer als ein begrifflicher Umstand. Wenn man aber von den Kommunikationsverbindungen in der Gesellschaft ausgeht und die Wissenschaft als Funktionssystem der modernen Gesellschaft definiert (wie dies die Systemtheorie tut), dann sieht die Lage bedeutend anders aus.

Wie alle Funktionssysteme differenziert sich die Wissenschaft aufgrund eines spezifischen Codes (wahr/nicht wahr) aus und spezialisiert sich in der Forschung. Die Autopoiesis realisiert sich in der Produktion von Operationen und führt demzufolge zum Aufbau der Einheit des Systems und zu seiner Unterscheidung von der Umwelt. Die Voraussetzung ist natürlich, dass diese Operationen in der Lage sind, weitere Operationen zu produzieren, und das passiert in der Wissenschaft erst in dem Moment, in dem das Interesse an Wissen sich in ein Interesse an *neuem* Wissen umwandelt (Luhmann 1990, 296ff.). Dies ist natürlich ein typisch modernes Syndrom – andererseits ist ja auch der Aufbau eines spezifischen Wissenschaftssystems typisch modern. Für die moderne Wissenschaft ist jedenfalls diese Temporalisierung (die Neuheit der Kommunikation) für die Schließung des Systems unerlässlich und setzt die Verfügbarkeit des Buchdrucks voraus. Weshalb ist dies so?

Ein Interesse an Wissen gab es selbstverständlich auch vor dem Buchdruck, jedoch nicht in einer Form, die zur Schließung eines spezifischen Funktionssystems führen konnte. Die Veröffentlichung des Wissens setzt eine derart mächtige und autonome Dynamik in Gang, dass die sehr hohe Unwahrscheinlichkeit der Konstruktion neutralisiert wird: Die auf neue Entdeckungen ausgerichtete Forschung beruht auf (für wahr geltenden) Anhaltspunkten mit dem Zweck, neues Wissen zu erzeugen, das sie überwinden wird (sie falsch machen wird). In der nunmehr unvermeidlichen Form einer hypothetischen Wahrheit wird Wissen als wahr behandelt mit dem Zweck, seine eigene Falsifizierung herbeizuführen. Die Produktion von Wahrheit stimmt faktisch mit der Produktion von *neuem* Wissen überein. Vor dem Buchdruck war die Lage viel diffuser: man konnte nicht einmal wissen, welches Wissen wirklich neu war, weil nicht ausgeschlossen werden konnte, dass es irgendwo anders schon verfügbar, jemandem also bereits bekannt war. Unter solchen Umständen waren offensichtlich keine scharfe Trennung der Wissenschaft von ihrer Umwelt, keine Schließung eines autonomen Systems und keine Produktion einer selbstgenerierten Dynamik möglich. Infolge des Buchdrucks wird es erforderlich, sich auf Publikationen zu beziehen, die für die moderne Wissenschaft als Bezugspunkt für die Bestätigung des Wissensstandes gelten: als wissenschaftliche Wahrheit gilt dann das, was veröffentlicht worden ist, und als neu gilt das, was zum ersten Mal veröffentlicht wird – gleichgültig, ob jemand es schon vorher wußte. So kann zureichende Indifferenz für Umweltumstände gesichert werden, um eine eigene Dynamik in Gang zu setzen, die Wissen nur auf der Basis von anderem (veröffentlichtem) Wissen produziert. Die Ausdifferenzierung der Wissenschaft setzt also die Unterscheidung alt/neu und die daraus abgeleitete Temporalisierung voraus und ist nur mit der Unterstützung von Veröffentlichungen möglich.

Obwohl das Wissenschaftssystem natürlich auch sehr viele Interaktionen (Kolloquien, Tagungen, Meinungswechseln) und auch nicht-kommunikative Operationen einschließt, kann man deshalb sagen, dass die moderne Wissenschaft nur in Form von Publikationen autopoietische Anschlussfähigkeit gewinnt, und die Produktion von *neuem* Wissen an die Stelle der Klassifizierung und der Ordnungssuche tritt (Luhmann 1990, 432ff.; Stichweh 1987, 458f.). Obwohl scheinbar sekundär, ist die Publikation der Forschungsergebnisse eine unerlässliche Bedingung für die Schließung des Systems – und dann auch faktisch für seine Existenz als autonomer Bereich der modernen Gesellschaft. Man kommt dennoch (und gerade deshalb) nicht umhin, eine merkwürdige Inkongruenz festzustellen: ein derart wesentlicher Aspekt der Wissenschaftsdynamik wird durch die Wissenschaft völlig unkontrolliert sich selbst überlassen.

Luhmann (1990, 443) führt diesbezüglich den Unterschied von methodisch kontrollierter Herstellung und Darstellung des Wissens[1] – praktisch: von Produktion und Veröffentlichung des Wissens – ein. Die Wissenschaft verfügt bekanntlich über Theorien und Methoden, pflegt und perfektioniert sie und macht die Annahme der Kommunikation von der Befolgung ihrer Vorschriften abhängig. Diese Methoden regeln aber nur die Herstellung und nicht die Darstellung des Wissens, die durch Wissenschaft ganz und gar unkontrolliert bleibt. Hier haben wir es faktisch mit der Produktion von Publikationen zu tun, die von Wissensinhalten völlig getrennt und unabhängig verläuft; sie betrifft alle Probleme, die mit einer angemessenen, verständlichen und wirksamen Darstellung der Forschungsergebnisse verbunden sind: Kohärenz und Deutlichkeit der Auslegung, Antizipation der Kritik, Fähigkeit, von der Sicherheit der Ergebnisse zu überzeugen. Man unterscheidet eine gute von einer nicht gelungenen Darstellung aufgrund von Regeln und Kriterien, die sich auf das Doppelproblem beziehen, Kommunikation zu erleichtern und Kritik zu verwalten. Dies wiederum wirkt sich auf die Dynamik der wissenschaftlichen Kommunikation aus, also auf die Produktion von weiterer Kommunikation und auf die Autopoiesis des Systems. Diese Regeln haben jedoch nichts mit denjenigen zu tun, welche die echte Forschung, also die Herstellung neuen Wissens leiten – außer in den Fällen, in denen die Einstellung der Forschung selbst die Möglichkeiten der Publikation der Ergebnisse beachtet. Man kann aber falsche Ergebnisse gut und wissenschaftlich korrekte Ergebnisse wenig wirksam darstellen – dafür fehlt es nicht an Beispielen.

---

1  Auch diese Unterscheidung setzt offensichtlich die Verfügbarkeit von Schrift voraus, die ermöglicht, beide Momente zu trennen.

Die auf dieser Ebene wirksamen Kriterien sind also keine wissenschaftlichen Kriterien. Das Wissenschaftssystem setzt sich hier Kriterien und Relevanzen anderer Systemen aus: es kann von den Prioritäten von Organisationen wie Universitäten oder Verlage, von den Richtlinien des Systems der Massenmedien oder auch einfach von der Mode geleitet werden. So entwickelt sich eine Umweltsensibilität, die an sich – wie alle Formen der »Öffnung« von autopoietischen Systemen auf der Ebene der Programme – auch positive Aspekte haben kann, solange die sich dadurch kristallisierenden Formen für die Forschung nicht gleichgültig sind und sich auf die Gewinnung wissenschaftlicher Wahrheiten selbst auswirken können. Durch Publikationen und ihre Realisierung wird die Forschung manchmal auch von Umständen beeinflusst, die mit wissenschaftlicher Wahrheit und ihrer Verfolgung nichts zu tun haben, was eventuell gravierende Konsequenzen nach sich ziehen kann. Wie gesehen, sind Publikationen denn auch eine grundlegende Komponente der Dynamik der modernen ausdifferenzierten Wissenschaft.

## II.

Versuchen wir nun ohne jeglichen Anspruch auf Vollständigkeit einige Aspekte dieses Einwirkens der Darstellung wissenschaftlicher Forschung auf die Herstellung des Wissens zu rekonstruieren. Der ganze Publikationsprozess spielt eine wesentliche Rolle zunächst einmal in evolutionärer Perspektive. Im wissenschaftlichen Bereich entstehen mit neuen Ideen, Anreizen und Vorschlägen ständig Variationen, doch haben nicht alle Variationen für die Dynamik des Systems dauerhafte Konsequenzen. Die Irritationen müssen im rekursiven Netz der wissenschaftlichen Kommunikationen eingeführt und dadurch diszipliniert werden; das passiert in Form von Publikationen, welche eine Selektion der Ideen und Kommunikationen herbeiführen und darunter diejenigen auswählen, die eine richtige Existenz für das Wissenschaftssystem gewinnen (vgl. Luhmann (1990, 576).[2]

Zudem drückt die Artikulation in verschiedenen Publikationsformen (wenn und solange es sie gibt) die Differenz von Selektion und Restabilisierung aus, die selbst wiederum ein Ergebnis der Evolution des Systems ist – eine Evolution, die die Existenz von Publikationen voraussetzt und sie ihrerseits fortschreiten lässt – eine weitere Zirkularität (vgl. Luhmann 1990, 587f.). Diese Artikulation entspricht dem Reifegrad einer Disziplin und stellt sich in den verschiedenen Forschungsbereichen mehr oder weniger ausgeprägt dar (wie wir sehen werden, ist die Soziologie in dieser Hinsicht nicht gut ausgerüstet).

---

2  Zur Frage der Evolution aus der Sicht der Systemtheorie siehe Luhmann 1997, Kap. 3, insbes. 498ff.

Es handelt sich um die Differenz verschiedener Publikationsformen mit unterschiedlichen Aufgaben und Folgen: Auf der einen Seite haben wir Artikel (Papers, Kongressbeiträge oder Zeitschriftenartikel), die kommunikativ selektieren, was eine richtig wissenschaftliche Existenz erhalten soll, und dann zitiert, vorausgesetzt und als Bezugspunkte weiterer Forschung gelten können – um in der Folge meistens vergessen zu werden. Denn nicht alle diese Beiträge werden aufbewahrt und wiederverwendet und nicht alle führen zu einer Restabilisierung der Wissenschaft auf einer anderen Grundlage und zu einer neuen Regelung ihrer Strukturen. In das Gedächtnis des System treten – für diejenigen Disziplinen, die den Unterschied institutionalisiert haben – die in Bänden wie Lehrbücher und Handbücher publizierten Beiträge ein, welche den Stand des Wissens bestätigen und für die Beobachtung (zuerst durch den wissenschaftlichen Nachwuchs) verfügbar machen. Die Existenz einer scharfen Differenz zwischen verschiedenen Publikationsformen entspricht also der Existenz einer Differenzierung der evolutionären Mechanismen der Selektion und Restabilisierung und bildet dadurch eine wichtige Voraussetzung für die Evolution einer Disziplin, mit Folgen auch für den Stand und die Bedingungen der Forschung.

Der Bezug auf die Publikationen hat für die Strukturierung der Forschung auch darüber hinaus eine weitere wichtige Konsequenz: sie ermöglicht Periodenbildung in einem Prozess, der an sich keine Zäsuren kennt und nie zum Erliegen kommt (Luhmann 1990, 604). Es kann immer nach neuen Wahrheiten Ausschau gehalten werden, durch Veröffentlichung kann man aber eine Episode beenden, den Forschungsprozess ausgliedern, ihn planen und die Erinnerung verwalten. Für eine projektförmige Arbeitseinteilung sind Publikationen unerlässlich: Man organisiert die eigene Tätigkeit mit Blick auf die Veröffentlichung, die es ermöglicht, eine Phase als abgeschlossen zu betrachten, sie einigermassen abzulegen und sich anderen Arbeiten zuzuwenden. Die Publikation kann normalerweise nicht oder nur sehr wenig verändert werden, und dieser Schein der Endgültigkeit verhilft (wie auch immer fiktiv) dazu, eine an sich nie »natürlich« abgeschlossene Tätigkeit doch als beendet zu betrachten, und sich von dieser gleichsam zu befreien. Auf diese Weise kann die Arbeit geplant werden, mit evidenten Vorteilen für ihre Kohärenz, Kompaktheit und auch für die organisatorischen Komponenten: die Publikation bildet im Forschungsprozess »angebbare« Identitäten – was sich wiederum auf die Herstellung des Wissens auswirkt.

Es gibt eine weitere, nicht unmittelbar auf die Frage nach den Publikationen zurückführbare Komponente, die aber die Wahrheitssuche unabhängig von der Wahrheit selbst beeinflusst und ihrerseits wieder ein typisch modernes Phänomen ist: Ich beziehe mich auf den für die wissenschaftliche Kommunikation gar nicht marginalen, doch einigermassen verdächtigen Mechanismus der *Reputation* (vgl. Luhmann 1990, 245ff.). Reputation wird Personen

(»Namen«) oder auch Organisationen (Universitäten, Forschungszentren), Zeitschriften oder Verlagen verliehen und ist zum großem Teil unabhängig von der Wahrheit: Eine hohe Reputation ist also an sich weder eine Bedingung noch eine Garantie der Richtigkeit der Wissenschaftskommunikation – obwohl sie durch den damit verknüpften besseren Zugang zu Finanzierungen, Mitteln, Kontakten und Verlagskanälen hilfreich sein kann. Der Code der Reputation (mehr/weniger reputiert, in analoger Form und nicht in der rigiden Digitalität eines entweder/oder) stimmt mit dem Primärcode der Wissenschaft (wahr/nicht wahr) nicht überein und überlagert diesen auch nicht. Gerade aufgrund dieser Getrenntheit kann er als Nebencode operieren, der sich an die Seite des Wahrheitsmediums stellt und die Realisation der Operationen erleichtert – wäre es nicht so, hätte er in der Tat keinen Informationswert. Die Reputation dient nicht der Wahrheitsfeststellung, sondern der Konzentration der Aufmerksamkeit auf Kommunikationen, denen man sich in der Wahrheitssuche zuwenden muss. Die Reputation liefert Vorgaben, welche die Willkür bei der Wahl von Themen, Lektüren oder Zitaten einschränken, wie auch Adressen für die Forschungsverwaltung: So können Kausalitäten in ein an sich unvermeidlich zirkuläres Forschungsverfahren eingefügt und Autoren, Entdecker und Verantwortliche festgestellt werden, deren Identität als Vorselektion für weitere Forschung gilt. All dies passiert natürlich auf der Ebene der Darstellung und nicht auf der Ebene der Herstellung des Wissens: Wenn die Beiträge auf der Basis von Reputation einmal ausgewählt worden sind, müssen sie auch gelesen und nach Forschungsrelevanz bewertet werden. Ohne diese Hilfe würde die Komplexität der modernen Forschung rasch zu einer Überforderung der Beobachter und zu einem Orientierungsverlust führen.
Die Autonomie der Wahrheit ist also für das Funktionieren der Reputation und dadurch für die Dynamik des Wissenschaftssystems unerlässlich. Gerade diese Autonomie macht sie aber immer legitimationsbedürftig, als ob es sich um eine für das effiziente Funktionieren des Systems zu beseitigende Dysfunktion handelte. Die Unterscheidung von Herstellung und Darstellung erfüllt dagegen eine wichtige Funktion, weil sie erlaubt, auch diejenigen Angaben aufzuwerten, die helfen, sich in dem von der methodologischen Regulierung der Wissenschaft völlig ungedeckten Bereich zu orientieren. Wo die Methode nicht intervenieren kann und muss (weil es sich um Darstellung handelt), operieren alle Mechanismen der Selektion die Publikationen und die Kriterien der Reputationsverleihung. Nicht zufällig kann man in der Tat eine deutliche Verwandtschaft zwischen Reputationsniveau und Selektions- und Verbreitungskriterien der Publikationen beobachten: Wer eine hohe Reputation hat, findet leichter Zugang zu Veröffentlichungen und wird, wenn die Texte einmal gedruckt worden sind, stärker beachtet; umgekehrt ist die Präsenz in der Publikationslandschaft eine wichtige Komponente der Reputationsverleihung. Die Existenz und Wirksamkeit von Selektionskriterien, die von

der Wahrheit unabhängig sind, ist also nicht an sich negativ und kein Grund für Kritik: Die Wahrheit allein kann und muss bei der Darstellung der Beiträge nicht ausschlaggebend sein. Wenn Reputation oder Publikationskriterien einer Orientierung an wissenschaftliche Wahrheit Punkt für Punkt entsprechen würden, würden sie ihrer Funktion nicht nachkommen können. Was Sorge bereiten muss, ist also nicht die Unabhängigkeit der Reputation von der Wahrheit an sich, sondern das eventuelle Fehlen von Gleichgewicht und Koordination zwischen Herstellung und Darstellung, in einer Situation, in der die Konditionierung nicht als Tausch und gegenseitiger Einfluss operiert (man publiziert schließlich, was wissenschaftlich relevant ist), sondern dazu neigt, einseitig in eine einzige Richtung zu gehen. Die Möglichkeit des Zugangs zu Publikationen kann dann zum ersten Kriterium der Forschungsmotivation, der Themenwahl und des Theoriebezugs werden, wobei Namen, Moden oder kontingente Verlagslagen wichtiger als Sachinhalte oder theoretische Anschlüsse werden. Es geht aber in diesem Fall nicht um ein Problem der Darstellung (die eher zu gut funktioniert), sondern um ein Problem der Wahrheit (die nicht gut zu funktionieren scheint). Eine solche Situation kann (wie wir sehen werden) für den heutigen Stand der soziologischen Forschung vermutet werden.

## III.

Im Folgenden soll es um den Stand wissenschaftlicher Publikationen in der Soziologie gehen. Was können wir dazu aufgrund der bisher dargestellten theoretischen Betrachtungen sagen? Welche Eigenschaften soziologischer Publikationen können durch die soziologische Beobachtung wissenschaftlicher Kommunikation erklärt werden?

Die Trennung von Herstellung und Darstellung der wissenschaftlichen Kommunikationen ist unserer Ansicht nach weder ein Problem noch ein Fehler, sondern die notwendige Bedingung für den Austausch und die Modulation zwischen dem System und ausgewählten Bereichen seiner Umwelt. Das Problem der Soziologie scheint eher das Gegenteil zu sein: ein Mangel an Trennung und Unterscheidung, der Koordinationsschwierigkeiten mit sich bringt. Dies wirkt sich auf beiden Ebenen aus, es führt also zu Schwierigkeiten sowohl für den Stand der Publikationen[3] als auch für den Forschritt der Forschung. Will man eine Ursache identifizieren, kann man sich auf das mehrfach beklagte Theoriedefizit des Disziplin berufen, welches die Schließung sowohl gegenüber externen Instanzen als auch gegenüber den Geboten anderer Systeme verhindert (aber auch hier könnte die Perspektive umgekehrt und die

---

3  Wie anfangs antizipiert und von den in diesem Heft publizierten Praxisberichte bestätigt.

Ursache als Folge von wenig ausgeglichenen Kommunikationsbedingungen betrachtet werden, die keine autonomen und riskanten theoretischen Entwicklungen begünstigen). In der Tat scheinen aber die Verhältnisse zwischen Forschung und Publikation sich mehr und mehr von der Situation zu entfernen, die in den Naturwissenschaften beobachtet werden kann, in der es immer noch einen deutlich vom (gut entwickelten) Wissenschaftsjournalismus getrennten Bereich von wissenschaftlichen Kommunikationen gibt, die in Zeitschriftenbeiträgen (mit ausgeprägtem Ansehensniveau) und Büchern als solchen gegliedert sind. Diese Klarheit wirkt sich natürlich auf das Reputationsniveau, auf die Verleihung von Stellen und Mitteln und auch auf die Forschungsprogrammierung (Vorbereitung der durch Publikationen eingeteilten Arbeit) aus.

In der Soziologie scheint die Situation anders zu sein. Man kann auf der einen Seite eine geringe Widerstandsfähigkeit gegenüber den in Form von Publikationen überlieferte Präferenzen des Systems der Massenmedien beobachten: Die Optionen der Massenmedien konditionieren das Schicksal und die Strukturierung der Wissenschaftskommunikation stärker als die Optionen der Wissenschaft selbst. Viele Aspekte dieses Ungleichgewichts sind schon beobachtet worden. Luhmann (1979) selbst hat sich vor einigen Jahrzehnten über den Anspruch geäussert, die soziologische Kommunikation solle verständlich sein, und er hat diesem Anspruch eine Reihe von inneren Bedürfnissen der wissenschaftlichen Kommunikation entgegengesetzt: die Notwendigkeit, eigene Begriffe zu prägen und dadurch die Konnotationen von schon etablierten Termini zu verändern (auffälligster Fall sind die symbolisch generalisierte Kommunikationsmedien wie Geld, Macht, Liebe, Wahrheit usw., die eine andere Bedeutung als in der Alltagssprache oder auch in den Massenmedien gewinnen), Probleme der Darstellung zirkulärer theoretischen Verbindungen (wo ein Begriff die Klärung anderer Begriffe voraussetzt, die ihrerseits den betreffende Begriff voraussetzen), logische Schwierigkeiten aufgrund autologischer oder sonst paradoxer Umstände. Allgemeine Verständlichkeit ist ein Bedürfnis der Massenmedien, deren Funktion die Einbeziehung eines möglichst breiten und ideell nicht-exklusiven Publikums erfordert. Dagegen richtet sich die Wissenschaft an ein notwendigerweise eingeschränktes Publikum von Lesern, die ihrerseits Autoren in demselben Bereich werden können und deshalb in der Lage sind, kompetente Kritiken und Bemerkungen zu formulieren – sie muss zwangsläufig viele ausschließen, wie dies die dysfunktionalen Konsequenzen zeigen, die eine zu hohe Textverständlichkeit für die Soziologie hat: das Risiko einer »Inflation des soziologisches Jargons« und der Verwischung von Disziplingrenzen. Schließlich darf Verständlichkeit »kein Prinzip sein, das etwas verhindert, was zu sagen möglich ist« (Luhmann 1979, 175, 176).

Da die Kommunikation der Massenmedien darauf zielt, jenseits von Meinungsunterschieden eine möglichst gemeinsame Realität zu konstruieren (vgl. Luhmann 1995, etwa 164ff.), neigt sie natürlich auch dazu, riskante oder zu radikal innovative Kommunikation zu entmutigen und stattdessen die Bestätigung von gemeinsamen Voraussetzungen und eine auf Redundanz bezogene Variation zu privilegieren. Das ist auch in den die Bedürfnisse der Forschung nicht immer begünstigenden Eigenschaften soziologischer Publikationen beobachtet worden (vgl. Luhmann 1979, 5; 1992, 69; 1990, 452ff.): die Exegese nimmt einen immer breiteren Raum ein auf Kosten der Entwicklung neuer Ideen, die dagegen einer zureichend entwickelten theoretischen Anlage bedürfte, um interdisziplinäre Kontakte und die Fähigkeit zu entfalten, sich mit den Reflexionstheorien anderer Systeme auseinanderzusetzen. Die Soziologie privilegiert die Interpretation der Klassiker, selbstproduzierter Daten (die so genannte empirische Forschung) und interner Begriffe, mit der Konsequenz einer offensichtlichen Dysbalance zugunsten von Selbstreferenz und auf Kosten von Fremdreferenz.[4] Die Soziologie neigt also dazu, sich mehr und mehr mit sich selbst zu beschäftigen, eher Textprobleme als Sachprobleme zu behandeln und Konstruktionen zu privilegieren, die es ermöglichen, eher eigene Lektüreleistungen und Geschicklichkeit zu demonstrieren, als einen Problembezug aufzuzeigen.[5] Das macht auf der einen Seite eine Form von Variation möglich, die eine gewissen Artikulation der Aussagen und die Fähigkeit aufweist, Redundanzen in Bezug auf Namen (Klassiker) zu ordnen, auf der anderen Seite büsst man aber die Anschlussfähigkeit für externe Fragestellungen ein. Beispielhaft ist diesbezüglich die »Manie« des kritischen Vergleichs, der – immer noch laut Luhmann – keine Mühe kostet und dazu dient, eher sich selbst zur Schau zu stellen, als Wissen in den Vordergrund zu rücken (vgl. Luhmann 1990, 297ff.). Unter diesen Umständen ist es nicht leicht, zwischen soziologischen Publikationen und Wissenschaftsjournalismus eine deutliche Grenze zu ziehen.

Es überrascht dann nicht, dass es ebenso schwierig ist, die spezifische wissenschaftliche Trennung zwischen verschiedenen Publikationsformen, etwa Zeitschriftenartikel (mit der Funktion der Selektion wissenschaftlicher Kommunikationen) und den für Restabilisierung zuständigen Bücher aufrechtzuerhalten: selbst Verleger beobachten diesen Umstand, dem mit Massnahmen ausserhalb des zuständigen Bereichs der Wissenschaftskommunikation nur schwer entgegenzutreten ist. Die Trennung soll dann nicht Ergebnis einer Verlagsregel sein. Auch überrascht die abnehmende Fähigkeit der Publikationen kaum, die wissenschaftliche Arbeit einzuteilen und Periodenbildung zu

---

4  Wie auch die externe Beobachtung zum Beispiel von einem Wirtschaftswissenschaftler wie Akerlof bestätigt, der einen Unterschied zwischen der Haltung der Soziologie und seiner Disziplin feststellt: in der Soziologie »studiert man die Klassiker und versucht zu verstehen, was sie sagen« – was ein Wirtschaftswissenschaftler auf der Suche nach Problemen und Verbindungen sehr ungeduldig macht (vgl. Swedberg 1990, Kap. III).

5  Koenen spricht in seinem Beitrag in diesem Band von Funktionsverschiebung der Fachzeitschriften von der Fachkommunikation zur Kompetenzpräsentation.

ermöglichen: Man forscht eher mit Blick auf die Publikation und weniger, um Forschungsergebnisse zu publizieren; die Publikation selbst erfüllt nicht mehr die Rolle eines externen Moments, dem die Forschung den eigenen Einteilungsbedarf »anhängen« kann.

Publikationen reflektieren indirekt auch einen weiteren Differenzierungsmangel der soziologischen Forschung, diesmal gegenüber den Erfordernissen von Organisationen (wobei hier in erster Line an Universitäten zu denken ist). Das berüchtigte Gesetz des »publish or perish« hat eigentlich nichts mit der Rolle von Publikationen für die Autopoiesis der Wissenschaft zu tun, wie die oft sehr geringe wissenschaftliche Anschlussfähigkeit der von diesem Prinzip geleiteten Publikationen zeigt. Stattdessen sind hier externe Dynamiken im Spiel: die Dynamik wissenschaftlichen Organisationen und die Dynamik, die bei der Vergabe von Stellen innerhalb der Universitäten entfacht wird. Publikationen werden hier von rekursiven Kriterien geleitet zum Zweck des Aufbaus von im Wettbewerb um Ressourcen erworbener Reputation, die wiederum nur sehr wenig mit den Erfordernissen der Forschung zu tun hat: Unter dem Druck des »publish or perish« werden Beiträge angeboten, die auf die in der Selektion von Zeitschriften und Verlagen etablierten und normalisierten Kriterien ausgerichtet und durch den Bezug auf Verbreitung und Publikum und nicht durch die Unwahrscheinlichkeit wissenschaftlicher Kommunikation gekennzeichnet sind – eine Tendenz, die von der Publikation selbst weiter konsolidiert wird und von Organisationen problemlos genutzt werden kann.

## Literatur

Luhmann, Niklas (1979): Unverständliche Wissenschaft: Probleme einer theorieeigenen Sprache. S. 34-44 in: Deutsche Akademie für Sprache und Dichtung, Jahrbuch 1979, 1. Lieferung. Heidelberg. (Wiederabdruck in: Ders. (1981): Soziologische Aufklärung, Bd. 3. Opladen, 170-177).
Luhmann, Niklas (1992): Probleme der Forschung in der Soziologie. S. 69-73 in: Ders., Universität als Milieu; hrsgg. von André Kieserling. Bielefeld: Haux.
Luhmann, Niklas (1990): Die Wissenschaft der Gesellschaft. Frankfurt a.M.: Suhrkamp.
Luhmann, Niklas (1995): Die Realität der Massenmedien. Opladen: Westdeutscher Verlag.
Luhmann, Niklas (1997): Die Gesellschaft der Gesellschaft. Frankfurt a.M.: Suhrkamp.
Stichweh, Rudolf (1987): Die Autopoiesis der Wissenschaft. S.447-481 in: Dirk Baecker et al., Theorie als Passion. Frankfurt a.M.: Suhrkamp.
Swedberg, Richard (ed.) (1990): Economics and Sociology. Princeton (NJ): Princeton U.P.

Prof. Dr. Elena Esposito
Facoltà di Scienze della Comunicazione, Università di Modena e Reggio Emilia
Via Giglioli Valle, 9, I-42100 Reggio Emilia
esposito.elena@unimore.it

Soziale Systeme 11 (2005), Heft 1, S. 176-188    © Lucius & Lucius, Stuttgart

Giancarlo Corsi

# Medienkonflikt in der modernen Wissenschaft?

*Zusammenfassung:* Beobachtet man die Selektionsverfahren von wissenschaftlichen Zeitschriften und Verlagen, gewinnt man den Eindruck einer Diktatur der Massenmedien (hier vor allem der Publikationen) über die eigentliche wissenschaftliche Funktion, neues Wissen herzustellen. Das ist durch das bekannte Syndrom »publish or perish« bekannt und wird oft als riskante Alternative gesehen: entweder Karriere durch Standardforschung oder Grenzforschung mit unsicheren Perspektiven. Heutzutage hängen tatsächlich die symbolisch generalisierten Kommunikationsmedien von den Verbreitungsmedien ab. Aber das Problem scheint eher das Verhältnis von Evolution der Wissenschaft und Planung der organisatorischen Variablen (Reputation, Finanzierung, Projekte, akademische Spaltungen usw.) zu betreffen, die die moderne Wissenschaft ermöglichen. Während Evolution nicht kontrolliert werden kann, sind diese Variablen die einzigen, die entscheidbar sind und transparent gemacht werden können.

## I

Den Anlass für das vorliegende Heft bildet ein Unbehagen, das längst in allen wissenschaftlichen Disziplinen spürbar ist: Man hat den Eindruck, dass zwischen dem, was als Ideal der (als Wissensproduktion gemeinten) Forschung gelten sollte, und den Kriterien, die die Publikation der Beiträge regulieren, eine unberechtigte Kluft besteht, die Autoren wie Verleger dazu veranlasst, Gesichtspunkte zu privilegieren, die von jenem Ideal weit entfernt sind, und so die Qualität der Beiträge selbst zu benachteiligen. Das bekannte Syndrom »publish or perish« stellt nur den Gipfel des Problems dar, ein Problem, das sich, wie in der Einführung zu diesem Heft hervorgehoben wird, in unterschiedlicher Form stellt: mangelhafte Transparenz der Selektionskriterien in den Fachzeitschriften, »Ideologisierung« oder »Politisierung« bei der Wahl der Beiträge, Selbstzensur der Autoren, da die Standardforschung weniger Probleme als die Grenzforschung schafft, weder verständliche noch legitime Unterschiede zwischen den verschiedenen Disziplinen, Orientierung an Karrierechancen der Wissenschaftler statt Entwicklung von Theorien und Methoden, usw. – alles Faktoren, die die »Reinheit« wissenschaftlicher Forschung zu negieren scheinen. Wenn man sich jedoch fragt, wie man es anders anstellen sollte, wird alles noch komplizierter, vor allem auch, weil »Objektivität« oder die Fähigkeit, das »Beste« anzuerkennen, nicht so einfach eingefordert werden kann. Wie dies auch in anderen Bereichen der Fall ist, kann der Wert (hier: Sachlichkeit bei der Bewertung) unbestritten sein und Konsens finden; sobald man aber auf die Ebene seiner Programmierung (d.h. auf die Ebene, auf der die operative qualitative Selektion geleistet werden muss) landet, laufen Meinungen und Praxis sofort wieder auseinander. Ebenso wenig kann von den Fachzeitschriften und deren Äquivalente erwartet werden, dass sie sich strikt an wissenschaftlichen Kriterien orientieren und die Haltungen vermeiden, die für die Massenmedien typisch sind – wie z.B. die Präferenz für Modethemen und für bekannte Namen, knappe Beachtung von Neulingen, Suche nach sensationellen Entdeckungen usw. Letzten Endes operieren auch wissenschaftliche Zeitschriften innerhalb des sehr breiten Bereiches der Verbreitungsmedien – wenngleich sicher nicht im selben Maße wie Tageszeitungen oder Magazine –, und schaffen damit jene Öffentlichkeit mit, der sie selbst ausgesetzt sind.

Das Problem ist nicht nur auf die Wissenschaft begrenzt. Es gibt zumindest einen eklatanten Fall, der sehr viel bekannter ist als die Wissenschaft, der gerade in Italien Hochkonjunktur hat und den Eindruck einer »Diktatur« der Öffentlichkeit und der Verbreitungsmedien zu bestätigen scheint. Seit einigen Jahrzehnten wird ständig beklagt, die Politik sei vor allem vom Fernsehen abhängig und ordne sich und ihre ganze Werteparade der Logik jenes Mediums unter. Natürlich muss zugegeben werden, dass die Macht des Fernsehens heutzutage nur schwer zu bekämpfen ist; dennoch kann kaum behauptet, dass das Medium darüber entscheidet, was heute Politik ist. Und dies, obwohl kein Zweifel darüber besteht, dass es heute unerlässlich ist, auf dem Bildschirm richtig aufzutreten, mit allen Bindungen, die damit impliziert sind: »verführerisches« Aussehen, Spontaneität in den Debatten, agressive Haltung, kein zu glattes Benehmen, usw. Dennoch verlangt keiner, dass Politik ohne Fernsehen gemacht wird, oder dass das Fernsehen seine kommunikativen Strukturen ändert. Obwohl dies, gerade was das Verhältnis zu den Wählern anbelangt, nicht problemlos ist, passt man sich einfach an, und es ist nicht auszuschließen, dass dadurch vielleicht neue, früher undenkbare Formen entdeckt werden (oder schon entdeckt worden sind), Politik zu machen.

Problematische Beispiele dieser Art ließen sich vermutlich für alle symbolisch generalisierten Kommunikationsmedien anführen. Tatsächlich fällt es nicht schwer, Analogien zu finden, z.B. im Verhältnis von Geld und Internet, von Liebe, Sprache und Schrift, von Kunst und den Medien ihrer technischen Reproduzierbarkeit. Das Verhältnis von symbolisch generalisierten Kommunikationsmedien und Verbreitungsmedien ist immer noch nicht geklärt; fest steht nur, dass es anscheinend wenig harmonisch, wenn nicht sogar konfliktträchtig und polemogen ist. Dank der Forschung der letzten Jahrzehnte, vor allem aus dem Bereich der Systemtheorie, fällt nun auf, dass eine allgemeine Theorie der Kommunikationsmedien fehlt, mit der sich erklären ließe, was die verschiedene Medien gemeinsam haben und in welcher Hinsicht sie sich von-einander unterscheiden. Im dem besonderen Fall, der uns hier interessiert, besteht das Problem im Verhältnis von wissenschaftlicher Wahrheit als symbo-lisch generalisiertem Kommunikationsmedium und dem Buchdruck als Ver-breitungsmedium.

## II

Man kann die Frage ausgehend von einer Feststellung stellen: wissenschaftli-che Publikationen sind heute sicherlich das Hauptmedium (und vielleicht sogar das einzige Medium) der wissenschaftlichen Wissensproduktion und -verbreitung.[1] Wie immer man den Begriff des Mediums bestimmen will: wir müssen Publikationen als Formen der Wahrheit als symbolisch generalisiertes Kommunikationsmedium in Betracht ziehen. Anders gesagt, durch Publika-tionen werden Wahrheitsformen sichtbar. »Sichtbar« heißt hier nur, dass Publikationen anschlussfähige wissenschaftliche Kommunikation herstellen und die Wissenschaft nur darüber Beobachtungen zweiter Ordnung anstellen, d.h. beobachten kann, wie ihre eigenen Beobachtungen die Wirklichkeit beschreiben. Das bringt schon einen wichtigen Faktor ins Licht, um die Rele-vanz von Zeitschriften zu verstehen: wer publiziert, tut das, um sich der Beob-achtung auszusetzen, und nicht, um endgültige Wahrheiten mitzuteilen – jedenfalls ist dies eine unausweichliche Voraussetzung, will man die Wissen-schaft als »hypothetischen und falsifizierbaren« Wissenshersteller begreifen.[2] Wahrheit kann allein deswegen nicht als Selektionskriterium für Zeitschriften (und ebenso wenig für das Wahrheitsmedium selbst) gelten. Fachzeitschriften »vermitteln« Beobachtungen in dem Sinne, dass sie sie weiteren Beobachtun-gen aussetzen. Alles andere, d.h. die Selektion vorläufig für die Wissenschaft akzeptierbarer Inhalte und deren Kondensierung in relativ stabilen Theorien und Methoden, hängt nicht von Publikationen ab. Aus dieser Perspektive nutzt Wahrheit das Verbreitungsmedium des Buchdrucks genauso aus wie der Buchdruck seine Bindungen an die Wahrheit durchsetzt. Aber das ist vielleicht noch nicht der springende Punkt – der Punkt ist, wie jene Sichtbarkeit herge-stellt werden kann.
Obwohl die Medientheorie noch nicht hinreichend ausgebaut ist,[3] kann ihr dennoch entnommen werden, dass Medien unbeobachtbar sind: Man nimmt

---

1  Es bleibt noch die Rolle der »neuen Medien« zu bewerten, die sich jedenfalls auch in diesem Bereich rasch verbreiten.
2  Hauptbezug ist hier immer noch Popper.
3  Die Texte über Medientheorien sind inzwischen zahlreich. Es ist trotzdem noch unklar, wel-che theoretische Tragweite der Begriff des Mediums hat. Hier kann man Umberto Eco zustim-men: »Nessuno sa bene che cosa sia un medium« (L'Espresso, N. 38 vom 20.9.2001).

ihre Anwesenheit nur deshalb wahr, weil ihre Formen zu bezeichnen sind und jede ins Medium ausgeprägte Form auf andere Formeinprägungsmöglichkeiten verweist. Die Medienforschung muss dann von dieser Feststellung ausgehen: Will man etwas Unbeobachtbares beobachten, zwingt dies dazu, die Analyse auf die Frage zu verschieben, wie Medien ihre Formen sichtbar (d.h. kommunizierbar) machen können. Bekanntlich wird die Unterscheidung Medium/Form durch die Unterscheidungen lose/strikte Kopplung der Elemente des Mediums und mediales Substrat/Formen weiter entfaltet. Im Falle der wissenschaftlichen Wahrheit sind die Formen, also das, was aufgelöst und wieder rekombiniert werden kann, Begriffe, Unterscheidungen, (Beschreibungen der) Wirklichkeit, Theorien und Methoden, Differenzentfaltungen, wie sie in publizierten Aufsätzen und Büchern zu finden sind, usw. Wir wissen auch, dass Kriterien und Modalitäten von Auflöse-/Rekombinationsvermögen von nichts anderem abhängen als von den Strukturen der Wissenschaft selbst, also von den Formen, die sie schon kondensiert hat und mit denen Neuheiten und »Entdeckungen/Erfindungen«, also jede abweichende Variation des verfügbaren Wissens, verglichen werden.

Die Frage, die man sich stellen kann, ist dann: welche Rolle spielen der Buchdruck und die Publikation von wissenschaftlichen Beiträgen? Zunächst kann man nur antworten, dass die Relevanz von Zeitschriften und deren Äquivalente sich darauf beschränkt, die Sichtbarkeit der Formen zu gewährleisten, weil das Schicksal der einzelnen publizierten Vorschläge in den unendlichen operativen und strukturellen Anschlüssen des Wahrheitsmediums verarbeitet wird, wo Bestimmtheit (Formen) und Unbestimmtheit (Verweisungen auf andere Möglichkeiten, also Reproduktion des Mediums) generiert werden – bei allen Beschränkungen und Chancen: Der Buchdruck bestimmt nicht das, was sich als wissenschaftliches Wissen festigt. In einer gewissen Hinsicht scheint der Buchdruck eine Art von Überraschungsfaktor und insofern ein Medium zu sein, da er wissenschaftliche Inhalte an die wissenschaftliche Öffentlichkeit »vermittelt«. Das ist vielleicht immer der Fall, wenn die symbolisch generalisierten Kommunikationsmedien mit den Verbreitungsmedien zueinander in ein Verhältnis treten sollen. Jenseits solcher Metaphern – etwa der Metapher der »Vermittlung« – beeinträchtigen die Verbreitungsmedien als solche die kommunizierbaren Inhalte nicht: Sie beschränken sich darauf, die Kommunikation sehr stark zu binden und binden damit gleichzeitig auch die Komplexität der Gesellschaft, ihrer Medien und Teilsysteme, und zwar auf je unterschiedliche Weise. Sie sind geeignete und vorteilhafte evolutionäre Errungenschaften,[4] die die Gesellschaft dazu zwingen, Unbestimmtheit zu generieren, und es kommt auf die historisch-evolutionäre Situation an, was die Gesellschaft und ihre Strukturen damit anfangen können. In diesem Sinne

---

4  Im Sinne Luhmanns 1997, 505ff.

versteht es sich von selbst, dass die moderne Wissenschaft ohne Drucker-presse undenkbar wäre. Dennoch genügt es selbstverständlich nicht, die Strukturen von gedruckten Texten zu analysieren, um verstehen zu können, wie die moderne Wissenschaft funktioniert.

Mit anderen Worten: Die Abhängigkeit der Wissenschaft (und anderer Teilsys-teme) von den Verbreitungsmedien – hier vom Publikationsmedium – scheint die Operationen und nicht die Beobachtungen zu betreffen. Das Verbreitungs-medium stellt nicht Imagination sicher, sondern die Möglichkeit der Anschlussfähigkeit – was freilich tiefreichende Folgen hinsichtlich dessen hat, was dann noch imaginiert werden kann. In dieser Hinsicht sind es eben nicht die Verbreitungsmedien, die über die Inhalte bestimmen, die sie vermitteln. Sie zwingen das System (oder das Medium) dazu, den Schwerpunkt des Auflöse- und Rekombinationsvermögen seiner Kommunikationsmöglichkeiten zu ver-schieben, wenn nicht neu zu erfinden. Sie sind gleichsam Gefäße, die für jeden passenden Inhalt zur Verfügung stehen, wobei der Inhalt von anderen Medien bestimmt wird, etwa von den symbolisch generalisierten Kommuni-kationsmedien, und natürlich auch vom Medium Sinn, d.h. von der Differenz zwischen dem, was aktuell, und dem, was nur möglich ist.

Parallelen und Vergleiche lassen sich leicht ersehen. Ohne den Buchdruck hät-ten wir keine Wissenschaft – aber auch keine moderne Liebe. Ihrerseits hängt die moderne Wirtschaft möglicherweise unausweichlich von elektronischen Netzwerken ab; die Politik kann auf das Fernsehen vermutlich nicht mehr ver-zichten. Man kann auch an die Reproduzierbarkeit der Kunst denken – ein inzwischen altes Thema. Es ließen sich beliebig viele weitere Beispiele anführen. In allen diesen Fällen sind mindestens zwei (und möglicherweise zahlreiche weitere) Medien erforderlich: Sinn bzw. die symbolisch generali-sierten Kommunikationsmedien einerseits und Sprache und Verbreitungsme-dien andererseits. Nur die Mitwirkung beider Medienarten lässt Kommunika-tion zustande kommen.[5] Bezogen auf unseren Gegenstand heißt dies, dass der Buchdruck und die Publikation wissenschaftlicher Beiträge die zur Zeit zweifellos mächtigsten Verbreitungsmedien sind, die der wissenschaftlichen Kommunikation zur Verfügung stehen. Freilich können Bücher und Zeitschrif-ten als solche kein wissenschaftliches Wissen erzeugen, aber nur sie können es vermitteln.

Hier lohnt es sich, ein weiteres Merkmal des Buchdrucks hervorheben, das für unser Thema besonders relevant ist: Der Buchdruck zwingt nicht nur dazu, das, was man kommunizieren kann, auf extrem heterogene Weise zu differen-zieren (das ist im Übrigen zunächst eine Folge von Schrift),[6] sondern auch

---

5    Dieses Thema sollte von einer Theorie der Kommunikationsmedien behandelt werden. Es bezieht sich auf das Verhältnis von Sinn und Sprache oder von Wahrnehmung und Medien wie Luft und Licht (vgl. Heider 1926 und vor allem 1930).

6    Ganz zu schweigen von den enormen Folgen auf der Gedächtnisebene (vgl. Esposito 2002, 184ff.)

dazu, das, was kommuniziert wird, von mindestens zwei unterschiedlichen Entscheidungen abhängen zu lassen: von der Entscheidung desjenigen, der einen Aufsatz vorschlägt, und von der Entscheidung derjenigen, die den Aufsatz publizieren. Wahrscheinlich sind hier jene Bindungen zu suchen, die das Problem schaffen, von dem hier die Rede ist: Die Abhängigkeit von Entscheidungen und von der Kombination unterschiedlicher Entscheidungen führt unausweichlich zur Bildung von formalen Organisationen – Zeitschriftredaktionen oder sonstigen entscheidungsfähigen Ausschüssen. Die Ansprüche an das Publikationsmedium verdoppeln sich: man will Transparenz sowohl auf der wissenschaftlichen als auch auf der organisatorischen Ebene. Doch mit der Verdoppelung der Ansprüche verdoppeln sich auch die Probleme.

## III

Die symbolisch generalisierten Kommunikationsmedien müssen mit den strukturellen Anforderungen der Verbreitungsmedien zurechtkommen. Ein »normales«, nicht allzu problematisches Funktionieren beider Medienarten erfordert besondere Voraussetzungen. Die wichtigste ist sicher die Möglichkeit, Kommunikation formal zu organisieren, sodass die Formenproduktion nicht dem Zufall überlassen bleibt. Dass die Teilsysteme und die symbolisch generalisierten Kommunikationsmedien heute auf Organisationen angewiesen sind, ist bekannt. Die Wissenschaft kann nur dann operationsfähig sein, wenn sie sich auf Organisationen wie Forschungsinstitute, Departements, Fakultäten, usw. stützt. Konkret geht es um Forschungsprogrammierung (Projekte), Karrieren, Reputation und Prestige der Wissenschaftler, Sichtbarkeit in der Öffentlichkeit, Finanzierungen und Beachtung der Bilanzen und um jede Art von strukturellen Kopplungen zwischen der Wissenschaft und den anderen Teilsystemen der Gesellschaft. Wissenschaftliche Organisationen übernehmen gewissermaßen die Last, soziale Kontrolle intern auszuüben, also »Irritationen« zu disziplinieren (Luhmann 1990, 576-7). Das gilt jedoch auch für die Kopplung mit dem Medium des Buchdrucks: Nicht einmal Zeitschriften können von Organisationen und von einer ständigen Entscheidungslast absehen. Hier geht es vor allem darum, die Selektionskriterien (Lesbarkeit und Verständlichkeit der Publikationen, Gliederung des Aufsatzes, Inhaltdifferenzen, die oft überschätzt werden, in Bezug auf angewandte Theorien/Methoden oder auf das Verhältnis Theorie/Empirie, usw.) festzulegen. Die Entscheidung wird von der Kombination der Selbstselektion des Forschers, der schreibt, und der Selektion durch die Zeitschrift, die den Aufsatz annimmt/ablehnt, mitbestimmt. Da es sich hierbei um ein soziales Verhältnis, also um doppelte Kontingenz handelt, überrascht es nicht, wenn dabei reflexive Absichtsantizipationsmechanismen in Gang gesetzt werden: wer schreibt, versucht zu

verstehen, was die Zeitschrift mag und passt sich an – oder er passt sich eben
nicht an und spielt die Rolle des Originellen, mit allen Risiken, die damit verbunden sind. Die Zeitschrift bildet sich ihrerseits eine Vorstellung von den
möglichen Autoren und versucht – auf sehr unterschiedliche Art und Weise –
wahrscheinliche Trends zu antizipieren »sachlich«, bei der Mobilisierung einer
Menge von Referees; »demokratisch«, bei dem Versuch, alle Parteien zu befrie-
digen; »sektiererisch« bei der Publikation von einseitigen Aufsätzen, usw.
Dass so etwas schwer zu vermeiden ist, liegt auf der Hand. Dass Übertreibun-
gen kompensiert oder kontrolliert werden könnten, auch.

Aber das ist sozusagen nur die Innenseite der Entscheidung. Die Außenseite,
also vor allem die Folgen von Entscheidungen, bleibt unvorhersehbar und
verliert sich in der Evolution des Wahrheitsmediums. Die Evolution der Wissenschaft, so wie in jedem System, ist das Ergebnis des komplexen und
undurchsichtigen Netzwerkes wissenschaftlicher (funktionssystemspezifi-
scher) Kommunikationen und kann nicht Gegenstand von Entscheidungen
werden. Zeitschriften sind keine Selektionsfaktoren im evolutionären Sinne –
das ist die Funktion jenes kommunikativen Netzwerkes innerhalb des Mediums, das nicht kontrolliert werden kann. Natürlich kann eine Zeitschrift
einen bestimmten wissenschaftlichen Vorschlag begünstigen bzw. behindern.
Aber sie kann das, was nach der Publikation/Nichtpublikation passiert, nicht
begünstigen/benachteiligen. Z.B. kann sie die Resonanz eines Beitrags nicht
kontrollieren, ebenso wenig kann sie verhindern, dass ein im Moment abge-
lehnter Aufsatz später Anerkennung findet. Das bedeutet natürlich nicht, dass
die Wissenschaft das Beste auszeichnet – besser: die Evolution kennt die Differenz besser/schlechter nicht. Sie kennt nur die Morphogenese von Strukturen und deren mindere/höhere Komplexität. Es kann wohl passieren, dass im
System selbst Immunreaktionen ausgelöst werden, sodass eine neue Theorie
eine gewisse Resonanz findet und plötzlich ins »Unzitierbare« versetzt wird,
während Zeitschriften keine auf sie verweisenden Beiträge mehr annehmen.
In der Soziologie ist das der Fall bei Parsons gewesen und selbst Luhmann
droht nun dasselbe Schicksal. Dabei geht es aber immer nur um innere Dynamiken.

Deshalb ist die einzige Transparenz, die hier zu gewinnen ist, nicht »rein« wissenschaftlicher, sondern organisatorischer Art – wenngleich sie ohne weiteres
auch wissenschaftlich-organisatorischer Art sein kann. Auf der Seite der Qualität der Beiträge kann keine Transparenz eingefordert werden: zwar kann eine
gewisse Verständigung darüber erreicht werden, was schlechte Qualität ist;
sobald man aber versucht, sich darüber zu verständigen, was »gute« Qualität
sei, erreicht man nur Dissens und kontrastierende Einschätzungen.[7] Das

---

7  Bei Goethe heißt es: »Wer ein Übel lossein will, der weiß immer, was er will; Wer was Besseres
   will, als er hat, der ist ganz starblind« (Wahlverwandtschaften; zitiert in Zagrebelsky 1996).

Medium ist eben undurchsichtig: welche Folgen ein Beitrag haben wird, kann von niemandem vorhergesehen werden, nicht einmal von den Herausgebern einer Zeitschrift. Wenn hier aber Transparenz nicht gewonnen werden kann, kann man an einer anderen Stelle danach suchen – auf der organisatorischen Ebene, wo wir die Probleme finden, um die es hier geht, die nicht nur die Organisation der Publikationen betreffen. Man denke nur an die Kriterien der Forschungsfinanzierung: Diejenigen, die einen Projektantrag stellen, werden bereits bei der Einreichung angehalten, auf die Ergebnisse zu verweisen, auf die sie kommen werden. Auch in diesem Falle gilt, dass nur die Entscheidungskriterien durchsichtig sein können, etwa ob die Redaktion oder externe Gutachter sich für eine Publikation entscheiden, oder zu welcher Disziplin (Unterdisziplin, Unterunterdisziplin, ...) die Zeitschrift gehört. Das Ansehen wissenschaftlicher Zeitschriften hängt davon ab, wie auch die Resonanz, die die publizierten Beiträge finden werden: Aus genau diesem Grund werden auch weitere Kriterien erarbeitet, die den Entscheidern helfen sollen, etwa impact factor, citation index und dergleichen. Genau deswegen wird dem Stil, in dem die Beiträge geschrieben werden und der unter dem Einfluss der verschiedenen Disziplinen steht, eine starke Aufmerksamkeit geschenkt. Im Übrigen ist dies ein weiterer und wichtiger Punkt, auf den auch schon in der Einführung zu diesem Heft aufmerksam gemacht worden ist: In den sogenannten »hard sciences« publiziert man keine Bücher, sondern nur kurze Beiträge, die bis auf die angebotene Neuheit alles andere voraussetzen. In den »humanities« gilt das Gegenteil. Das ist eindeutig eine Folge des Sachverhalts, dass Physik, Chemie, Biologie usw. über universalistische und einheitliche, bereits konsolidierte Theorien verfügen. Wenn ein Biologe den Begriff der Zelle verwendet, verstehen alle andere Biologen der Welt darunter dasselbe. Ein Soziologe kann mit ähnlichem in seiner Disziplin überhaupt nicht rechnen: der Begriff der »Kommunikation« ist nur wenig informativ – selbst in ein und derselben Fakultät versteht der eine unter einem bestimmten Begriff etwas Bestimmtes, der andere das genaue Gegenteil davon. Genau deswegen spielen in den »Geisteswissenschaften« Schulen, die persönliche Reputation, Willkür und Zensur eine wichtige Rolle. Zwar ist dies in allen Disziplinen der Fall, aber es ist schwer zu leugnen, dass dies in den »soft sciences« die Regel und nicht die Ausnahme ist. Hier hat man es auch mit einem typischen organisatorischen Problem zu tun: wenn die Entscheidungsprogramme fragwürdig oder sogar obskur sind oder werden, muss man sich auf andere Entscheidungsprämissen stützen, wobei die Person die einzige, unmittelbar verfügbare Alternative ist. Ähnliche Probleme haben die Fakultäten mit Spitzenlehrstühlen, wenn diese wiederbesetzt werden sollen. In der Peripherie, beispielsweise in Italien, sind selbst Kommunikationswege zentral: Für einen ordentlichen Professor ist es leichter zu publizieren und er kann auch über den Zugang des Nachwuchses zu den Zeitschriften verfügen. Hier radikalisiert sich eine Differenz, die in der Akademie inzwischen sehr verbreitet ist: Man muss sich zwischen einer akademischen und einer forschungsorientierten Karriere entscheiden. Gerade in Italien gilt, dass beide Formen der Karriere miteinander kaum kompatibel sind.

Die Programmierung von Entscheidungen ist jedenfalls die organisatorische Struktur, die unter der Schwäche der Disziplinen am meisten zu leiden hat. In der Soziologie wird die Publikation von Standardsoziologie eher bevorzugt als die Grenzforschung, und das ist – wiederum in Analogie mit der Politik – ein Zeichen dafür, dass das Risiko, die eigenen Programme zu differenzieren und so an Sichtbarkeit zu gewinnen, höher eingeschätzt wird als das Risiko, dasselbe zu sagen wie alle anderen. Den Zeitschriften fällt es nicht so schwer, explizit »politische« Kriterien, also eine Quotenregelung für jede Schule oder Sub-Subdisziplin anzuwenden – mit der Folge, dass die publizierten Aufsätze irrelevant sind und ihre Qualität indiskutabel ist. Auch kann es passieren, dass man beginnt, sich gerade vor den Beiträgen zu fürchten, die man fördern möchte, und man orientiert sich an die sehr orthodoxe Unterscheidung von Orthodoxie und Innovation. Deshalb ist es auch kein Zufall, dass die großen Namen selten eine nennenswerte Schule hinterlassen haben.

Im Allgemeinen fällt hier jenes schwer zu lösende Unsicherheitsproblem an, das wir bereits angedeutet haben: Wie bei jedem Code, ist es auch bei dem Wahrheitscode leichter, sich auf der positiven Seite aufzuhalten, als auf der negativen. Darüber, was unwahr ist, lässt sich Konsens leichter erreichen, während die Allokation des positiven Wertes oft bestritten wird. Dies hat wahrscheinlich damit zu tun, dass die negative Seite den Reflexionswert, die positive die Anschlussfähigkeit darstellt. Doch gerade die Anschlussfähigkeit einer Neuheit ist unsicher, da keiner wissen kann, wohin sie führen wird. Oft verlangen Zeitschriften, dass die eingereichten Aufsätze mögliche Anschlüsse deutlich kennzeichnen, wobei sie genau dies nicht leisten können.

Die Zeitdimension ist auch aus einer anderen Perspektive wichtig. Aus der Menge der Publikationen bleibt im Lauf der Zeit wenig übrig, was sich zu zitieren, zu erinnern oder einfach als vorausgesetzt anzunehmen lohnt; alles andere wird vergessen. Das wissenschaftliche Wissen bereinigt sich selbst (so Luhmann 1990, 595f.). Für Zeitschriften sollte dies eher beruhigend und in Bezug auf die Selbstverantwortung entlastend auswirken. Dagegen bilden sie eine Art Äquivalent für die Karrieren von Wissenschaftlern aus. Für Wissenschaftler gibt es mindestens zwei Unsicherheitsquellen: man weiß nicht, ob der Aufsatz angenommen und falls er angenommen wird, welche Konsequenzen dies haben wird, ob er künftige Publikationen und das eigene Schicksal in der Akademie und in der Forschung eher begünstigen oder behindern wird. Für Zeitschriften besteht das Problem darin, dass sie sich der Öffentlichkeit aussetzen: Wenn man die Entscheidung trifft, einen Aufsatz zu publizieren bzw. nicht zu publizieren, denkt man immer an die Folgen für die Reputation der Zeitschrift, man denkt also immer auch an die Konsequenzen, die dies auf die Erwartungen haben wird, die an die Zeitschrift herangetragen werden. Hier ist ein anderes Gedächtnis am Werk, und man fürchtet, dass es sich an eine negative Geschichte erinnern wird (z.B. die Publikation von schlechten Beiträgen oder eine quasi-fanatische oder einseitige Unterstützung einer bestimmten Forschungsrichtung). Was hier zählt, ist nicht die Evolution der Wissenschaft, sondern Konkurrenz, Streitigkeiten, Polemik und natürlich Abonnements.

Wenn es überhaupt Sinn macht, von einer Zeitschriftenkarriere zu sprechen, muss man hier eine Merkwürdigkeit registrieren: Von den Autoren verlangt man Mut, Kühnheit, wenn nicht Unvoreingenommenheit. Jedenfalls ist das eine Voraussetzung dafür, in der Wissenschaft neue Wege zu begehen, neue Ideen zu entwickeln, »Held« des Wissens zu sein. Doch die Organisationen, die all das fördern, programmieren sich geradezu in die Gegenrichtung. Dies kann gerade an den Zeitschriften ersehen werden. Man muss »forschen« – und dann nimmt man die Risiken wahr und man bezweifelt, ob es sich lohnt. Bei dem ersten Fehler oder bei Fehlschätzungen der Qualität der Publikationen reagieren die Zeitschriften mit mehr Selektion und Bürokratie.

Wie widersprüchlich das auch klingen mag: diese Praxis ist mit der Produktion wissenschaftlichen Wissens überhaupt nicht inkompatibel. Die Wissenschaft interessiert sich kaum für die Karriere der Wissenschaftler und kümmert sich nicht um Ungerechtigkeiten bei der Begutachtung oder um den Unsinn, der auf der organisatorischen Ebene produziert wird. Wenn man erwarten würde, dass sich alles nach dem Wert der Wissenschaft richtet, könnte man sich nicht mehr bewegen. Evolutionstheoretisch kann dies sehr plausibel erklärt werden: wenn Publikationen aufgrund der Sicherheit ihrer wissenschaftlichen »Geltung« selektiert werden sollten, würde die Wissenschaft sofort zum Stillstand kommen. Dass die Quantität mehr als die Qualität, dass das faktische »Das« der Veröffentlichung mehr als das »Wie« (Roesler/Stiegler in diesem Band) zählt, hat nicht mit der Wissenschaft, sondern mit den Anforderungen von Organisationen zu tun. Dabei kann es sich zwar ohne weiteres um wissenschaftliche Organisationen handeln – diese sind jedoch ebenfalls nur Organisationen. Dies wiederum gilt ebenfalls auch für alle weiteren Teilsysteme der heutigen Gesellschaft: für die Politik, die nicht einfach nach demokratischen Werten operieren kann, für das Recht, wobei die Gerichte erst entscheiden und dann bewerten, ob etwas gerecht gewesen ist oder nicht. Es ist kein Trost, dass in der Kunst die Formel »publish or perish« wörtlich gemeint ist – fast ein Gemeinplatz, nach dem der Künstler nur nach seinem Tod Erfolg hat.

IV

Obwohl alles von Entscheidungen abhängt und auch wenn von einer Redaktion nicht verlangt werden kann, sie solle die »richtige Wissenschaft« erkennen, kann die aktuelle Praxis nicht schlicht gerechtfertigt werden. Wir wissen,
dass die Kriterien der Generierung und Selektion des Rekombinationsvermö-
gens des Wahrheitsmediums mit den Kriterien von Motivation und Begutachtung von Zeitschriften nicht übereinstimmen können. Einerseits geht es um
die Art und Weise, wie wissenschaftliche Wahrheit das selektiert, was als
benutzbares Wissen oder sogar als Paradigma und Rahmen für künftige Beobachtungen bewahrt werden kann. Andererseits geht es um die Art und Weise,
wie in jedem Moment entschieden wird, welche Aufsätze zu publizieren und
damit der wissenschaftlichen Öffentlichkeit auszusetzen sind, und welche
nicht. In der Evolution passiert das, was eben passiert, in den Zeitschriftenre-
daktionen müssen Entscheidungen getroffen werden.
Zwar kann aus dem Vergleich zwischen Sozialwissenschaften und den soliden
Disziplinen etwas gelernt werden, es bleibt aber schwierig, über bloße Deside-
rata hinauszugehen. Was die Soziologie angeht, lassen sich Unterschiede
leicht ausmachen. Sieht man sich z.B. den Umfang der Aufsätze an, dann fällt
auf, dass sich die Texte oft durch die Menge an Verweisen, Zitaten, Literaturhinweisen und durch die Wiedergabe der Geschichte der Disziplin legitimieren. Liest man einen typischen Artikel aus anderen Disziplinen, dann fällt vor
allem im Umgang mit den sogenannten Klassikern eine merkliche Differenz
auf: Der Verweis auf Max Weber oder Emile Durkheim ist nur insofern informativ, als das Zitat sehr alt und insofern wahrscheinlich ungeeignet ist, die
aktuelle soziale Realität zu beschreiben. Leicht ließe sich auch die Anzahl der
Seiten reduzieren, da es nicht selten vorkommt, dass nur die ersten und letzten Seiten lesenswert sind.
Oder man könnte die Gutachter darum bitten, sich eher auf die Ideen zu konzentrieren als auf die formale Gliederung des zu begutachtenden Aufsatzes.
Auch wenn der Aufsatz nicht perfekt geschrieben ist (weil der Autor jung ist,
etwas befürchtet oder einfach nicht gut schreiben kann), kann es sein, dass er
etwas zu sagen hat. Vielleicht sollte man das Risiko attraktiver machen, »küh-
nere« Manuskripte einzureichen – und es im Umkehrschluss riskanter
machen, formell gut gegliederte, aber inhaltsleere Beiträge zu schreiben. Per-
sonbezogene und reputationsbasierte Unterschiede sind kaum zu vermeiden:
wenn ein großer Name einen Manuskript einreicht, ist es übliche Praxis, dass
die Redaktion beinahe automatisch verfährt und das eine oder andere ein-
wendet, eine minimale Revision einfordert, um die eigene Unabhängigkeit zu
demonstrieren, um schließlich in jedem Fall zu publizieren. In den Sozialwissenschaften, wo selten klar ist, ob und inwiefern eine Idee innovativ ist, ver-
schiebt man die Aufmerksamkeit unausweichlich von der Entscheidungsprä-

misse »Programm« zur Prämisse »Person«. Oder es kann vorkommen, dass
– gerade weil programmatisch wenig konsistent – diese Disziplinen die Zeitschriften veranlassen, »intransigent« und extrem selektiv zu sein, bis die
Selektivität zum einzig zugelassenen Programm wird. In den Vereinigten Staaten hat dieses Phänomen in einem ganz anderen Bereich, in dem Bereich der
Literatur, extreme Ausmaße angenommen, wobei die Macht der Rezensenten
– die in Wirklichkeit eher auf Verrisse als auf ernste Kritik spezialisiert sind –
mehrmals beklagt worden ist. Aber auch die in der Soziologie verbreitete Neigung, gleiche Publikationsquoten für die verschiedenen Theorien oder Gattungen zu reservieren, klingt ziemlich pervers, vor allem wenn man daran
denkt, dass Zeitschriften abweichendes Wissen publizieren sollten, um *selbst*
einen Unterschied zu machen.

Inzwischen sind auch andere Probleme gut bekannt. Es ist z.B. immer schon
fragwürdig, was es bedeutet, in Disziplinen wie der Soziologie zu forschen. Es
ist nicht unüblich, Aufsätze über die Klassiker oder über Klassiker-Vergleiche
zu schreiben. Dies hat freilich mit der knappen theoretischen Transparenz dieser Disziplinen zu tun: Wenn es auch nicht klar ist, »wovon« man redet, kann
es doch klar sein, »von wem«. Man geht ähnlich vor, wenn man die konsoli-
dierten, klassischen Begriffe zelebriert, sie so lange wiederkäut, bis sie nach
einiger Zeit nicht mehr zu erkennen sind. Hier könnten Zeitschriften die
Autoren dazu ermutigen, zwischen Anwendung der Theorie und Arbeit an der
Theorie zu unterscheiden. Ansonsten verwundert es kaum, wenn man nur
schreibt, um zu publizieren und nicht, um etwas Neues zu sagen.

Man könnte noch vieles erwähnen, etwa die schlechte Gewohnheit, das, was
andere »Strömungen« an Ideen publizieren, zu ignorieren, nicht zu lesen und
zu schreiben, als ob es solche überhaupt nicht gäbe. Wenn man sich mit einem
bestimmten Thema auseinandersetzt, sollte man sich im Prinzip die Literatur,
die es zu eben dem Thema gibt, so weit wie möglich ansehen. Dem steht entgegen, dass Mitgliedschaft oft wie beim Fußball gehandhabt wird: Wer für die
Kritische Theorie schwärmt, vermeidet es, Beiträge aus der Systemtheorie zu
zitieren, den »Empirikern« erscheinen »grand theories« als bloße Philosophie,
usw. Auf solchen tribalen Unterschieden bauen auch Karrieren auf.

Es sieht so aus, als wären wissenschaftliche Disziplinen vom Schlage der
Soziologie noch nicht hinreichend gegen nichtwissenschaftliches Wissen differenziert. Deshalb neigen Zeitschriften oft dazu, Resonanz auch (wenn nicht
vor allem) außerhalb der Wissenschaft zu suchen. Und in genau dieser Hinsicht fällt es auch nicht so leicht, komplexere und anspruchsvolle Beiträge mit
Hoffnung auf Publikation einzureichen, weil diese als solche nur von wenigen
Lesern verstanden werden können und deshalb immer riskant sind. In anderen Disziplinen ist die Differenzierung gegen nichtwissenschaftliches Wissen
längst vollzogen. Obwohl auch hier gilt, dass es die Strukturen der publikati-
onsorientierten Verbreitungsmedien sind, die die Forschung bedingen, kann

dennoch ebenso sicher davon ausgegangen werden, dass Qualität früher oder später ihren Weg findet. In der Soziologie mag dies bezweifelt werden. Ob hier etwas geändert oder sogar verbessert werden kann, lässt sich schwer sagen. In jedem Falle gilt aber, dass von den Strukturen der Verbreitungsmedien nicht abgesehen werden kann.

## Literatur

Esposito, Elena (2002): Soziales Vergessen. Formen und Medien des Gedächtnisses der Gesellschaft. Frankfurt a.M.: Suhrkamp.

Heider, Fritz (1926): Ding und Medium. Symposion, I, 2, 109-157.

Heider, Fritz (1930): Die Leistung des Wahrnehmungssystems. Zeitschrift für Psychologie 114, 371-394.

Luhmann, Niklas (1990): Die Wissenschaft der Gesellschaft. Frankfurt a.M.: Suhrkamp.

Luhmann, Niklas (1997): Die Gesellschaft der Gesellschaft. Frankfurt a.M.: Suhrkamp.

Zagrebelsky, Gustavo (1996): I paradossi della riforma costituente. S. 293-314 in: Gustavo Zagrebelsky/Pier Paolo Portinaro/Jörg Luther (Hg.), Il futuro della costituzione. Torino 1996

Prof. Dr. Giancarlo Corsi
Dipartimento di Scienze sociali, cognitive e quantitative,
Università di Modena e Reggio Emilia
Via Giglioli Valle, 9, I-42100 Reggio Emilia
corsi.giancarlo@unimore.it

# Abstracts

*Alexander Roesler/Bernd Stiegler, »The final form of preliminarity«. Views from the experience of theory*

This article is not so much a detailed and systematic description or analysis of the changes taking place in academic publishing but rather a short encyclopaedia of its everyday practice. This dictionary consists of 12 – interrelated – entries, each of which begins by quoting a statement by Niklas Luhmann in order to focus on a specific aspect in the field of publishing, such as »turning down/accepting manuscripts«, »production«, »publishing strategies« or »secondary literature«.

*W. D. v. Lucius, Structural changes of scientific publishers*

The paper describes the far-reaching changes with which scientific publishers (in Germany) have been confronted in the last decades. These changes have been driven partly by technical innovations (including the advent of digital publishing), partly by the markets (e.g. the steady concentration tendency) and partly by internationalisation with the predominance of the English language. Parallel with these developments the classical owner-publisher is gradually disappearing; managing teams of specialists with high professional skills are responsible for the companies and are replacing the traditional »accomplished generalist« (Gordon Graham). Thus the decisions in modern publishing houses are made under a much shorter time horizon and are more strongly profit-oriented whereas the owner publisher was used to think in longer times-frames and was free to decide on his own how to evaluate meta-economic targets.

*Stefan Hirschauer, Published Judgements. Reading and Evaluation Practice in Peer Review*

The article investigates an aspect of informal communication in journal peer review. It asks which social relations build up experts' judgements. There are two issues: 1. In a scientific judgement there is an intersection of three social circles: a) the reader holds an attitude towards all kinds of texts depending on his/her membership in an intellectual milieu; b) there is an impression gained in the reading process, i.e. through a virtual »interaction with the author«; c) the reader gives a rationalizing statement on a manuscript adressing the peers of a committee. 2. These judgements on scientific quality are multiplied in peer review so that they control themselves in their own quality. A manuscript's publication is decided by deciding about the quality of these judgements. So the »review« of a peer review does not consist of an asymmetric »examination« of a text, but in the mutual observation of expert judgements, complementing and controlling, supervising and competing with each other. In peer review judgements are judged and made public.

*Elmar J. Koenen, On the nearly empty centre of the discipline*

Recently sociologists have commented on the topic »sociological journals« for various reasons and from various points of view. They treat these journals as the communicative centre of their discipline, although actually there is very little communication here: the well-known names in the field do not show up as authors in these periodicals and issues such as gender studies and globalisation seem to be unable to initiate communication within the discipline. Those who have got tenure are not motivated to demonstrate their competence and the readers lack time and motivation to deal with topics beyond their own fields. With financial means generally being short and with the competition of the net media, the communicative centre of the discipline – their journals – seems to suffer increasingly. Their traditional function: to scrutinise and secure the quality of competences and texts may have to be performed by other media and institutions.

*Jo Reichertz, Times have changed: Nowadays you may state publicly that you are better than others. Or: On the new logic of the use of media in (social) sciences*

Nowadays, scientists must present their work more often, and must do so more frequently with the help of the media. Not only do they have to communicate with experts in their field, they are also under increasing pressure to comply with the expectations of politicians, the media and the taxpayer. In times of financial hardship, a significant presence in public life and the public's recognition become more vital, since both can be helpful in building a good reputation. It is therefore not only the volume of works published that is important, but also the attractiveness and comprehensibility of the works. Having achieved this, the scientist's personality and charisma can be held in higher public regard. The following article also casts into question the consequences, which come hand in hand with these changes, on the profession of scientists.

*Wolff-Michael Roth, Publish or Stay Behind and Perhaps Perish: Stability of Publication Practices in (Some) Social Sciences*

Although recent technological advances (e.g., electronic media) have made it possible to publish research rapidly and without concerns for limited page limitations, some disciplines are slow to adopt electronic publications if they adopt them at all. Taking the perspective of third-generation cultural-historical activity theory, I argue that the stability of publication practices arises from the role scholarship plays (in North America) in defining academic career trajectories. Decisions in areas as diverse as tenure and promotion, salary and salary progress, and research funding are based on an academic's publication record, itself an objectification of an individual's »productivity«. The stability of publication practices can therefore be understood as arising from the highly interconnected nature of practices (and activity systems) in the academy, and the dialectical nature of any communities of practice, which reproduces itself in (nearly) identical ways (stasis) as much as it produces itself in new forms. This phenomenon can be in part understood in terms of an academic's need to contribute to the community of practice to be recognized for »service« during tenure, promotion, and salary decision-making processes.

*Maja Malik/Siegfried Weischenberg, Journalism and Science: Shared Purposes despite Autonomous Functions?*

Journalism and science are two distinct and autonomous systems with a range of similarities: both offer information generated by means of external observation; both draw on organized operational contexts and professional practices and techniques, and both seemingly abide by the same rules (i.e. »truth« and »objectivity«). However, by looking at the field of scientific journalism – the area where both meet – it becomes evident that the apparent commonality of their purposes and goals is a mere ostensible one. In fact, crucial differences can be observed regard-ing their operational modes; particularly concerning the concepts of »truth« and »objectivity« as well as their temporal structures and thematic preferences. Consequently, if we assume that science journalism abides by the same principles, we will be disappointed. This, however, is good, because only by retaining their functional autonomy both systems can each maintain their specific efficiency.

*Elena Esposito, The Presentation of Truths and Its Problems*

Modern science shows a lack of balance between the production of truths, which is strictly ruled by theories and methods inside the system, and the presentation of these truths, which is left practically without control by science but is entrusted to external criteria. This condition is particularly surprising considering the fundamental importance of the spread of truth via publication, especially for modern science which is bound to the constant production of new knowledge. In the presentation of new knowledge, criteria like reputation or the requirements of organisations count, which must be independent from the criteria of truth in order to work effectively. In this view the current situation of sociology seems to be characterized not so much by a lack of coordination with the mass media or formal organizations, but rather by a lack of a sufficiently sharp and univocal separation to enable the criteria of each system to work efficiently.

*Giancarlo Corsi, Media conflict in modern science?*

If you observe how scientific journals and publishers select what can be printed, you get the impression these is a dictatorship of mass media over the proper function of science, i.e. the production of new knowledge. This is known as the syndrome »publish or perish«. It is often taken for granted that there is a risky alternative: career through standard research or border research with uncertain prospects. There is no doubt that today symbolically generalized media depend on diffusion media such as the print media, but the problem seems to concern rather the relationship between the evolution of science and the planning of organizational variables, such as reputation, financing, projects, academical divisions etc., which make modern science possible. While evolution cannot be controlled, those variables are the only ones which can be decided and somehow made transparent.

# Über die Autoren

*Giancarlo Corsi,* Prof. Dr. rer. soc. lehrt Organisationssoziologie an der Facoltà di Scienze della comunicazione e dell'economia der Universität Modena-Reggio Emilia. Forschungsschwerpunkte: Organisationstheorie, Staat und Verfassung, Karriere.
Neuere Veröffentlichungen: Ultrastabilità e indifferenza. Centri e periferie nella società moderna, in: Studi di sociologia, 43 (2005), 35-52; Die Einheit als Unterschied. S. 217-224 in: Dirk Baecker (Hg.), Klassiker der Systemtheorie. Wiesbaden: VS Verlag, 2005; Reform und Innovation in einer unstabilen Gesellschaft (Hg. mit E. Esposito). Stuttgart: Lucius & Lucius, 2005.

*Elena Esposito,* geb. 1960, Prof. Dr. rer. soc., lehrt Kommunikationssoziologie an der Universität Reggio Emilia (Italien). Aktuelle Forschungsschwerpunkte: soziologische Medientheorie, Gedächtnisforschung, Theorie der Mode.
Neueste Monographien: Soziales Vergessen. Formen und Medien der Gedächtnis der Gesellschaft. Frankfurt a.M.: Suhrkamp, 2002; Die Verbindlichkeit des Vorübergehenden. Paradoxien der Mode. Frankfurt a.M.: Suhrkamp, 2004; Reform und Innovation in einer unstabilen Gesellschaft (Hg. mit G. Corsi), Stuttgart: Lucius & Lucius, 2005.

*Stefan Hirschauer,* Professor für Soziologie und Gender Studies an der LMU München. Studium der Soziologie in Bielefeld, Promotion 1991, Habilitation 1998. Von 1990-99 Redakteur und von 1993-99 geschäftsführender Herausgeber der Zeitschrift für Soziologie. 1999- 2002 Heisenbergstipendiat der Deutschen Forschungsgemeinschaft. Gastprofessuren und Visiting Scholarships am Centre de Sociologie de l'Innovation (Paris), an der Universität Wien und an der Cornell University. Forschungsschwerpunkte: Gender Studies, Science Studies, Wissenssoziologie, Qualitative Methoden.
Ausgewählte Publikationen: Die soziale Konstruktion der Transsexualität (Suhrkamp 1993/1999); Die Befremdung der eigenen Kultur (Suhrkamp 1997, mit K. Amann). Praktiken und ihre Körper. Über materielle Partizipanden des Tuns. S. 73-91 in: K. Hörning/J. Reuter (Hrsg.), Doing Culture. Zum Begriff der Praxis in der gegenwärtigen soziologischen Theorie. transcript 2004. On Doing Being a Stranger. The Practical Constitution of Civil Inattention. The Journal for the Theory of Social Behavior 35, 2005, 41-67.

*Elmar J. Koenen,* geb. 1946, Diplom und Promotion in Soziologie, wiss. Mitarbeiter am Institut für Soziologie der Universität München (Lehrstuhl Prof. Ulrich Beck). Schwerpunkte von Forschung und Lehre: Gesellschaftstheorie, Arbeitssoziologie und politische Soziologie, speziell Theorie der Öffentlichkeit und der Medien. Mitbegründer (1979) der Münchner Projektgruppe für Sozialforschung (v.a. DFG-Forschung zur Arbeits- und Sozialpolitik und Ökologie). Von 1989-1996 Redakteur der SOZIALEN WELT. Seitdem Kommunikationsberatung für Unternehmen sowie Lehraufträge an den Universitäten München, St.Gallen und Zürich.

Veröffentlichungen u.a. zur Bürgerlichen Gesellschaft, zu Individualisierung, Abweichung, Gewalt, Risikogesellschaft, Politik und Moral sowie zu Fragen der Öffentlichkeit.

*Dr. Wulf D. v. Lucius* (\*1938) studierte VWL in Heidelberg, Berlin und Freiburg. Promotion über Zinstheorie 1967. Seit 1969 wissenschaftlicher Verleger in Stuttgart (bis 1995 Gustav Fischer Verlag, ab 1996 Lucius & Lucius). Vielfältige ehrenamtliche Tätigkeiten in nationalen und internationalen Verlegerverbänden, Schwerpunkt Urheberrecht. Vorsitzender des Aufsichtsrats des Carl Hanser Verlages, München. Vorstandsmitglied der deutschen Schillergesellschaft, Verwaltungsratsmitglied der Deutschen Bibliothek. Ehrenmitglied des Börsenvereins des deutschen Buchhandels. Lehrauftrag für Verlagswirtschaft an der Universität Hohenheim.
Autor der Bücher »Bücherlust – Vom Sammeln« (DuMont 1999), »Verlagswirtschaft« (UVK 2005) und zahlreicher Beiträge in Zeitschriften und Sammelwerken zu den Bereichen Verlagswesen, Urheberrecht, Buchgeschichte, Bibliophilie.

*Dr. Maja Malik* ist wissenschaftliche Mitarbeitern am Institut für Journalistik und Kommunikationswissenschaft der Universität Hamburg.
Neuere Publikation: Journalismusjournalismus. Funktion, Strukturen und Strategien der journalistischen Selbstthematisierung. Wiesbaden: VS Verlag für Sozialwissenschaften 2004.

*Prof. Dr. Jo Reichertz,* Jahrgang 1949, Dissertation zur Entwicklung der ›Objektiven Hermeneutik‹, Habilitation mit einer soziologischen Feldstudie zur Arbeit der Kriminalpolizei. Seit 1993 Professor für Kommunikationswissenschaft an der Universität Essen – zuständig für die Bereiche ›Strategische Kommunikation‹, ›Qualitative Methoden‹, ›Kommunikation in Institutionen‹, und ›Neue Medien‹. Gastprofessuren in Wien, Lehraufträge in Hagen, Witten/Herdecke, St. Gallen und Wien. Mehrere Jahre im Vorstand und auch Sprecher der Sektion ›Sprachsoziologie‹ in der Deutschen Gesellschaft für Soziologie. Vorstandsmitglied der Sektion ›Wissenssoziologie‹ in der Deutschen Gesellschaft für Soziologie. Arbeitsschwerpunkte: qualitative Text- und Bildhermeneutik, Kultursoziologie, Religionssoziologie, Medienanalyse, Mediennutzung, empirische Polizeiforschung, Werbe- und Unternehmenskommunikation.
Neuere Publikationen: Die Frohe Botschaft des Fernsehens. Konstanz 2000; Liebe (wie) im Fernsehen. Eine wissenssoziologische Studie. Opladen 2002 (zusammen mit Nathalie Ivanyi); Die Bedeutung der Abduktion in der Sozialforschung. Opladen 2003; Irritierte Ordnung. Die gesellschaftliche Verarbeitung von Terror. Konstanz, 2003 (Hg. zusammen mit R. Hitzler).

*Dr. Alexander Roesler,* geb. 1964, Studium der Philosophie, Germanistik, Musikwissenschaft und Semiotik in Heidelberg und Berlin, arbeitet als Lektor im Suhrkamp Verlag, Frankfurt a.M.

*Wolff-Michael Roth* holds an endowed chair in applied cognitive science at the University of Victoria. His research interests are broad, generally concerned with knowing and learning in science and mathematics across the lifespan, in formal school settings, at work, and in other everyday settings. His recent publications include Talking Science: Language and Learning in Science Classrooms (Rowman & Littlefield, 2005) and (with S. Hwang, Y-J. Lee, & M.I.M. Goulart) Participation, Learning, and Identity: Dialectical Perspectives (Lehmanns Media, 2005).

*Dr. Bernd Stiegler,* geb. 1964, Studium der Literaturwissenschaft und Philosophie in Tübingen, München, Paris, Berlin und Freiburg. Promotion 1992, Habilitation 2000. Arbeitet gegenwärtig als Programmleiter Wissenschaft im Suhrkamp Verlag, Frankfurt a.M.

*Dr. Siegfried Weischenberg* ist Professor am Institut für Journalistik und Kommunikationswissenschaft der Universität Hamburg.
Neuere Publikation: Handbuch Journalismus und Medien, Konstanz: UVK, 2005 (Hg.).

# Hinweise für unsere Autoren

*Verfahren der Einsendung und Form des Manuskripts:* Manuskript (in deutscher, englischer oder französischer Sprache) einseitig und anderthalbzeilig schreiben und in dreifacher Kopie *sowie* als Word- oder WordPerfect-Datei auf Diskette einsenden. Ein Manuskript sollte nicht länger als 25 Seiten (ca. 65.000 Zeichen) sein. Die Gesamtzeichenzahl bitte auf dem Deckblatt vermerken.

Bitte unbedingt eine 10- bis 15zeilige *Zusammenfassung* des Beitrags in deutscher *und* englischer Sprache auf einem gesonderten Blatt beifügen. Weiterhin bitten wir um eine kurze Notiz zum Autor (ca. 10 Zeilen).

Die *Fußnoten* sind fortlaufend zu numerieren und sollten *nicht* für bibliographische Angaben, sondern nur für inhaltliche Anmerkungen genutzt werden.

*Hervorhebungen* in Kursivschrift.

*Tabellen und Abbildungen* bitte dem Manuskript gesondert beifügen. Im Manuskript müssen die Stellen angegeben werden, an denen Tabellen oder Abbildungen eingefügt werden sollen. Von den Abbildungen müssen reproduktionsfertige Vorlagen geliefert werden.

*Literaturhinweise im Text:* Nennung des Autorennamens, des Erscheinungsjahres und ggf. der Seitenzahl. Bei mehrfacher Zitierung der gleichen Quelle, Literaturhinweise in derselben Form wiederholen und keine Abkürzungen wie »a.a.O.«, »op.cit.«, »ebd.«, »ibid« etc. verwenden. Im einzelnen:

1. Wenn der Autorenname im Text vorkommt, Erscheinungsjahr in Klammern anfügen: »... **Parsons (1960)** ...«.
2. Wenn der Autorenname im Text nicht vorkommt, den Familiennamen des Autors und das Erscheinungsjahr in Klammern einfügen: »... **(s. Arendt 1958)** ...«.
3. Bei einem Buch mit mehreren Autoren die Familiennamen der Autoren durch »/« trennen: »... **Maturana/Varela (1980)** ...«.
4. Seitenangaben hinter dem Erscheinungsjahr nach einem Komma: »... **Luhmann (1984, 242ff.)** ...«.
5. Sofern mehrere Titel desselben Autors aus einem Jahr zitiert werden, der Jahreszahl zur Unterscheidung die Buchstaben a, b, c usw. hinzufügen: »... **Esser (1994a, 12)** ...«.
6. Bei Nennung mehrerer Titel eines Autors in einem Literaturhinweis, die Angaben durch Semikolon trennen und in eine gemeinsame Klammer einschließen: »... **Esser (1994a, 12; 1994b, 124)**...«. Ebenso bei mehreren aufeinanderfolgenden Literaturhinweisen: »... **(Parsons 1960; Maturana/Varela 1980; Glanville 1988)** ...«.

*Literaturverzeichnis:* Alle zitierten Titel alphabetisch nach Autorennamen und nach Erscheinungsjahr geordnet in einem gesonderten Anhang am Schluß des Manuskripts unter der Überschrift »Literatur« aufführen. Die Titel bitte vollständig, d.h. auch mit u.U. vorhandenen Untertiteln anführen. Den Vornamen des Autors ungekürzt angeben. Den Verlagsnamen in abgekürzter, aber noch verständlicher Form nennen. Beispiele:

1. Bücher: Parsons, Talcott (1972): Das System moderner Gesellschaften. München: Juventa.

   Zu beachten: Mehrere Autoren bzw. Herausgeber eines Titels werden durch »/« voneinander getrennt, die Reihenfolge »Nachname, Vorname« wird nicht durchbrochen: Müller, Hans-Peter/Schmid, Michael (Hrsg.) (1995): Sozialer Wandel. Modellbildung und theoretische Ansätze. Frankfurt a.M.: Suhrkamp.

2. Zeitschriftenbeiträge: Geser, Hans (1986): Elemente zu einer soziologischen Theorie des Unterlassens. Kölner Zeitschrift für Soziologie und Sozialpsychologie 38, 643–669.

3. Beiträge aus Sammelbänden: Derrida, Jacques (1979): Structure, Sign and Play in the Discourse of the Human Sciences. S.247–265 in: Richard Macksey/Eugenio Denato (Hrsg.), The Languages of Criticism and the Sciences of Man: The Structuralist Controversy. Baltimore: The Johns Hopkins Press.

   Zu beachten: Die Nennung der Herausgeber erfolgt hier in der »natürlichen« Reihenfolge, d.h.: »Vorname Nachname«.

*Korrekturen* werden vom Verlag mit der Bitte um sorgfältige Prüfung und umgehende Rückgabe vorgelegt. Es wird nur eine Korrektur (Fahnenkorrektur) verschickt. Kosten für außergewöhnlich umfangreiche, verspätete oder vom Autor verschuldete Korrekturen müssen dem Verlag erstattet werden.

*Entgegennahme und Verbleib der Manuskripte:* Manuskripte nimmt die Redaktion entgegen. Eine Rückgabe an die Autoren ist nicht vorgesehen.

*Redaktionsadresse*
Johannes Schmidt
Soziale Systeme, Soziologisches Seminar, Universität Luzern
Kasernenplatz 3, Postfach 7455, CH-6000 Luzern 7
Tel. (++41) (0)41/228-7590, Fax (+41) (0)41/228-7377
E-Mail: soziale.systeme@unilu.ch